重新发现欧洲

法兰西何以成为法兰西

A BRIEF HISTORY OF FRANCE

法兰西

[英]
塞西尔·詹金斯
著

高银
译

CECIL
JENKINS

天津出版传媒集团
天津人民出版社

图书在版编目（CIP）数据

重新发现欧洲：法兰西何以成为法兰西/(英)塞西尔·詹金斯著；高银译.-- 天津：天津人民出版社，2020.5

书名原文：A BRIEF HISTORY OF FRANCE

ISBN 978-7-201-15906-5

Ⅰ.①重… Ⅱ.①塞… ②高… Ⅲ.①法国—历史—研究 Ⅳ.①K565.07

中国版本图书馆CIP数据核字(2020)第054452号

图字：02-2020-47号

重新发现欧洲：法兰西何以成为法兰西

CHONGXIN FAXIAN OUZHOU: FALANXI HEYI CHENGWEI FALANXI

出　　版	天津人民出版社
出 版 人	刘　庆
地　　址	天津市和平区西康路35号康岳大厦
邮政编码	300051
邮购电话	022-23332469
网　　址	http://www.tjrmcbs.com
电子信箱	reader@tjrmcbs.com

选题策划	联合天际·王微
责任编辑	伍绍东
特约编辑	吴昱璇
美术编辑	梁全新
封面设计	左左工作室

制版印刷	三河市冀华印务有限公司
经　　销	未读（天津）文化传媒有限公司
开　　本	880×1230毫米　1/32
印　　张	10
字　　数	250千字
版次印次	2020年5月第1版　2020年5月第1次印刷
定　　价	49.80元

关注未读好书

未读CLUB
会员服务平台

目 录

前　言

　　为何要写一部法国史？它向我们讲述了什么？是关于今日之法国，关于欧洲，还是关于我们自己？

　　毫无疑问，法国是个众生向往之地，它是全世界访问量最大的旅游胜地。诚然，法国作为一个高度发达的国家，拥有诱人的、完善的基础设施，同时还保留着一种空间感与乡村魅力，毕竟它是西欧最大的国家，有着广袤无垠的平原、森林与高山大川，还有风貌迥异的大西洋与地中海海岸线上那些美丽迷人的海滩。法国领土从欧洲大陆的北部延伸至南部，这使得它的各个地区气候多样，从诺曼底到蔚蓝海岸，从拥有凯尔特传统的布列塔尼地区到有着如画般德国式美景的东部阿尔萨斯大区。然而，抛开这一切不谈，对于许多人来说，吸引他们的是长久以来存在的法国这个"概念"本身。人们透过一面交织着历史积淀、文化内涵与法式生活理念的棱镜，看到了一个近乎传奇的国度。

　　这面棱镜折射出的光景始于"太阳王"路易十四豪华奢靡的凡尔赛寝宫；源自阴郁灰暗的巴黎裁判所附属监狱（The Conciergerie），法国大革命期间许多人最终从这里走上了断头台；源自荣军院内的拿破仑墓，以及由两次世界大战死难者齐整的坟墓所构成的巨大墓园。许多历史遗迹也倒映于镜中 —— 从阿尔勒与奥朗日的罗马纪念碑，到亚眠与沙特尔的中世纪大教堂；从枫丹白露与香波城堡的皇家宫殿，到巴黎诸

1

如玛德莲教堂与军事学院之类的各色建筑。当然，还有巴黎百花齐放的艺术——从神秘的多尔多涅洞穴壁画，到卢浮宫或者不久前开馆的非比寻常的巴黎原始艺术博物馆。法国绘画，尤其是 19 世纪、20 世纪绘画的重要地位，从现代艺术的基本术语中便可窥见一二：印象主义（Impressionism）、新艺术派（art nouveau）、野兽派（Fauvism）与超现实主义（Surrealism）均为法语词。更近一些的年代，法国拥有欧洲最发达的电影产业，其中不仅形成了电影理论，还产生了一批具有影响力的新浪潮电影运动导演。例如，让-吕克·戈达尔以及克劳德·夏布洛尔。

但是，在某种程度上，"法国"这个概念是关于巴黎的错误观念。同样，在人们看来，法国也有别于法式生活方式。后者融优雅与简洁于一体。你可以拥有传统的高级时装，一系列家喻户晓的品牌——从伊夫·圣·洛朗、皮尔·巴尔曼、皮尔·卡丹到克里斯汀·拉克鲁瓦；你也可以让店员驾轻就熟地用彰显个性的方式抑或是搭配围巾的窍门，为你打造靓丽优雅的造型。法餐也许以其精致考究而闻名于世——此外，它还因莫名其妙地让法国女人保持住了人见人羡的窈窕身材而闻名——但是，通过这个国家超过 1000 种不同的奶酪，可以看出人们对美食的狂热，这种激情可见于每个法国村落。不论是严肃刻板的爱德华时代的人，还是两次世界大战之间的美国人，对他们来说，光明之城巴黎还是一座爱之城。在这里，他们得以抒发自我的情感。对于当下移居法国的英国人，以及在他们之前就来到法国的那些人来说，法国似乎让他们感到自由。那是一种远离工业社会诸多限制与复杂方面的自由，是一种更"自然"的生活方式。事实上，也可称其为另类文明。这正是法国前总统雅克·希拉克意欲在公众面前塑造的法国形象，它与物质至上的"盎格鲁-撒克逊"社会有着云泥之别。但是，那些英国移民大多是从法国当地人手中购屋置业的，而这些法国人却抛下自己省区的家宅，前往城市寻找工作机会或更便利的设施。如此说来，那些英国人是在追求一种行将消亡的传统生活方式吗？他们是在追逐一个幻象吗？

并不是说"盎格鲁－撒克逊人"与法国人已然读懂了对方。英、法在数百年间都是势均力敌的对手，这也是众所周知的英国人热爱法兰西却不爱法国人的原因。两国在百年战争的王朝斗争中纠缠不清，英国国教改为新教后双方又起宗教冲突，英国干涉法国大革命，漫长的拿破仑战争与激烈的殖民冲突一直持续到 1904 年《英法协约》的签署，彼此猜疑使英、法两国在对方身上看到了自己：一个"讨厌鬼"。因此，英国人历来认为法国人是浮夸纨绔、胆小懦弱、肮脏邋遢的，而法国人同样欣然将英国人看作是背信弃义、蛮不讲理、傲慢自大的投机取巧者。如果说，双方对彼此的敌意在近些年来有所缓和的话，那么竞争关系依然存在。具有讽刺意味的是，两国在许多方面有着惊人的相似。

它们不仅都是核大国、联合国安全理事会成员国，而且在人口数量、人口结构、国内生产总值方面神似，更不用说赤字方面的同步了。事实上，两国经济发展水平如此接近，以至于长期以来它们都在争夺世界第五大经济体这一名次，甚至达到了喜剧效果 ——2014 年，当英国夺得世界第五大经济体的头衔时，它热烈欢迎想要躲避高额赋税的法国投资者；2016 年，在英国脱欧公投后，法国迅速重新攫取了这一称号，并隆重欢迎想要继续处于欧盟保护之下的英国公司和企业。如果说，两国的经济表现是彼此的镜像的话，那么它们都以各自的方式揭示了成功驾驭全球资本主义当下发展阶段的困难。对法国来说，英国推行的经济紧缩是搬起石头砸自己的脚。因为，这种政策虽然带来了高就业率，却导致低投资、低生产率、低工资与私人债务的增加；它还造成了引发脱欧公投的社会不平等与疏离之感，并且搞垮了政策的支持者 —— 卡梅伦首相及其财政大臣。另外，对英国来说，法国强调高社会标准以及对就业者的保护也是自掘坟墓。因为，达到这些要求的代价是债台高筑，以及年轻人尤其是少数族裔的高失业率。它让少数族裔感到愤怒与被排斥，并因此滋生了恐怖主义暴力。

当然，法、美间的关系也见证了两国的差异。不可避免的是，随着与法国竞争的西方大国由英国变成美国，一种相似且暧昧的反美主义胜过了法国人的仇英心理。法国确实支持了美国独立战争，但美国反对法国的殖民目标，也未加入国际联盟，在第一次世界大战后不参与欧洲事务，而且最初支持维希政府而非戴高乐。然而，美国在第二次世界大战后，在政治与经济上对法国的救助，又强化了法国对美国强大的社会、文化新模式的依赖感。美国与法国自身的体制如此不同。因此，法国人如今不管多么自我申辩式地将美国看作肤浅且物欲横流的新型社会，他们仍觉得美国注定要主宰世界。相比之下，美国人——尤其是在2003年法国拒绝支持美国入侵伊拉克之后——往往觉得法国人自以为是、胆小怕事，不配出现在"法式薯条"一词中，于是美国人多少带着些爱国情结地将其重新命名为"自由薯条"。当然，在这些焦虑情绪与盛行的偏见中，有着爱恨交织的成分。它们可能看起来可笑，却无法促进双方的理解。

但是，其他人透过自己的棱镜看到的这个"法国"究竟是什么呢？法国又有哪些独特之处，有哪些可以让我们称为"法国性"的地方呢？有时，人们认为法国始于15世纪。事实上，我们可以说，法国作为一个现代"民族"的起始点是百年战争，正如圣女贞德所言，这场战争使法国陷入与英国的民族冲突之中。但是，这种说法完全遗漏了高卢人栖身的法国，忽视了罗马统治下的法国，未涉及对法语崛起时法国的讨论，也没有讲述拥有伟大的中世纪教堂，或者其他至今仍清晰可见、构成了这个国家方方面面的法国。因此，鉴于"法国"说到底是一个整体，我们会在历史的车轮缓缓驶入现代，一直行至当下之前，先仔细审视一下早期历史对法国的贡献。我们尤其要挖掘出法国的独特之处。因为，没有对特质的鉴别，我们就无法轻易了解一个国家。关键性的概念包括："法国例外"（French exception）①、"世俗共和国"与"社会模式"。

我们要想了解今天的法国，就必须理解其历史沿革。要想了解法国人对共和制社会模式的担忧，就得回溯法国大革命；要想认识教育体系，就得寻访拿破仑；要想体会拉辛戏剧的力量，就得把握路易十四人生中的紧张与矛盾；要想明白法语的发展，就得寻访罗马帝国统治下的高卢地区。法国扣人心弦的历史——在革命与反动、教权主义与世俗主义、左与右之间摇摆——并非源于喜怒无常的性格，而是根源于法国在欧洲大陆上身处敌人包围之中的地理位置。因此，法国的身份是由一系列的冲突关系——与古罗马、神圣罗马帝国、意大利、梵蒂冈、德国与西班牙的冲突——所决定的，也是由与英国和美国的帝国竞争所决定的。

因此，法国性整体而言是一个历史概念。事实上，法国本身也是如此，因为如今这个规整的"六边形国家"实际上是经历了数百年基本无序的发展，在第二次世界大战后东部大区阿尔萨斯－洛林重归法国版图后，才形成了现在这个形状的。而且，在法国大革命前，这个国家大多数居民说的都是方言。法国的民族情结主要是拿破仑的征兵制度与第三共和国免费教育所灌输的爱国主义情感共同作用的结果。然而，在这些变化背后，是意义重大而且时常具有讽刺意味的延续性。例如，尽管法国各政体之间存在明显矛盾，从君主专制政体到法国大革命，到拿破仑帝国，直到如今戴高乐主义的"共和君主制"，但政府的中枢作用岿然不

---

① 例外论，即认为某个国家、地区、社会、民族、组织、社会运动或历史时期，具备特殊的性质，无法被一般性的理论或规则所解释的观点。本书第十五章详述了"法国例外"。——编者

动。这点是法国与英国、美国截然不同之处。

此外，法国历史也是欧洲史与世界史不可或缺的组成部分。因为，法国在重要事件中充当了主角，在世界各处的殖民地中发挥着作用，并且一直在艺术、思想领域占有举足轻重的地位。所以，法国在西方与世界历史上起到了惊人的代表作用。法国主导的重要事件包括：宗教战争、1789 年法国大革命、欧洲 1848 年革命与 20 世纪的两次世界大战。法国历史源远流长，可上溯至比古希腊、古罗马更久远的法国多尔多涅洞穴壁画创作而成的时期，它是欧洲文明发展不可分割的一部分。

而且，法国的历史也提醒我们，文明化的过程是要付出代价的：罗马在带来更高水平的社会组织的同时，也带来了对高卢人的杀戮；中世纪教堂的崇高神圣需要超越黑死病侵袭所造成的现世苦难与泯灭良知的残忍；改变世界的《人权宣言》与法国大革命期间的"恐怖"统治出自同一个历史语境。它提醒着我们，法国与英国在百年前是两个世界大国；它还提醒着我们，世事变化无常。而且，随着这个星球上力量的天平渐渐从西方世界滑向其他地区，法国迫切需要努力地在充满挑战的 21 世纪保持自己的气度，保护自己的文化。

第一章

征伐与封建的古代法国

早在亚述人与法老们存在之前，这里已经是人类的首都之一了。

在法国的诸多光辉荣耀中，位于多尔多涅省与比利牛斯山的神秘彩绘洞穴算是其中一个。这些洞穴见证了自冰河时代后半期或曰旧石器时代晚期（大约35000年前）起，人类发展史所经历的革命性巨变。随着尼安德特人的逐渐消失，随后出现的智人开始通过这些惊人的欧洲野牛、猛犸象与野马画像，展现他们的出色技艺。如今，经历了城市化过程的观赏者看到这些画作，不仅感到钦佩，还会苦恼不已。因为，尽管35000年只代表了地质年代中的一瞬间，但我们无法明确地与这些早期祖先产生共鸣，无法理解在这些幽深黑暗的洞穴里发生的事情，这让我们感到不安。

千万年来，许多洞穴对自己幽暗的秘密"守口如瓶"，这一点无疑加重了洞穴的神秘感。1940年，几个男孩在寻找丢失的小狗时，发现了著名的拉斯科洞穴；直到1994年，重要的肖维－蓬达尔克洞穴才被发现；2005年年末，同样位于多尔多涅省的维约纳洞穴（Vilhonneur cave）为世人所知。诚然，旧石器时代的艺术遗迹遍布欧洲大陆，最远可至俄国，同时也见于包括澳大利亚在内的其他大洲，但是，其中最重要的例证出土于法兰克—坎塔布里亚一带（Franco-Cantabrian region）的石灰岩地区，尤其是多尔多涅省、比利牛斯山与西班牙北部的阿尔塔米拉。单是多尔多涅省就有将近200处史前遗址。而且，19世纪史前研究的发展主要归功于在韦泽尔峡谷开展的勘探工作，因此，这门学科主要起源于法国。此外，莱塞济－德泰亚克镇凭借其国家史前博物馆，可以自豪地宣称自己不仅是世界史前时代史之都，而且早在亚述人与法老们存在之前，这里已经是人类的首都之一了。

这些通常由地下水道侵蚀石灰岩所形成的洞穴系统往往分布广泛。例如，法国南部的派许摩尔（Pech Merle）洞穴有2千米长，而有着158幅猛犸象绘画的鲁菲尼亚克（Rouffignac）洞穴则有着至少8千米长的画廊。洞穴入口处见得到日光的部分也许成了当时狩猎采集者的庇护所，显而易见的是，他们没有将漆黑的洞穴深处用作自己的栖身地，其中一个尤为重要的原因是，他们不想被迫与在那里冬眠的体形庞大的熊类同穴而居。如此看来，这些洞穴画出现的位置就至关重要了：它们不是位于靠近洞口的位置，而是在漆黑的洞穴深处。例如，在法国阿列日省的尼奥（Niaux）洞穴中，岩画就出现在距洞口1千米远的位置。鉴于当时要完成这些画作，人们不得不艰难地借助于燃烧动物油脂所产生的光亮——这也使得这些幽暗的洞穴变得更加令人不安——因此，绘制洞穴画既不是一项休闲娱乐活动，也不是装饰艺术，而是更为重要、更难以理解的事情。

这些岩画不是风景画，画中没有对山丘、树木或植被一类的自然风貌进行描绘。它们也不是日常生活风貌图，不管是集体、个人活动，还是某一事件，均没有出现在画中。事实上，它们几乎全都是独立存在于背景之外的单幅图像。大多数洞穴画都是关于动物的，有时只是黑色轮廓，有时则是使用了红、棕、黄色，偶尔用到白色的彩绘，而且在画作中心点上刷上或是通过空心管吹上了颜色。这些图像，不管是描画了整只动物的，还是只有动物部分躯体的，都雄浑有力、栩栩如生，令人敬畏。它们显示了绘画者运用线条的娴熟，还妙用了岩石表面的凹陷与凸起。而且，最重要的是——正如拉斯科洞穴中的公牛，或是尼奥洞穴中的彩绘欧洲野牛一样——洞穴画中的动物往往都比例失衡，奇大无比。每个洞穴的主题各不相同，描绘的动物包括马、欧洲野牛、猛犸象、鹿、野公牛、狮子、熊与狼，但洞穴画似乎有将掠食性食肉动物置于洞穴最深处的倾向。在本质上，这些洞穴是动物的黑暗宫殿，而洞穴画则是怪诞的旧石器时代动物寓言集。因为，洞穴画中除了动物，别无其他——显然没有几乎不曾入画的人类。

女人同样未在画中呈现，除非是以女性构造的形式，作为象征着女性性器官的符号出现。与此同时，画作通常描绘了一些怀孕的动物，这印证了生殖崇拜的观念。同时代的手工艺品也反映了这种观念，如出土于奥地利的著名雕像《维伦多尔夫的维纳斯》(Venus of Willendorf)。男人在洞穴画中也是缺席的，个别情况除外。例如，在派许摩尔洞穴画里，用粗略的线条勾勒出的猎人仰卧着，几支矛从他身上伸出。更神奇的是在拉斯科洞穴画中，简笔画的猎人俯卧着，也许已经死了，但阴茎勃起。在他面前的是一只凶猛的欧洲野牛，他之前也许已经打伤了这头牛，因为牛的内脏正在垂下。这到底是怎么一回事呢？鉴于这些洞穴画均特别强调猎杀体形较大的食肉动物，而非那些似乎为人类提供日常食物来源的动物，那么是否在某种程度上，在原始的、神奇的生命意识中，猎人的性冲动与人及野兽共有的死亡融为一体了呢？正如一位知名专家所暗示的那样，这些地方是不是举行集体宗教礼拜的神殿，而这些位于洞穴最深处的圣所是不是只对巫师开放呢？

　　事实是，虽然人们提出了各种各样的观点，但我们除了知道如何解读某些神秘符号外，对其他的均一无所知：手印或者手的轮廓、有时用手印绘制的成排的点，还有线条、三角形与四边形图案。这些符号是一个表意的宗教崇拜体系中的元素吗？或者说，这些手印只是签名而已，而四边形图案则象征着动物陷阱？是否正如一项美国研究所暗示的那样，红色的赭石点象征着从受伤动物身上流下的血滴，而精明的猎人正沿着这些雪地里的血迹，按图索骥、一路追踪？要想解释清楚并不容易。但是，我们可以明确两点：其一，这些画作既是非写实的，又是功能性的；其二，洞穴画对轮廓的强调，以及将鹿角或动物前腿特别向外扭的独特画法具有标志性，因为这些画作是通过侧面与正面来对动物加以区分的。画中对兽首与蹄子所进行的单独的仔细研究，以及有时对某些重要的动物身体部位所给予的异乎寻常的关注，是出于相同的目的。画中为达到透视与动态效果所使用的一些窍门也是如此。

这些图像表明了猎人需具备的知识，而这是以一种庆贺的方式来展现的。如果洞穴画未对图像进行分类，如果动物是在仓促之中画成，彼此叠落，这是因为猎人对单只动物具体特征的专注达到了痴迷的程度。如果生活在冰河时代的狩猎采集者在现实生活中无力驾驭这些危险的大型野兽，以及它们所代表的超乎人类控制的更强大力量的话，那么这些人仍可以通过艺术象征性地控制它们。但是，他们除了以无足轻重的形象出现之外，在洞穴画中基本是缺席的。这本身意味着，狩猎采集者还无法想象自己与大型野兽及不可控力量平等共生的情景。

因为洞穴画家并未描绘自己的形象，所以我们很难看清他们的样子。同样，我们也不易明辨高卢人的形象。由于高卢人的传统基本上是以口头形式流传的，他们也未留下任何重要的书面记录，因此人们通常是透过他者扭曲的棱镜来看待高卢人的 —— 事实上，高卢人这个名字本身也是由罗马人命名的。关于高卢人的最早记述出自尤利乌斯·恺撒自私自利的说法。他在描述高卢战争时，把高卢人说成是容易上当受骗的蛮族，更危险的是他们喜怒无常、难以捉摸。自此以后，在法国动荡历史中的某些时刻，高卢人被迫效力于一些自相矛盾的事业，这些事业都宣称，自己代表了法兰西民族真正意义上的延续 —— 高卢首领维钦托利（Vercingétorix）被强行用于对法兰西第二帝国皇帝拿破仑三世的政治宣传，又被第三共和国中的反德派政治家、"二战"期间维希卖国政府的亲德发言人，以及战后反德的学校教科书所利用。由于历史学家、小说家与艺术家对高卢人的解读均是如此飘忽不定，所以高卢人的形象依然是模糊不清的。此外，另一个著名的高卢人也被用于传递一种政治信息。

在当下，许多人是通过勒内·戈西尼（René Goscinny）与阿尔伯特·尤德佐（Albert Uderzo）所创作的阿斯泰利克斯（Astérix）系列漫画来审视高卢人的。这让情况变得更加扑朔迷离了。《阿斯泰利克斯历险记》如今已被译为近 100 种语言。你可能天真地认为，漫画吸引人之处在于将儿童喜闻乐见的卡通片的特征 —— 灵巧的绘图、滑稽的场景与激烈的打斗 —— 与对学校历史课程的滑稽模仿相结合，而且大人们也能对其中的暗指心领神会。诚然，在这部描绘罗马占领下高卢地区的漫画中，政治信息也许并不是那么昭然若揭。该漫画基于一个想象中的不可征服的村庄，尽管已被挤压在大海与四个倒霉的罗马军营形成的夹缝中，它依然进行着顽强的抵抗。这四个军营的名字意为鸦片酊（Laudanum）、养鱼缸（Aquarium）之类。事实上，漫画中的这个村庄是疯狂的，但由于疯狂的秘密源于当地祭司调制出的一种神奇药水，这种疯狂也就可以接受了。这位祭司名叫帕诺哈米克斯（Panoramix），鉴于他比其他人更为高瞻远瞩，所以他的名字可以恰如其分地译为"包办好"（Getafix）。正是这种灵丹妙药让我们的主人公阿斯泰利克斯能够短暂地爆发出超人般的力量，以应对各类突发事件。

以勇士的标准来衡量，阿斯泰利克斯也许显得身材矮小，其貌不扬，但是他和任何一个奥德修斯式的希腊英雄一样勇敢而狡黠。而且，他还有一个彪悍的同伴，体形庞大、动作笨拙的奥贝利克斯（Obélix）。此人因摄入过量的神奇药水，而尴尬地被超人般的神力所困。有这个巨柱般的男人，以及奥贝利克斯那条充满执念、唤作伊黛菲克斯（Idéfix）的狗 —— 可恰当地译为"教条狗" —— 相伴，阿斯泰利克斯不仅能挫败尤利乌斯·恺撒的罗马军团，还能征服广阔的外部世界，将美貌的盘尼西亚抛诸脑后，因为他身为勇士的使命容不下山盟海誓。漫画的幽默在于双关，难以置信的情境、年代的错位，以及对于国家与地区刻板印象的夸张呈现。例如，英国人有着恰到好处的沉闷无聊与正式拘谨，食用任何东西时都要配上薄荷酱，还把战车开在道路中错误的一侧。与此同时，一些卡通人物与政治家或电影明星惊人地相似。例如，"劳伦苏利比乌斯"就像极了阿诺德·施瓦辛格。而"疯狂的"罗马人则装腔作势地用拉丁格言交谈 —— 这些格言是他们直接从《小拉鲁斯词典》的经典表达列表中撷取出来的。鉴于这一系列连环漫画明显讽刺了法国人及其他所有人的荒谬怪诞之处，人们需要花些功夫，才能将阿斯泰利克斯看作充满爱国情怀的、戴高乐主义法国的代表，这类人敢于与美国相抗衡，正如 20 世纪 60 年代时一些人所做的那样。此外，将这个米老鼠式的身材矮小的英雄比之于庄严肃穆、伟岸超凡的罗马将军，是否会使后者看上去特别可笑，就不得而知了。

那么，关于高卢人，我们切切实实知道些什么呢？首先，他们是至少自公元前 600 年起就生活在大致相当于今天的法国、比利时与意大利北部地区的凯尔特人。在铁器时代，凯尔特人遍布欧洲大陆。事实上，他们在公元前 390 年曾洗劫了罗马。对这一事件的记忆一直郁积在罗马人心中，并在后来激化了罗马人征服高卢的野心。高卢人是半游牧民族，他们向更加安稳的农业社会慢慢发展着。他们由一系列的部落组成，完全没有固定版图或独立国家的意识。社会秩序由武士贵族阶层、强大的祭司阶层以及从属的平民阶层构成。武士贵族阶层耽于耀武扬威、抢劫掠夺，祭司集牧师、教育者与立法者的职责于一身，而平民则包括了被奴役的战俘。

由于高卢人有相当多的部落，每个部落都有自己的国王 —— 许多法国城镇名就来源于当地部落名 —— 冲突就不可避免了，尤其是考虑到他们热衷于打猎、痛饮狂欢与进行绚丽多彩的表演的浪漫秉性。高卢文化基本上是口头的，因此传播传统习俗的不仅有祭司，还有吟游诗人。而且，高卢人还将这种传统与无所不在的多神万物有灵论宗教 —— 这种宗教将神性归因于自然风貌 —— 结合在一起，其中涉及了轮回转世与活人献祭。然而，这些"野蛮人"是十分心灵手巧的。他们会做手术，擅长制作金属制品与珠宝首饰，有阳历与阴历。此外，人们还将肥皂、葡萄酒桶与锁子铠甲的发明归功于高卢人。正如最近的考古研究所揭示的，高卢人的建筑不仅限于圆形茅草屋，还包括有瓦顶的优雅房屋和秩序井然的公共广场。

事实上，希腊人先于罗马人来到高卢地区。大约在公元前 600 年，希腊人建立了马萨利亚（今马赛）商栈。罗马人正是通过与这个重要的港口联盟才开始参与高卢地区事务的。公元前 123 年，罗马人修建了阿克韦 - 塞克斯提亚（今普罗旺斯地区艾克斯）的堡垒。没几年，他们就控制了罗讷河上游河谷地区，并建立了纳博 - 马蒂乌斯（今纳博讷）殖民地。但是，罗马人一旦投身于高卢地区，就发现自己不但要应对当地诸部落，还要抵御来自东面的日耳曼入侵，后者对意大利北部构成了潜在威胁。正是发生在公元前 58 年的一次日耳曼入侵将恺撒带到了高卢地区。恺撒不仅果敢地击退了那次入侵，并挫败了后续日耳曼的一系列入侵企图，还在此期间占领了高卢全部地区。这一做法让高卢诸部落坐立不安，并最终导致由维钦托利（约公元前 82—前 46 年）领导的重要叛乱在公元前 52 年爆发。维钦托利是阿维尔尼（Arverni）部落首领之子 —— 法国奥弗涅（Auvergne）大区之名即源于这个部落的名字。

维钦托利成功使各自为政的诸部落团结一致，并发动攻击，让恺撒初尝失败滋味。他还顺利地通过焦土政策夺去了恺撒的补给。但是，维钦托利随后遇到了麻烦：比图里吉人拒绝摧毁他们珍视的筑有防御工事的首都，勉强同意会守卫好自己的都城。他们以不顾后果的勇猛坚决对抗围城达一个月之久。恺撒满怀钦佩地记录下了他们的勇敢，但这并未阻止他屠城——除及时逃出，加入了维钦托利的数百人之外，其余40000名居民均被恺撒屠杀。

同年末，恺撒将维钦托利及其军队困于修筑了防御工事的阿莱西亚城之中，此地位于如今的第戎附近。恺撒为迫使敌人因饥饿而投降，在那里构筑了最为精密的围城工事，防止有人突围。高卢人的粮草只够维持一个月，因此他们对恺撒的围城工事发动了猛烈攻击。为此，恺撒又在沟渠中、堤坝上插满了尖木桩，进一步巩固防御。按照恺撒的说法，为抵御一支由8000名骑兵与25万名步兵构成的援军，他在向外的地方也建起了相似的防御工事。高卢援军赶到，并在城内守军的策应下发起猛攻。但是，事实证明，他们的勇猛、热情难敌罗马体制，援军溃散后落荒而逃。与此同时，饥饿的居民从城中走了出来，自愿为奴，听凭罗马人处置，然而，他们被罗马人放逐在了无人之地，自生自灭。在这种情况下，维钦托利除了将自己的武器扔在这个身披暗红色袍子、可怕的罗马将军脚下外（而不是像大不敬的《阿斯泰利克斯历险记》中所描绘的那样，把武器扔到人脚上，让人吃尽苦头），别无选择。对此，恺撒仅以不带感情的方式记述道："部落首领们被带上前来，维钦托利被移交过来，他的武器扔在了地上。"恺撒接着说，自己将剩余的俘虏当作战利品分给手下的士兵，一人一个俘虏。

与浪漫传奇所讲述的故事相反，维钦托利的战败对高卢而言也许是件好事。正如伏尔泰所言，这是一个巨大的进步。高卢远离了祭司的迷信，成了罗马世界的一部分，而且在接下来的300年间享受了罗马和平的庇护。罗马控制下的高卢地区被划分为4个行省，有了自己的行政组织机构，定都卢格杜努姆（今里昂）。而且，修建的新公路带来了一体化的基础设施。罗马人兴建了城镇，推动了由商人与技工组成的新兴中产阶级的发展。简言之，他们带来了按照当时社会标准而言，可谓象征着现代性与文明的事物——这意味着，随着作为法语之基础的拉丁语的兴起，新秩序带来了社会稳定。然而，如果这一切果真是幸事的话，那也是掩盖在极强伪装之下的幸事。这也许是因为在耗时逾7年的高卢战争中，有多达100万人丧生，还有100万人沦为奴隶。同时，各大部落分崩离析，成百上千的城镇被毁。为获得文明与和平，人们付出了高昂的代价。

至于维钦托利，他不得不等待恺撒抽空来对付他，因为胜利者还有别的胜仗要打——对阵庞培的战争，还有在埃及与非洲其他地区的战争。直到5年后，恺撒才有时间重返罗马，然后举行了4场凯旋式，以这些铺张浪费的活动来庆祝自己的胜利。在第一场凯旋式上，维钦托利被人从图利亚努姆监狱漆黑的地牢中带了出来，之前他一直在地牢中慢慢腐烂着。维钦托利戴着镣铐，在游行队伍中跌跌撞撞地走着，两边挤满了欢呼雀跃、讥笑嘲讽的人群。在这次对恺撒实力的展示之后，他重新被关进监狱，后被处决。行刑方式无疑是惯常的扼杀——维钦托利之死与不到两年后恺撒在罗马元老院的遇刺身亡相比，显得有些寂寂无名。

然而，尽管罗马帝国实力强大，但它在混乱的人口迁移面前，在公元后头一个千年内即将出现的世界观的转变面前，也没能永立不倒。人口迁移与世界观的转变所释放出的动乱与暴力最终击溃了罗马，并使西欧陷入了黑暗时代的深渊。

不过，在高卢被征服后的数百年间，只要罗马的好景还在，其控制下的高卢地区就可与帝国其他地方相媲美。高卢南部地区特别值得展示，因为那里有丰富的农产品、手工出口商品以及今天依然见于尼姆、阿尔勒与奥朗日的庄严肃穆的公共建筑物。至于巴黎，尽管直到公元4世纪初它还叫作鲁特西亚（Lutetia），尽管彼时当地居民宁可烧毁城池也不向恺撒投降，但它此后同样发展成了一个秩序井然的罗马城镇。随着时间流逝，那里的居民罗马化程度如此之高，以至于他们渐渐弃用高卢语，改用俗拉丁语或曰拉丁语口语了 —— 除去一些地名外，如今的法语中只有少数几个凯尔特词源的表达 —— 而且他们也乐意捍卫新的社会秩序，抵御来自东部的断断续续的蛮族进攻。

但是，公元 257 年法兰克人的一次侵入，以及 354—355 年阿勒曼尼人远赴里昂的另一次进攻，仅仅奏响了日耳曼民族长时期、大规模的系列进攻战的序曲而已。令人印象深刻的是，日耳曼人的进攻始于公元 406 年的最后一天，他们全线进攻，跨过了上冻的莱茵河冰面。在匈奴自亚洲大举进犯的压力之下，这些民族被驱赶着向东进发。他们不仅威胁到了高卢地区，还危及罗马本身 —— 罗马再遭洗劫，410 年西哥特人、455 年汪达尔人劫掠了罗马城。高卢联军在一位罗马将军的指挥下，仍然保持了足够的凝聚力。451 年，匈奴王阿提拉进犯，在特鲁瓦附近的一场极其血腥的战斗中，他被高卢军打败了。然而，截至 5 世纪末，随着罗马帝国自身在 476 年的崩溃，外族不断入侵造成的死亡、毁灭与混乱等影响被加重，高卢—罗马文明几乎遭到彻底摧毁。

具有讽刺意味的是，唯一一个屹立不倒的机构是基督教教会。事实上，罗马人对被占领地区的宗教习俗表现出了极大的宽容，主要是因为其他多神论体系并未构成重大威胁。而且，正如塔西佗所观察到的，这些多神论体系可被纳入罗马原本的宗教体系之中。但是，一神论的基督教有着本质性的差别。如果说帝国大肆迫害这种正在侵蚀罗马本身的新兴宗教的话，那是因为帝国将其视为对国家的威胁 —— 能够在来世获得平等地位的平民或者奴隶，也许就不太愿意接受现世的社会秩序了。因此，高卢像其他地方一样，也出现了一些著名的殉道士：公元 177 年，圣白郎弟娜（St Blandine）与另外 47 人在里昂被喂了狮子；一个世纪之后，圣德尼（St Denis）在经受了骇人听闻的酷刑折磨后被斩首。但是，随着罗马皇帝君士坦丁一世自己在公元313年接受基督教，迫害活动也就自然而然地中止了。因此，教会成了唯一一个超越了高卢本身而存在的组织，成了保存读写能力与传统习俗的唯一宝库。

自一片混沌中崛起，创造了法兰克王国的人物是克洛维一世（481—511年在位）。他是一支萨利昂法兰克部落的首领，也是以图尔奈地区为中心的墨洛温王朝的国王。尽管克洛维将教会与俗权合在了一起，他却并不是一个圣人。不过，在蒙昧时代，如果他是个圣人，我们也许就不大会听闻他的名字了。公元486年，克洛维在周边地区的萨利昂诸国国王的拥护下，在苏瓦松打败了那里最后一名罗马指挥官，控制了高卢北部地区。随后，他努力刺杀盟友，让自己的处境变得不那么复杂。著名的"苏瓦松花瓶"的故事讲的就是克洛维：当大家要通过抽签来分配从教会劫掠来的财富时，克洛维接受了主教的恳求，决定将一个特别的银质花瓶归还给教会。因此，在他应得的战利品之外，他还让手下把这件银质花瓶也分给他。手下人都同意了，只有一人例外。这个人说，这么做是不公平的，还愤怒地用自己的战斧将花瓶击得粉碎。一年后，克洛维在阅兵时又看到了这个人，于是便提醒该人之前发生的那件事，以及面对教会时应有的尊重——提醒的方式是用斧头劈开了这个人的头。

克洛维对权力有着不懈的追求。他把自己的一个姊妹嫁给了东哥特国王，通过这种政治联姻使东哥特人保持中立。因为没能占领勃艮第，他转而与之结盟，目的是打败托比亚克的阿勒曼尼人，以接管他们在东部的领土。当时发生了著名的克洛维皈依基督教的事件。主教雷米吉乌斯在兰斯对克洛维施洗礼。

克洛维的妻子确实是基督徒。之前有一次，她试着祈求自己的上帝助克洛维赢得了一场战争的胜利，于是克洛维就觉得这魔法是灵验的。

但是，他也受到了来自主教雷米吉乌斯的压力。克洛维当初一即位掌权，就收到了主教不揣冒昧地写给他这个异教徒少年的一封"令人震惊的信"。当时的一位历史学家恰如其分地描述说，这封信几乎是用命令的口吻，要求克洛维遵从他的主教们。[①]显然，正如雷米吉乌斯意识到教会需要得到一个可靠的世俗权威的保护一样，克洛维也认识到获得教会的支持与认可是有利的。当他将阿基坦大部分地区加入到自己征服的区域中之后，当把巴黎定为自己新王国的都城之后，他立马兴建了一座修道院，并满怀感激地接受了来自教会的祝圣。虽然这并未阻止他有计划地屠杀包括其亲属在内的几个法兰克潜在对手，但他在公元 511 年临终前不久，召开了一次天主教的教会会议。

在克洛维之死所带来的令人不快的后果背后，存在什么谜团吗？不论他道德品质如何，克洛维生前的确取得了非凡的成就。他不仅占领了高卢地区，给法兰克人带来统一，还通过自己与教会建立起的统一阵线，促进了法兰克人与罗马控制下的高卢地区在文化上的融合。这种文化融合在他生前已然发生，尤其是通过精英阶层间相互通婚的形式。法兰克人渐渐接受了以拉丁语为行政、文化用语，而这种语言也正向日常拉丁语口语或曰罗曼语转变，尽管法兰克人仍将自己原始的日耳曼语掺杂其中。多种语言的混杂导致了奥依语（the langue d'oïl）的出现，现代法语正是由这种北方方言演变而来的。与之形成对照的是南方方言奥克语（the langue d'oc），它有着更深厚的拉丁语基础。奥依与奥克是现代语法中"是的"（oui）一词的两个变体。

因此，克洛维在国家统一方面取得的成就意义重大。但是，他似乎

---

① 参见：Edward James, *The Origins of France: From Clovis to the Capetians, 500—1000* (London: Macmillan, 1982), p. 139。——作者

将这一切都毁掉了。他接下来的所作所为拉开了将在接下来的300年间反复出现的一系列续发事件的序幕：克洛维临死时将自己的国土分给了四个儿子，自此开始了分裂—重新统一—进一步分裂的模式。这一模式致使冲突频发，并因此削弱了墨洛温王朝国王们的实力，这些国王要么头脑简单，要么还未成年，以至于他们被称作"无为王"，最终被自己的副手或曰"宫相"取代，这些宫相在公元754年建立起了一个新的加洛林王朝。在此之外，上述模式甚至发展到了近乎可笑的程度。一些国王被人起了卡通画般的绰号——矮子丕平、胖子查理、口吃者路易——这快要让我们回到阿斯泰利克斯的世界了。那么，为什么会出现这种统一与分裂交替出现的模式呢？

这一点儿也不神秘。这样讲更多的是因为我们惯于以事后之见，用目的论的眼光，或者说是前后颠倒的方式来看问题，并且无意识地以为，这些统治者都窥见了法国最终的可能性，看到了我们今天所知的这个均衡对称的六边形。因此，我们也许倾向于把所有阻碍了向着现代中央集权国家前进的东西视为衰落或失败。如果克洛维与其他国王遵照了法兰克式的王位继承模式，那是因为他们关心的是个人与家庭权力。然而，他们不得不考虑的外在组织不是国家——当时并不存在我们现代意义上的国家——而是教会。在当时欧洲的混乱年代里，无人预见也没人觉得有必要非得让法国变成如今这副模样，恰恰相反，当时存在很多运气的成分——正如查理·马特的经历。

查理·马特（737—741年在位）在许多方面都宛如巨人。因其强大的军事实力，他被人们称为"铁锤查理"。他是一位足智多谋的宫相，在王位继承战中，查理一路披荆斩棘，到达权力顶峰。他不仅是一位出色的行政官，还是一名极有创造才能的将军。法兰克王国此前分裂成了三个争吵不休的王国，查理·马特在这三个王国中都树立起了威信。从爱德华·吉本到亨利·皮雷纳，各路历史学家均拥立查理·马特为欧洲文明的救世主，他们大加歌颂的成就是，公元732年，查理打败了自西班牙向北进犯的倭马亚军队，取得了图尔战役的大捷。

查理率领30000名士兵，经过精心备战，在由他选定的高地上打得敌军措手不及。结果敌人的骑兵不得不沿着山坡向上进攻，以应对查理集结的方形步兵编队。尽管敌军在其指挥官死后停止攻击，无疑是想节省自己的战利品，但这场战役仍是步兵有效抵御骑兵的极少数成功案例之一。这也许是世界史上决定性的战役之一，因为伊斯兰教的扩张已席卷西班牙，如果查理未能击退这一扩张的话，那么法国与欧洲的历史很可能会因此改写。但是，胜利的取得绝非必然，毕竟查理一方是迎难而上，而且多亏了其非凡的战略技巧，才取得了这次的胜利。

在该事件中，法兰克统治者与教会的关系变得极其紧密，以至于二者结成了同盟。当查理·马特之子矮子丕平罢黜了名义上的国王之后，他让教皇不仅接受了他发动的政变，还为他新建立的加洛林王朝祝圣。而丕平的儿子查理曼大帝（768—814年在位）被人赞为基督教模范统治者、教会的盾与剑。事实上，作为当时欧洲的一位杰出人物，他至少暂时性地终结了黑暗时代。查理曼的杰出体现在许多方面，顺带一提，他与父亲丕平不同，个子奇高。查理曼通过铲除亲属中潜在的竞争对手这一惯常手段，巩固了自己的地位。紧接着，他又入侵了伦巴第、波希米亚与西班牙北部，继续壮大自己的王国。但是，他遭到了摩尔人的反抗——这场战役后来为著名的12世纪编年体史诗《罗兰之歌》所称颂。他还一再尝试让异教的撒克逊人皈依基督教，具体做法是向他们提出一个难以拒绝的提案：要么皈依，要么死。一些人未能领会这项提议的利害关系，于是被处决了——有一次，一天就处死了超过4000人——结果表明，这项措施很有效，尽管在朝臣之中引来了个别人的侧目。

公元 799 年，天主教教皇利奥三世受到了来自罗马贵族阶层的攻击，因为这些人对他升为教皇一事愤恨不已。他们为了使利奥丧失主教资格，派出一伙人去剜他的双眼、割他的舌头。但是，利奥及时逃走，跑去向查理曼寻求帮助。尽管查理曼对教皇不感兴趣，但他还是派出了一支代表团，护送利奥返回罗马，重登教皇宝座。此后，查理曼还亲自访问了罗马。在公元 800 年圣诞节那天的罗马城内，利奥加冕查理曼为皇帝。查理曼宣称自己对这场册封典礼并不知情，但这听起来不大可信。如果说教皇通过巩固自己的地位而获利的话，那么这场盛大的授职仪式也极大地提高了查理曼的地位，他成了日耳曼各部落联盟的首领。如今，查理曼坐镇自己的首都亚琛（或曰艾克斯拉沙佩勒），统治着大一统的法兰克王国。他的疆域从大西洋沿岸延伸到德国的巴伐利亚州，从北海扩展到地中海。而且，查理曼与教会的正式结盟确立了神圣罗马帝国的观念，这种观念将贯穿整个中世纪。正如顽皮、矮小的伏尔泰那颇具代表性的观点所言，这个叫作神圣罗马帝国的集合体也许"既不神圣，也不属于罗马，还不是个帝国"。然而，这一宏图贯穿了受战争蹂躏的中世纪始终，而且强化了统一欧洲的观念。这种观念也为后来的拿破仑与如今的欧盟所秉持，无论变得多么面目全非。

与此同时，查理曼作为一位君主，精力充沛得令人咂舌。他建立了行政中心，招募唯一有文化的群体 —— 神职人员充当公务员。他向王国各地派出了钦差大臣，举办由朝臣、治安官与贵族出席的年度大会，实行司法改革，统一重量单位与例行的通行税。而且，他还就关乎公共秩序的事务给出了自己的判断。他颁布了关于教会组织构造与宗教教育的法令 —— 在时人看来，社会、法律与宗教问题没有本质区别。他还大力提高王宫的文化水平，通过学习拉丁文提升自己的读写能力，为教育年轻的法兰克骑士而创办了一所专门的学校，还邀请英国神学家阿尔昆来亚琛担任他的宗教兼教育顾问。他的的确确带来了加洛林王朝的复兴。诚然，就基本特征——政治组织、永久性军队或者道路基础设施，正是这些基本特征给国家带来了稳定与持续性——而言，他的帝国无法与真正的罗马帝国相媲美。然而，这个强大、坚定的男人所取得的诸多成就仍震古烁今。遗憾的是，这并未阻止他留下的帝国遗产再度走上分崩离析的道路。

尽管查理曼在公元814年去世前曾下令将王国分给自己的三个儿子，但是最后王国完好无损地传给了他的儿子虔诚者路易。这只是因为他的另外两个儿子碰巧死在了父亲前面。但是，当路易一世于公元840年去世时，这次轮到他将王国分给自己的三个儿子了。可以猜到正是他促成了内战的到来。然而，这种王国分裂的惯常局面，这种由统一与分裂交替所导致的具有破坏性的中断，只是问题的一半。问题并不仅仅在于体制过分依赖偶尔才出现的查理·马特、查理曼式的强大领袖；事实是，一位强大领袖在统一并扩大自己的王国上越成功，他就越容易遭遇体制内在的矛盾性。这是因为部落首领实行独裁统治，将自己的王国视为个人财产，为选定的继承人随意分配遗产的时代正在逐渐衰落，王国越大，面临的困难就越大。具有讽刺意味的是，查理曼如此成功地将王国版图拓展到惊人的程度，也为帝国体系带来了严峻考验并最终导致国家破灭。

查理曼王国的分裂不仅对法国，而且对整个欧洲的未来都产生了深远影响——顺便一提，路易的两个儿子，即日耳曼人路易与秃头查理，在公元842年签署了《斯特拉斯堡誓言》，宣誓结盟，共同反对他们的长兄洛泰尔一世。这是首部用最初的法语形式写成的官方文件。次年签署的《凡尔登条约》将王国领土一分为三：西法兰克王国大致相当于将来的法国，东法兰克王国等同于讲日耳曼语的莱茵河以东地区，而中法兰克王国则是从荷兰向南延伸至莱茵河，并最终延伸至地中海的狭长区域。这一分割导致后来法国与德国之间出现了毁灭性的紧张局势，二者的争端聚焦于两国间一块模糊不清的缓冲地带的控制权。

与此同时，秃头查理（840—877 年在位）的遗产将会成为中世纪时期法兰西王国的基础。但是，由于领土的分割主要是基于行政上的便利，所以秃头查理的王国边境线多少有些人为干涉的痕迹。同时，旧有的分裂—部分统一——进一步分裂的模式依然存在。因此，国王们依然软弱，王国也处于动荡不安中。9 世纪与 10 世纪时阿拉伯自南方发起的攻击加重了局势的动荡。而且，最重要的是，令人胆寒的中世纪斯堪的纳维亚人的入侵及其对诺曼底的有效殖民，无异于为严峻的态势雪上加霜。

正是出于对权力分化，以及人们普遍感觉到的秩序混乱与安全感缺乏的回应，封建制度得到了发展。当然，在查理曼大帝统治时期，通过其授予土地的行为，封建制度已然存在。土地是当时值钱的重要资产，查理曼将土地授予他的封臣，反过来，他们需宣誓效忠，并作为武士与行政官为他服务。但是，随着城堡——起先只是些简单的木制防御工事——在全国范围内如雨后春笋般涌现，这种制度日益在区域与地方层面得到复制。于是，贵族也有了效忠于自己的身份尊贵的封臣，即骑士，或曰骑在马背上、身披铠甲的武士。正是基于这一具有自我意识的时髦阶层的行为准则，才衍生出了骑士精神的说法。而且，贵族与骑士间的相互依赖性自上而下地渗透进各个阶层之中，因为地方上的封臣会效忠于更高阶层的出身名门的封臣；农民则为自己的主人而工作、奋斗，以在必要时换取主人的保护。

事实上，这是一个完善的法律与财产关系体系。它意味着一方以保护与供养，换取另一方的效力与顺从。尽管它回应了当时社会的不稳定问题，却往往会削弱国王们的实力，尤其是因为国王授予封臣的采邑渐渐变成了世代相传的，封臣自身也因此变得更加独立。在越来越多的地区，实力强大的贵族甚至能够威胁皇权。国王可以通过授予更多的采邑与战利品来换取他们的忠诚，但是这些奖励往往有赖于发动战争才能获得，而战争又会进一步扰乱局势。因此，国王不得不在很大程度上仰仗软实力，通过传统观念与教会认可所获得的道德权威来统治这些贵族。

这样一来，来自法兰西岛（Île-de-France）的贵族雨果·卡佩（987—996 年在位）从摇摇欲坠的加洛林王朝那里接手的并不是一个强大的王国。由于法兰克人、布列塔尼人以及其他族群使用各种各样的语言——从东北部的德语到西南部的巴斯克语，更别提讲罗曼语的地区中，奥依语与奥克语之间的差异了——王国并不具备民族或语言上的一致性。实际上，雨果·卡佩的诏书只在他自己的法兰西岛中部地区与奥尔良地区（Orléanais）有效。如果他冒险越过这些地区，就可能被人绑架并被迫交纳赎金。因为，王国其他地区处于基本独立区域的统治者控制之下，这些统治者包括阿基坦公爵、诺曼底公爵或者是奥弗涅伯爵。另外，王国也没有通用货币与法律体系，当时的社会秩序通常是混乱的。人们不难想见统治这样一个四分五裂的王国需要面对的问题。事实上，雨果在其统治期间不得不进行权力斗争，且在公元 993 年挫败了一场针对他的阴谋，但他的地位过于薄弱，以至于无法惩罚行凶作恶之人。

即便如此，雨果·卡佩还有一些优势。首先，由于他是由贵族大会选举产生的，因而拥有一些权威。其次，他有来自教会的强大支持。之前，教会将其封为"法兰克人的国王"——事实上，兰斯大主教在很大程度上主导了他的当选。再次，虽然他从巴黎直接控制的中央地区相对较小，但此地是王国最富庶的地区之一。此外，他一登上王位就立自己的儿子为继任者：他佯装自己要发动一场抗击摩尔人入侵西班牙的战役，这样一来就需要在自己不在时，确保有一位国王理政。以上这一切使他强化了自己家族的统治，并建立了一直延续到 1328 年的卡佩王朝。尽管王室的其他支族后来会接管法国，但卡佩王朝通过西班牙国王费利佩六世、巴黎伯爵，以及英国女王伊丽莎白二世的家族世系而一直存在着。

　　显然，截至第一个千禧年末，还没有出现一个正好类似于我们今天所知的法国那样的王国。除非这些弱小的卡佩国王成功地扭转了自己与他们势力过于强大的封臣之间的不平等关系，否则不会出现这样的一个王国。但是，回顾往昔，卡佩王朝的到来也许可被看作是这片土地在不经意间向独立法兰西王国发展的漫长历程的开端。

第二章

浴血而生的高卢人

这是一个充满鲜明对比的时代。彼时，灵性与极端的残忍共存。

中世纪的世界似乎从未真正远离法国；它仍在许多城镇中流连忘返，而这些地方以大教堂为关键特征，就像沙特尔与桑利斯。在诸如萨拉维小镇与阿维尼翁市这样的城镇中，中世纪景观成了老城区环境的有机组成部分，这种景观尤其引人注目地存在于筑有防御工事、处在围墙之中的城市里，例如洛什与卡尔卡松。就巴黎自身而言，抛开巴黎圣母院与圣礼拜堂不谈，中世纪的世界还回荡在巴黎的拉丁区之内。这里之所以叫拉丁区，是因为在中世纪时，拉丁语是索邦大学学生的通用语。而且，在此后的数百年间依然如此。诸如"高中毕业会考证书"（baccalauréat，高等学校证书）与"学士学位"（licence，文学士学位）一类的学衔便可追溯至那个年代，一些传统礼节、贵族称号与授衔仪式惯例也是如此。

诚然，中世纪这整个时期在千百年间被行吟诗人、历史小说家，不消说还有好莱坞，浸润在浪漫的柔光之中。它唤起了人们脑海中许多程式化的形象：尊贵的国王与优雅的王后；石头或者彩色玻璃上虔诚的面孔；具有骑士风范的十字军英勇地对抗异教徒；在皇家竞技场上，手持危险的长矛飞奔向对方的重甲骑士们；透过城堡高塔的狭长窗户，贞洁的淑女向下望着郁郁寡欢的情人，情人身着紧身短上衣与紧身裤，两个裤腿颜色不一，他们还穿着长得出奇的尖头鞋。这是一个充满鲜明对比的时代。彼时，灵性与极端的残忍共存。大教堂中流露出对宗教的热忱，试图为短命的人们提供一种确定性。当时的人们受变幻莫测的收成、瘟疫与连绵不绝战争的支配。这样一个时代的生活究竟是怎样的呢？

生活质量由经济与文化发展水平决定，而经济与文化发展水平又主要取决于封建王国在多大程度上能给人们带来和平与稳定。但是，卡佩王朝的国王们花了超过100年才开始稍微控制住了一个如拼图般混乱的三级王国。构成王国的三级中，皇家属地、法兰西岛与奥尔良地区是第一级；第二级是封地、历年间赏赐给这个或那个国王的儿子们的土地——如果在位者或曰小国君主死后无嗣，那土地就会重新回到君王手中；第三级就是像吉耶讷与佛兰德这样的大面积省级封邑，这些地方在表面上属于王国，实际上它们却是独立存在的。整个11世纪的历任国王都没能制约住皇家属地内部的无序，他们所面临的难题同样不是建立一个中央集权制的法兰西——人们还无暇编织这个梦想——而仅仅是怎么让这个封建制度运作下去。他们并没有一手好牌可打。

当时的国王们通过教会在兰斯为他们举行的加冕仪式获得了认可，树立了道德权威。加之人们认为国王具有神力，可以医治瘰疬或曰"国王的祸害"（king's evil），于是国王的道德权威性进一步加强。对于王国内的所有贵族来说，国王是政治上的宗主，或者说是封建领主。如今，一些封臣在世代相传的地产上，安坐在自己宏伟壮观的新城堡中，好不逍遥。面对这些日益独立的封臣，国王几乎没有什么影响力。再者，就像在王位继承战中引发了诸般争端一样，为多个儿子分配封地的惯例也在小贵族间挑起了持续不断的私战，而这些小贵族平常除了摆出一副骑士派头外，也没什么事可干。

因此，11世纪是强盗横行、长期斗争、社会整体处于无序状态的时代。直到最后，全靠教会实行"上帝的休战"（Truce of God）来试图限制流血事件的发生。这一举措规定，在星期三傍晚至星期一清晨之间打斗是有罪的——同样有罪的是牧师、僧侣与女性在一周之内任何一天的打斗行为——但是，实际上教会合法化了一周中其他三天的打斗。此外，教皇乌尔班二世仍谴责了贵族阶级之间的暴力行为，并试图"把强盗变成骑士"。公元1095年，在克莱芒会议上，教皇向信众发布了一个充满激情的号召，呼吁他们向前冲，从异教徒手中夺回圣城耶路撒冷。

这是在接下来的200年间，来自欧洲的8次十字军东征中的第一次。

每一次十字军东征都产生了重要影响。它们提供了一项全球性事业，使基督教世界联合起来。而且，它们将破坏力向外疏导，用于打击一个共同的敌人——被妖魔化的异教徒。它们开辟了贸易路线，由此刺激了经济的发展。同时，十字军东征也将新观念引入欧洲文化之中。卡佩王国尤其在第一次十字军东征中威名大振，因为第一次东征是在法兰西境内宣告成立的，而且卡佩王国为这次事业贡献了布永的戈弗雷，以及腓力一世国王（1060—1108年在位）之弟——韦尔芒杜瓦伯爵于格一世等领军人物。并非所有的十字军成员都是骑士——事实上，在40000人左右的十字军中，大多数"拿起十字架"的是农民。他们受到了这场永生难忘的冒险的吸引，而这场冒险又披着末日启示的外衣。诚然，圣战往往就是这样。在圣战中，绝对的信仰必将敌人定为邪恶或者毫无价值之物。对双方来说，这场为期3年的远征都是一次你死我活的较量。教皇乌尔班二世向十字军许诺，所有在这场东征中战死之人的罪行都将得到赦免。十字军抢劫、屠杀平民，还按当时的通行方式犯下了其他滔天大罪。但是，十字军也巩固了卡佩王朝的统治，它不仅将卡佩王朝与一个高贵的传说联系在了一起，还在更加实际的方面对王国有所助益。

十字军的东征产生了意外结果——削弱了贵族的权力。许多贵族在异国他乡被杀害或丧命，另一些人则因装备私人军队进行为期过长的远征，而倾家荡产。与此同时，为军队提供装备的工匠与商人们却从中获利不少。事实上，一个新的贸易阶级出现了，他们憎恶封建制度的重重限制。工匠们自行组织起来，形成了行会。他们还把自由城镇统一起来，试图逃避缴纳封建税费。因此，君主如今有了一个潜在盟友，即在发展中的城镇里涌现出的新兴商业阶级。利用这一点的第一人是极度肥胖却精力充沛的"胖子"路易六世（1108—1137年在位）。他开始给城镇颁布皇家特许状，以在自己试图控制社会普遍的混乱无序状态时，换取来自城镇民兵的支持。20 年间，他都主要忙于镇压强盗行为、围攻躲在城堡中的强盗贵族，以及惩治为凶作恶之人。路易六世有儿时的伙伴阿贝·絮热（Abbé Suger）为他建言献策，而且教会与农民也站在他这一边。当他把权杖交给儿子——非常虔诚的路易七世（1137—1180 年在位）时，树立国王威信的任务已大体完成。

然而，君主政体的强化开始带来两个更大的问题，它们将在 13 世纪、14 世纪时变得日益紧迫。第一个问题是与梵蒂冈的关系，以及梵蒂冈对法国教会的控制程度。尽管路易七世是虔诚的信徒，但在布尔日大主教的人选上，他拒绝接受教皇提名的候选人，而有自己中意的人选。此事导致教皇颁布了禁行圣事令，并引发了路易七世与香槟伯爵之间的战争。在此期间，路易参与了杀害了 1000 余人，这些人在维特里的教堂里被活活烧死。路易受良心的谴责，想通过进行十字军东征来洗清自己的罪责——但他由妻子阿基坦的埃莉诺，以及妻子的一群贵族侍女陪同征战的行为并不会取悦教皇。

埃莉诺是个美貌、好斗且坚强的女子，而在那个时代，女人往往是从属性角色。这也难怪她会在许多历史题材电影与小说中充当主角了。出身于更为无拘无束、高雅时尚的阿基坦王宫的埃莉诺，在 15 岁妙龄时嫁给了路易。她觉得自己嫁给了一个僧侣而非国王，而人们也觉得她任性且轻浮。在路易七世与埃莉诺灾难性的十字军东征途中，埃莉诺就战略问题与路易发生了争执，还被怀疑与自己年轻的叔父安条克的雷蒙德有染——雷蒙德战败后，其头颅被砍下装在一个浅盘中，呈给了巴格达的哈里发。最终当夫妻二人回到法国后，由于埃莉诺未曾诞下男婴，二人的婚姻关系解除了——此时，第二个问题出现了。

离婚后，她几乎马上就嫁给了金雀花王朝的年轻成员亨利。亨利在两年之内即将成为英格兰国王亨利二世。但是，埃莉诺仍保留了自己阿基坦公国领主的头衔。这意味着，安茹王朝——之所以叫这个名字是因为亨利也是安茹伯爵——如今控制着英格兰、诺曼底，以及向南直至比利牛斯山的整个海岸地区。亨利仍是他的封建领主路易七世的封臣，但是封建制度与实际权力关系之间的不匹配在整个13世纪都挑战着卡佩王朝的国王们——而且，事实上，这种不匹配所引发的王朝冲突用了300年的时间才得以解决。

腓力·奥古斯都（1180—1223年在位）是路易七世的儿子。他是个狡猾、坚决的人。腓力对于正日益凸显的来自安茹王朝的威胁十分警觉，他历时逾三十载，持续对抗连续三任安茹王朝国王：亨利二世、狮心王理查一世与国王约翰一世。最终，他占领了诺曼底、布列塔尼、安茹、曼恩、普瓦图与图赖讷。他通过1214年的布汶战役巩固了对这些占领地的统治——事实上，他将自己的王国建成了欧洲首屈一指的强国。此外，他也在国内进行了相当重要的改革：使行政管理专业化，实现财政稳定，保护城镇中正在崛起的中产阶级的利益。他下令铺设巴黎主干道，继续建造巴黎圣母院，并兴建了巴黎大堂的中央市场。他通过授予索邦特许证，认可了其作为中世纪基督教国家智力中心的地位。

1209年，为镇压异端的卡塔尔派或曰阿尔比派（得名于南部城镇阿尔比），教皇英诺森三世呼吁人们进行圣战，对抗当时其他的基督徒。而腓力·奥古斯都狡黠地佯装自己无法响应教皇呼吁，因为无暇率领十字军攻打卡塔尔教派。卡塔尔派爱好和平，但他们持摩尼教观点，强调耶稣的道德教化作用而非耶稣复活。他们还拒绝领受圣餐，这点在教皇看来也是非常关键的。事实上，他们完全否定教会在国务方面的作用，因为他们觉得这过于世俗化了。就这一层面而言，他们也许可被视为早期的新教徒。

教皇的声明促使数以千计的骑士与农民在西蒙·德·蒙德福特（Simon de Montfort）①的率领下袭击朗格多克。这些人都受到了教皇确保赦免他们罪行，以及可能从卡塔尔派手中夺取土地的激励。早期发生了一起事件，在十字军屠杀贝济耶居民时，有人问教皇的使者阿纳尔德·阿马尔里克，哪些人可以免死。据说，他的回答是："杀光他们所有人，上帝自会甄别出他的子民。"而西蒙·德·蒙德福特身上交织着虔诚与凶残，他虐待、杀害对手，那些获准活命的人也被他剜出了双目。毫无疑问，这一切自然激起了反抗。战事绵延数十载，直至梵蒂冈派出宗教裁判所进行镇压，才结束了这次事件。当时，整个南方地区也许已有100万人遇害。与此同时，十字军东征已不可避免地变成了一场征服战——最终，战争的胜利者是老奸巨猾的腓力·奥古斯都与他的继任者们，他们吞并了朗格多克。

但是，人们一般认为，鼎盛的13世纪统治的高潮是路易九世（1226—1270年在位）统治之时。路易九世在死后被尊为"圣路易"，他是法国学童眼中的传奇人物。路易专横的母亲卡斯蒂利亚的布兰卡亲自教育自己的儿子。路易是个苦行僧般的虔诚信徒，对苦行者所穿的粗毛衬衣很是钟爱。他还时常禁食，并通过给贵族洗脚来培养自己的谦逊品格，但这并未阻止他严守自己独立于梵蒂冈的地位。他的做法似乎早早地预演了后来发展起来的专制君主思想——君权神授。而且，他在宗教信仰上所循的严苛的绝对论观点，又让他十分乐意地接受了宗教裁判所用酷刑与没收充公来对抗卡塔尔派的做法，恰如他接受十字军东征中对异教徒的屠杀一般。他自己积极地参与了第七、第八两次十字军东征。

---

① 他的儿子同样叫作西蒙·德·蒙德福特，继承了莱切斯特伯爵勋位，并发动了反抗亨利三世的男爵战争。——作者

前一次，他通过驱逐放高利贷的犹太人，并将他们的土地充公来资助那次十字军东征。他参与的两次东征均遭遇了灾难性的失败。因为，在第七次十字军东征时，他因被捕而不得不让人替他交纳赎金才被放回。而在 1270 年第八次十字军东征期间，他死于高烧。但是，这两次东征为国王增添了光彩。无论这位国王对宗教有多狂热，他的严厉与正义交织在一起，为王国带来了不小的福祉。

具体而言，他为了实现更加平等的正义而改革了宫廷，并鼓励人们使用古罗马法典；强迫贵族履行他们的义务；改革税收管理制度；在巴黎开设了一间名为"三百人院"（the Quinze-Vingts hospital）的救济院，专门用于免费收治穷人；他还赞助艺术学科的发展，鼓励哥特式大教堂的兴建，并建造了宏伟壮观的圣礼拜堂作为自己的宫廷礼拜堂。

在巩固王国方面，路易九世也同样精明、成功。1259 年，为了能结束长期以来对所有权的主张与反诉，他将里摩日、卡奥尔与佩里格割让给英格兰国王亨利三世，作为交换，亨利需放弃对诺曼底、安茹、曼恩、普瓦图和图赖讷的所有权。他也将自己对鲁西永及巴塞罗那的所有权与阿拉贡国王对普罗旺斯与朗格多克的所有权进行了交换。上述的一切使他被人视为理想的基督教王子。此外，他的王国当时处于相对的和平与繁荣之中，也被看作是最负盛名的基督教国家。

处理与梵蒂冈关系中潜藏的深层问题，以及监督王国步入动荡的 14 世纪的重任随后落到了路易九世的孙子腓力四世（1285—1314 年在位）的肩上。腓力人称"美男子"，因为他脸色冷若冰霜，英俊无比。除了身上的苦行衫外，腓力全身上下毫无圣洁之处。他在许多方面都改变了游戏规则。他通过实行更加普遍的税收政策，以及推行意在排挤贵族的国家官僚政治，继续像一个中央集权的君主制国家首领，而非封建王国的国王那样去执政。这与军事开销及野心勃勃的重建计划一道，需要更多的资金。因此，他没收了放贷的伦巴第族人的财产，于是轮到犹太人遭殃了；之后又对神职人员征税，并因此受到了来自教皇博尼费斯八世（Pope Boniface Ⅷ）的威胁，说要将他逐出教会。这位教皇认为国王们应对教皇负责。

腓力四世的回应是派出一支外交突击队对教皇动粗，并将教廷转移至阿维尼翁。由此产生的新教皇是俯首帖耳的克雷芒五世。这一举动不仅宣扬了法国教会的独立性，还有助于腓力四世在寻找财富时，得到克雷芒的默许前去摧毁圣殿骑士团中富裕的分支机构。之前，圣殿骑士团的这些人不明智地拒绝资助腓力四世对英作战。腓力通过宗教裁判所，利用残忍的折磨来获取明显捏造的供述，实现了上述对圣殿骑士团财富的吞并。正如一位作家所言，可悲的矛盾之处在于："最可怕的审判者是那些刚直不阿之人。他们对人用刑单纯是出于对上帝的爱。"[1] 我们可以从腓力对他儿媳的两个秘密年轻恋人的处置上，管窥其处事风格 —— 他们被当众剥皮、阉割、开膛破肚、斩首，然后从腋下被吊了起来。这种种处置并不赏心悦目，但是在腓力四世统治结束的时候，他已大体上实现了对教会的政治控制，并让封建王国朝着大一统的现代君主政体的方向迈进。

截至 1314 年腓力四世去世，过去的 300 年间社会日趋安定。这极大地促进了经济与文化的发展。诚然，法国依然以农业经济为主。田间劳作十分艰辛，只有公牛可用作耕畜 —— 在新大陆的诸如土豆、玉米与番茄这些植物到来之前 —— 人们仅有十分有限的一些庄稼作物。以谷物为主的饮食是贫乏的，庄稼可能歉收。人们还受到天花或者伤寒的侵袭。

---

[1] 参见：Peter de Rosa, *Vicars of Christ* (London: Transworld, 1988), p. 165。——作者

即便如此，由于整体上良好的气候环境、伐林栽种、轮作以及粮食产量的增加，情况有了好转，以至于人口增加了两倍，增至大约 1500 万人。迅速发展起来的城镇生机勃勃，这些城镇是当地的中心，贸易繁荣，市场与集市兴旺，专业工匠、变戏法的人、扒手、妓女与流浪乞丐熙熙攘攘。到 13 世纪，法国出现了一个正在崛起的、服务于王权的、受过良好教育的中产阶级。他们充当着行政官与地方官的角色。不管城镇有多么拥挤，无论那里的卫生条件有多糟糕，它们都是未来之所在。

这一时期的文化与教育基本仰赖教会。中世纪两个最大的修道会是本笃会与更加严苛的西多会。它们均兴起于勃艮第。其中，本笃会尤其与教堂在全国的兴建有着很大关系，而且此时还兴起了相当具有影响力的"克吕尼派改革运动"（Cluniae Reforms），这个名字来源于他们在克吕尼的修道院。此项改革运动旨在清除教会的腐败，保护教会免受世俗干扰。另外，巴黎大学是由巴黎圣母院的教堂学校及与之竞争的学校发展而来，后者包括圣吉纳维夫以及罗贝尔·德·索邦在 1257 年创立的学院，16 世纪中期，这所学院以他的名字命名，即索邦学院。

巴黎成为世界前沿的神学研究中心这一时期，人才辈出，包括多产的圣托马斯·阿奎纳与有着非凡个人魅力的彼得·阿伯拉 —— 他与自己的学生哀绿绮思的凄惨爱情悲剧（哀绿绮思的叔父派人对阿伯拉施以宫刑）无疑引来了各种添油加醋的杜撰，这也许影响了他作为一位学者型思想家的重要地位。就文学而言，虽然当时有歌颂圣母马利亚的虔敬故事与《圣经》题材的半礼拜仪式的戏剧，但是也存在英雄主义的叙事史诗，或者道德说教式叙事诗这些世俗文学形式。《罗兰之歌》就是叙事史诗的代表，而长篇叙事诗《玫瑰传奇》则讲述了爱情是如何教导"情人"成为彬彬有礼之士的，告诫"情人"不要干站着、张大嘴，要时刻侍奉、尊敬女性。让人欣慰的是，这些作品带来了中产阶级文学的腾飞，这类文学的典型是《列那狐的故事》，或者吕特伯夫创作的讽刺诗。

不过，中世纪法国的标志性形象无疑当数哥特式大教堂了。实际上，贯穿于宗教裁判所的残酷暴行与十字军东征的残忍屠杀中的宗教狂热，却在这些恢宏壮阔、彰显勃勃雄心的建筑物中体现了完全相反的一面。由于哥特式风格表现出了对罗马式风格的明显背离，所以文艺复兴时期的艺术家使用"哥特式"这个术语，对他们所认为的粗野风格加以嘲讽。哥特式建筑的圆拱结构可见于图卢兹或者韦兹莱的宗座圣殿（Basilicas）。这种新风格回应了阿贝·絮热的观点，他在圣但尼开创了哥特式风格中的"光的连续性"（lux continua）原则，这要求人们重新理解纵向与横向的线条。而且，最重要的是，为了将石结构建筑物简化为骨骼构架，要敢于大胆尝试尖肋拱顶与棱纹拱顶带来的结构上的可能性。

哥特式风格的发展经历了时间的淬炼。也许是通过 13 世纪诸如兰斯与亚眠大教堂的修建，哥特式风格才达到了炉火纯青的地步，并变异成了 14 世纪的艳丽风格。絮热的"光的连续性"是通过新增大片彩色玻璃而实现的，这样一来，教堂建筑如今有了三种互补的声音：教堂中殿高耸入云的新高度，大门、圆柱或内坛围墙上的雕塑，以及彩色玻璃上五彩斑斓的图像。由此孕生出一个全新的玻璃产业，中心位于圣但尼与普瓦捷等地区。这一产业受到了人们想提高半透明度、研发新色彩之欲望的驱使，著名的"沙特尔蓝"便是一例。

就沙特尔大教堂这一具体案例而言，大教堂对城镇居民到底意味着什么呢？首先，作为除城堡之外的唯一石质结构，它是一座极其醒目的建筑，在博斯的肥沃平原上，从很远的地方都能看见。它是重要的朝圣之地，因为这里藏有"圣衣"。据说这件外衣属于圣母马利亚，它在大火中奇迹般地保存了下来。由于朝圣者主要在重要节日时前来，那时正好有大型集市，因此他们也带来了好生意。不过，无论如何大教堂的入口总会被当成集市，商贩在这里出售他们的各色商品。毫无疑问，这座献给路易九世的宗座圣殿也象征着王权，在那里的雕像群中，国王和王后的雕像与宗教人物的雕像比肩而立。此外，沙特尔还有一所教堂学校。这是供朝圣者们睡觉的地方，在瘟疫蔓延时也用作医院，还是一个募工的场所 —— 简言之，它就是城镇中心。

此外，沙特尔大教堂还出色地完成了自己的宗教使命。对于那些目不识丁的信徒而言，他们不懂拉丁文，而这座建筑物本身就是天机。高耸入云的教堂中殿回荡着素歌；法衣华美大气；圣坛上陈列着漂亮的银器；绚丽的彩色玻璃讲述着《圣经》故事中的场景，随着日光的变幻，奇妙地形成了一幅幅动态图像；还有那惊人的"蓝色圣母"玻璃窗上甜美的圣母马利亚与圣婴的画像 —— 对于生命如蜉蝣般短暂易逝，生活在严酷与不确定性之中的人们来说，这个神圣的地方就是天国的大门。更具深刻意义的是，在石雕像群所表现出的现实主义与人文主义情怀中，人们可以看到如自己一般谦逊的面孔；可以感觉到自己同样实现了灵魂的超越。在这种超越中，上帝与人达成了和解 —— 这个关于恐惧与复仇的宗教也关乎慈善与仁爱。

不幸的是，14 世纪即将抛出许多挑战，而这些挑战并非教会或封建制度本身所应付得了的。首先是大饥荒。1314—1317 年的冬季寒冷潮湿，导致庄稼歉收，粮食收成无法养活越来越多的人口。城镇受到的打击最大，这里的食物短缺，粮价上涨。绝望的人们开始四处游荡，放火、抢劫或者杀害犹太人。接下来是传染病，可能是炭疽。它在 1318 年杀死了大多数的牲畜，并削弱了人们的免疫力，使人受到麻风病与伤寒等流行病的攻击。所有这一切发生的背景是卡佩王朝王位继承体制的崩溃。这进一步说明，像经营家族事业一样运作政治体系是十分危险的。由于

"美男子"腓力的三个儿子均很快离世，他们的在位时间加起来也只有14年而已，因此，1328年，经过由贵族主导的一次非同寻常的选举过程之后，王位被传给了腓力的侄子，瓦卢瓦的腓力（1328—1350年在位）。自此，新的瓦卢瓦王朝诞生了。严格来说，王位应归"美男子"腓力四世的外孙，14岁的英格兰国王爱德华三世所有。但是，让一个法国国王对英国王权俯首称臣是人们无法接受的。尽管爱德华三世确实在新国王腓力六世位于兰斯的加冕仪式上表达了敬意，但双方关系还是恶化了。而且，在各种各样针锋相对的挑衅之后，腓力六世于1337年宣布，爱德华由于反叛，已丧失了阿基坦的领主权，由此引发了百年战争。

　　这是在扩张过度的封建制度内部爆发的一场王位继承战。而且，就其本身而论，鉴于爱德华得到了来自法国北部与西南部的封臣的支持，这在某种程度上就是内战。同时，这也是场七零八落、拖拖拉拉的战事。战争以稀里糊涂、断断续续的方式持续了116年。起初，腓力看似能够轻易取胜，因为他领导的王国更加富庶且人口众多。但是，他在斯鲁伊斯海战及后来在陆上展开的克雷西会战（公元1346年）中，都吃了败仗。在克雷西会战中，英国长弓手迅速干掉了行动迟缓的法国重甲骑士。次年，爱德华三世占领了加来，而腓力的实力过于虚弱，以至于无法与爱德华抗衡。而且，当腓力撤退后打算发动反击，入侵英格兰时，却没能筹到钱。如果这还不够糟的话，那么最可怕的灾难已然降临，它有着持久的恶劣影响：黑死病。

　　黑死病肆虐欧洲，影响远及爱尔兰与瑞典。这场夺去了欧洲约1/3人口的瘟疫，最初于1348年1月自偏东南方向的马赛而来。到6月时，它已向北扩散至巴黎及更远地区。正如编年史家让·德·维奈特（Jean de Venette）所述，它来势如此凶猛，以至于"人们几乎来不及掩埋死者尸体……一个人今天还好好的，第二天就死了，等着下葬"。他将患者的症状描述为腋下或腹股沟突然出现肿块，这似乎佐证了人们通常认为黑死病是淋巴腺鼠疫的观点。无论如何，巴黎一度每日有 800 人丧生。这是场具有毁灭性的灾难，同时它也很神秘。它席卷全城，然后消失不见，1349 年卷土重来，夺去更多人的生命，并于翌年再度消失。它会杀死一座修道院或者村庄中的所有人，但是出于某种难以捉摸的原因，让一人免死。但是，它并不尊重等级制度：它夺命时不分高低贵贱。不管是牧师还是罪人，男人还是女人，青年还是老者，它都照杀不误，甚至连地里的动物也不放过。而且，它无药可解。

切开放脓、放血疗法或是催吐都没有效用。芳香的药草、玫瑰香料与炼金士的药水也无济于事。人们向圣母马利亚苦苦哀求，宰杀撒旦的代理人——猫，杀害麻风病人与乞丐，火烧基督教国家的宿敌犹太人，结果都是徒劳一场。就算应运而生的新品种——高薪的"瘟疫医生"也没能力挽狂澜，阻止这场大屠杀。这些瘟疫医生就像威尼斯狂欢节上的邪恶人物一样，身着防护服，戴着似鸟一般的面具。在近代科学出现前的这个时代——600 年后鼠疫杆菌才被发现——这个问题简直难以想象，更别说解决它了。思考黑死病是由地震释放的"浊气"所造成，还是最近一次行星排成一列所带来的后果，并无意义，因为左右着行星运行，控制着地震的，是上帝。在中世纪封闭的绝对主义精神世界中，正如教皇果不其然意识到的那样，黑死病只能是上帝带来的。而且，鉴于上帝是全善的，这可能是上帝对人类罪孽的惩罚。但是，由于教会是个封闭群体，没有谁比教会受到的打击更大了。这是上帝对教会的审判吗？难怪教会在忏悔方面被新兴的、高度自律的宗教团体鞭笞派（Flagellants）比了下去。鞭笞派从一个城镇到另一个城镇，以仪式的形式宣泄着集体的道德狂热，在仪式中猛烈地自我鞭打，以显示自己对自身存在的罪孽的强大承受力。难道说，人们长期宣扬的审判日已经来到了吗？

具有悲剧性讽刺意味的是，在这个没有公共卫生设施与自来水，人们极少清洗、更换衣物的社会中，疗法或药物只是在加重病情而已。放血疗法降低了受害者的抵抗力。由于鼠疫杆菌是由与黑鼠有关的跳蚤传播的，那么杀死"邪恶的"猫就适得其反，因为猫本来可以杀死老鼠。如果说犹太人当时受到黑死病的影响较小，那是因为他们的宗教习俗让他们格外注意清洁。至于鞭笞派，他们在城镇中流窜的行为只是在传播疾病而已。在这可怕的境况中，人们把能做的事都做了：祈祷，躲着其他人，把自己锁在房中，逃往乡间或者林中。有些人想在自己大限到来前享乐一番，倾尽所有挥霍在葡萄酒、女人与别的东西上——如果这是世界末日的话，为何不华丽丽地收场？这场灾难让教会名誉扫地，撼动了封建制度的根基，还在陵墓石刻艺术中，在新的艺术形式"死亡之舞"（danse macabre）下与生者共舞的狞笑的骷髅形象中，将死亡誉为了人生的意义之所在。

诚然，黑死病为无休止的王朝间百年战争提供了一个洪亮的背景音。这场战争在一片废墟上混乱地继续着。处境艰难的贵族试图绑架其他贵族，以获取赎金或者攫取他们的土地，而流动的雇佣军队则在战争间歇以掠夺、抢劫、强奸度日。战争开始朝着不利于法国的方向发展。1356年，黑王子爱德华在普瓦捷战役中重创法国。与此同时，瓦卢瓦的腓力的继承人，即轻佻的"好人"约翰二世（1350—1363年在位）被俘后在英格兰享受着皇家的舒适安逸，坐等战斗结束，而他的儿子则四下搜索，筹措巨额赎金——由此引发了一场由艾蒂安·马塞（Étienne Marcel）领导的声势浩大的巴黎市民起义，以及一场法兰西岛的农民反抗运动。

直到身体虚弱，但睿智而富有教养的"英明的"查理五世（1364—1380年在位）登基，情况才有所好转。查理五世恢复了宫廷的尊荣——

他的父亲约翰二世之前过分宣扬自己的同性恋爱人，结果导致对方遇害 —— 还起用了像贝特朗·杜·盖克兰这样的正派将军，而非醉心于荣誉的贵族；他建立了一支由有薪士兵组成的专业化常规军，而且改用突袭后迅速撤离的战术，放弃对阵战。在查理五世于 1380 年去世时，他已从英国手中收复了除加来与阿基坦外的其他地区，但教会内部的分裂还会持续 40 年，而且这种分裂意味着如今有两个教皇 —— 一个是由法国支持的阿维尼翁教皇，另一个是由英国支持的罗马教皇。

不过，封建制度过了很久才咽下最后一口气。查理虽然成就卓越，但事实表明，他依然囿于固有思维模式的窠臼之中，因为他将大片采邑赏赐给自己的三个弟弟作为封地。即使不考虑他的儿子查理六世（1380—1422 年在位）即位时年仅 12 岁的情况，分封一事本身仍会导致内部矛盾的爆发。查理六世无心为王，24 岁时发了狂。他被自己争吵不断的叔父们，还有他那放荡的妻子伊莎贝拉玩弄于股掌之上。

王宫迅速分化成两派敌对势力：保皇的阿马尼亚克人与主张同英格兰合并的勃艮第人。英格兰国王亨利五世为尽快促成合并，入侵法国，在 1415 年的阿金库尔战役中摧毁了法国骑士精锐。而且，根据 1420 年缔结的《特鲁瓦条约》的规定，亨利五世不仅自立为法国王位继承人，还认定法国国王查理六世的儿子查理太子为私生子，从而正式剥夺了他的王位继承权。但是，条约一经签署，查理六世与亨利五世便双双去世。保皇派趁机向他们的新国王 —— 19 岁的查理七世（1422—1461 年在位）致敬，而勃艮第人则拥立年仅 1 岁的亨利六世为王。因此，除了两个教皇外，如今又有了两个国王 —— 还有内战。这就是传奇人物圣女贞德入场的背景。

"奥尔良的少女"在她自己所处的那个时代就是个谜，此后也一直被看作一个神秘的人物——这使她被右派、左派与中间派各个团体用作政治宣传的工具，而最近的一次要数法国政党"国民阵线党"对她的利用了，这一党派每年都在里沃利大街上贞德的镀金雕像前集会。但是，如果将贞德放回她所处的中世纪背景下，她就没有那么神秘了。不过她短暂的19年生命中那些不加掩盖的事实本身就够离奇的了。贞德虽目不识丁，却是个精明的乡下姑娘。她听到许多圣人的声音告诉她，她是被上天选中，将英国人驱逐出法国的人。于是，她穿上男装保护自己，并于1429年一路来到希农面见查理七世。由于英国及其勃艮第盟友控制了几乎整个北方地区，包括巴黎与兰斯在内，国王虽然优柔寡断、满腹狐疑，但如今深陷困境之中。贞德向查理七世传达了她所听到的声音中的一条秘密信息——大概是说查理并不是私生子，尽管连他自己的母亲伊莎贝拉之前也说过他是私生子。神父对贞德进行了仔细的盘问，并验明了她的处子之身。1429年4月，查理七世给贞德拨了一支小分队，前去解奥尔良之围。奥尔良是卢瓦尔河上的一处重要据点，没有它，查理就不能继续在兰斯进行传统的加冕仪式了。

无精打采的英军在他们的防线上留下了一个开口。贞德的小队凭借新到的补给，轻松突围入城。过于慎重的指挥官——奥尔良的约翰（Jean d'Orléans）视贞德为麻烦，把她排除在军事会议之外，还试图阻止她参与军事行动。但是，贞德是难以驯服的。她提振了军队士气，不让士兵说脏话，对敌人口述了具有挑衅意味的最后通牒。在最后通牒中，她自称"少女贞德，天国国王的使者"。而且，她亲自参与了几次军事行动，在其中一次行动中，她受了轻伤。毫无疑问，旗手贞德——据说她不是用剑战斗——的勇敢与信仰，为围城的解除做出了决定性的贡献。只用9天她便取得了胜利。尽管她的"法力"似乎又奏效了一段时间，但次年她便被勃艮第人俘虏，后来卖给了英国人。而且，在索邦神学院神职人员的压力下，贞德作为异教徒在鲁昂受审。她在长时间的审判斗智过程中，表现出众，但最后还是被定了罪，烧死在火刑柱上 —— 1456年，贞德得以沉冤昭雪；1920年，她被封圣。

那么，贞德极其强大的信仰之源何在？第一，她的童年生活是在孚日山脉中亲勃艮第地区的一块罕见的保皇派飞地上度过的。在此期间，她对抢劫者火烧其所居村庄一事记忆犹新。这让她很早就明确了敌人的存在。第二，幻听与幻影在中世纪十分普遍，对目不识丁、精神生活大多靠图像和声音加以引导的人来说，更是如此。因此，这些东西不仅对她，而且对她的讯问者而言，无疑是真实存在的 —— 问题其实是，这些幻听、幻影是来自上帝还是撒旦？很重要的一点是，她最初听到声音时，处于易受影响的青春期。当时，这些声音命令她保持童贞，这样才能接受使命。她就像一个感知神召的女孩一样，成了基督的新妇 —— 这也就解释了她的信仰所具有的精神力量。贞德押上了最大的赌注。事实上，她似乎怀揣着让法国摆脱英国控制，让法国国王成为所有基督教国家的皇帝，从而重获圣地，迎来纯洁、公正的新千年的终极梦想。正是这个梦想让她能够清楚地把握住基本的政治必要性：查理七世唯有通过兰斯的加冕仪式使自己的王位得到认可，才能树立起威信。贞德的审问者正是想要宣布查理七世新获得的宗教地位无效，才会试图证明他是受到了一个异教徒的蛊惑。

如果贞德对于她同时代的人来说是个谜的话，那么正如著名的中世纪史学家科莱特·博纳（Colette Beaune）所指出的，这是因为她跨越了传统角色之间的边界。当时的社会就像如今那些有着更古老传统的社会那样，社会中的人不是作为个体而存在，他们被分成固定的类别：贵族、农民，男人、女人，圣人、罪人。一个女人 —— 还是个农村妇女 —— 可以是修女或先知，却不可能是骑士或武士。贞德模糊了这些二元区分，而且还做得相当成功。这就极大地扰乱了事物的秩序，问题也必然随之而来：她到底是圣女还是巫女？而且，正是这种模棱两可，加上她惊人的成功，铸就了这段传奇。

除此之外，贞德还以另一种意想不到的方式扰乱了事物的秩序。因为，虽然在这场王朝间的王位继承战中，交战双方都有法国人，但她总是称敌人为英国人。事实上，1456 年恢复贞德名誉的审判也认为，她之前参与的是一场反抗英国的民族解放战争。贞德所象征的是一种新型的爱国主义，一种令法国人意识到自己完全不同于此后的"宿敌"英国的新意识。实际上，一个新的国家从旧有封建秩序的废墟中诞生了。一旦查理七世开始利用自己新获得的胜利，这种新地位就被他正式确立了。他的具体做法是，在 1438 年迫使梵蒂冈接受高卢主义原则，即让法国教会取得财务与组织上的独立。

但是，爱国主义是一种情感。为了让这种情感产生效果，民族就必须以国家的形式组织起来。如果说法兰西民族诞生于战争的苦难与血泊之中，那么法兰西国家也是如此。因为，要赢得战争的胜利，就需要有一支精锐部队。这就需要钱，钱意味着税收，进而又得有中央集权能够征税、收税。这暗示着，人们需要建立类似于现代国家的政府。事实上，这个模式符合知名社会学家诺贝特·埃利亚斯（Norbert Elias）所说的"西方社会整体的结构性改革"。而且，正是迫于当下诸种情况所带来的压力，查理七世继而组建了一支装备了炮兵与英式步兵的永久性皇家军队，并且在城镇中产阶级的支持下镇压了一场贵族叛乱 —— 这些贵族想要保持招募个人军队的权力。查理还将皇家垄断权拓展到了赋税征收上，并建立了专门的组织，开展征税工作。就像军队中的改革一样，查理在这个过程中建立了新的依附于王权的贵族行政阶层。在此基础上，查理单独与勃艮第人达成停火协议。他重获巴黎与阿基坦，把英国人从法国赶走了，只给他们留下加来。而且，查理有效地终止了战争。由于他的继任者路易十一（1461—1483 年在位）兼并了勃艮第，废除了属地，法国开始近似我们今天见到的模样了。

因此，到 15 世纪末，由于法国中央集权制的程度日益加深，且没有类似于英国议会的组织，法国变得更接近现代意义上的君主政体了。导致这种局面的其中一部分原因在于一众国王所采取的行动，另一部分原因与君主有何作为毫无干系。无论如何，明白无误的是，封建体制旧有的、相互的责任和义务关系已经崩坏，封地也不复存在了，大贵族不再是自己私人领地上的小国君主。社会上出现了新兴的中产阶级。而且，由于黑死病之后出现的劳工短缺，普通人不再安分守己，他们开始索取更高的工薪。美洲的发现，意味着世界比人们之前所想象的更大。中世纪的封闭世界，以及它的虔诚、大屠杀与深深的绝望，仿佛是这个民族的童年时期一般，已逐渐消逝于往昔。

第三章

艺术与政治交错的中世纪

16 世纪初，法国国王面朝着的是世界的另一边。

他们还在做着在他们看来国王们应该做的事，

在意大利追逐军事荣誉的旧梦。

16 世纪是个转折点，它标志着向现代性的重要转变。中世纪基督教国家虽然对自身确信无疑，但其整体的延续性被一连串的发现与创新动摇了。这些发现与创新让人们重新认识了一个新欧洲，一个新世界，而且事实上是一种新宇宙观。

随着印刷术的普及，一个根本性的改变是教会与国王都开始失去对知识的控制，不过书籍出版仍需获得皇家正式授权。到 1470 年，巴黎已有了印刷术；直至 1500 年，法国已开设了许多印刷厂。到了 16 世纪末，巴黎出版了 25000 本书，第戎出版了 15000 本书，其他地方也有别的印刷厂。这意味着，不仅印刷作品可供更大的读者群阅读，而且人们创造出了机会，使印刷的宣传册与具有煽动性的讽刺文章得以流通。新的传播工具本身所传递的信息是，如今的社会可以进行更加广泛的思想交流。

社会上不断涌现出挑战教会正统信仰的新观念：世界上存在着其他大陆，它们有着不同的文明；地球是圆的；最具破坏性的新奇想法是随着《圣经》由最初的希伯来语被译为各种新版本，在拉丁语版《圣经》中出现了许多错误与前后矛盾之处——同时马丁·路德将《圣经》译成德语，这意味着人们首次能用自己的语言来阅读《圣经》——由此教会的权威受到质疑。继路德在 1517 年对教皇体制的世俗性以及教会出售赎罪券所涉及的腐败进行了猛烈的抨击之后，教会作为一个组织也遭受了严厉的批评。随后兴起的宗教改革将导致基督教世界的严重分歧，西班牙借机成为天主教国家，英国成了新教国家，而法国则开展了自己的宗教战争。

16 世纪见证了欧洲新型国家的崛起。在这个过程中，西班牙、英国与法国成了三股彼此竞争的势力。每个国家都是在与另外两个国家的对比中定义自己的民族身份的。法国从意大利文艺复兴中获利，并将产生一些不同寻常的国王，诸如弗朗索瓦一世（1515—1547 年在位）与亨利四世（1589—1610 年在位）。对于英格兰来说，如今漫长的玫瑰战争总算结束了，强大的都铎王朝崛起，令人敬畏的统治者是诸如亨利八世（1509—1547 年在位）与伊丽莎白一世（1558—1603 年在位）之类的人物。而且，英格兰在与罗马决裂后，将成为法国的一个潜在竞争对手。通过 1469 年阿拉贡国王费尔南多与卡斯蒂利亚女王伊莎贝拉的婚姻，西班牙将成为一个大一统的、强大的天主教国家 —— 他们的忏悔牧师是西班牙宗教裁判所首脑、毫不宽容的托尔克马达（Tomás de Torquemada）。西班牙也通过驱逐犹太人，占领格拉纳达以消除异族威胁，维护了自己的身份。

然而，如果西班牙自身统一了，王朝体制长久以来的荒诞之处 ——家族关系决定广阔、多元的领土之命运 —— 就会在整个欧洲大行其道，引发混乱。西班牙国王查理五世 ① 的母语虽然是法语，他却在佛兰德长大。1516 年，他通过自己的母亲继承了西班牙王位及意大利属地，通过父亲得到了佛兰德与勃艮第，通过祖父马克西米利安一世获得了奥地利。而且，在马克西米利安一世死后，查理五世被选举为神圣罗马帝国皇帝（1519—1558 年在位）—— 以 19 岁"高龄"成了日新月异的复杂欧洲名义上的主人。这意味着，三股敌对势力之间的紧张局势 —— 尤其因为三国的长期统治者查理五世、弗朗索瓦一世与亨利八世在 16 世纪上半叶恰是同辈人 —— 是不可避免的了。

这些国家所构成的新时代已经开始自我宣称为帝国时代了。如此一

---

① 此处的查理五世并非法国国王查理五世（绰号"英明的"），而是西班牙国王卡洛斯一世，他是伊莎贝拉一世女王的孙子，于 1519—1556 年统治西班牙，因而与法国国王弗朗索瓦一世、英国国王亨利八世处于同一时期。——编者

来，矛盾进一步加深。在徐徐敞开大门的新世界中，欧洲人已开始了他们的环游。英格兰先人一步。1497 年，在亨利七世的资助下，威尼斯人约翰·卡伯特登上了加拿大新斯科舍的布雷顿角岛。但是，直到 16 世纪末，伴随着弗朗西斯·德雷克爵士与其他人的航行，以及 1600 年时东印度公司的成立，英国才算真正入局了。实际上，最先领跑的是西班牙与葡萄牙。17 世纪开始之前，葡萄牙人已跟随航海家恩里克王子，对马德拉群岛、亚速尔群岛与佛得角群岛进行了殖民。他们还在非洲西海岸上建立了商栈，绕过海角，远抵印度。在此基础上，葡萄牙人迅速建立起了一个包括安哥拉、巴西与莫桑比克在内的庞大海外帝国。这使里斯本成了丝绸、香料与奴隶贸易的第一大港。

说到西班牙，它在 1580 年时兼并了葡萄牙。16 世纪理所当然地成了西班牙的黄金时代，尽管黄金在 1588 年英国海军对西班牙无敌舰队的重创中失去了光泽。与此同时，来自卡斯蒂利亚王朝的西班牙征服者受到追名逐利、寻找黄金的欲望驱使，在充满异域风情的新大陆开始了新的十字军东征。他们一面让异教徒皈依天主教，一面大量摧残着南美洲土著居民。西班牙议会毁掉了墨西哥的阿兹特克帝国，法兰西斯克·皮萨罗（Francisco Pizarro）也用相似手段对付秘鲁印加人。欧洲如今出口着自己的宗教信仰、暴力，还有它那致命的疾病。当地居民对这些疾病毫无免疫力，结果导致新大陆被欧洲化，成了拉丁美洲。

但是，法国在所有这一切发生时身在何方呢？16 世纪初，法国国王面朝着的是世界的另一边。他们还在做着在他们看来国王们应该做的事，在意大利追逐军事荣誉的旧梦。这场梦始于 15 世纪末人称"和蔼的"查理八世（1483—1498 年在位）。他和蔼可亲得有些过分，但脑子不大灵光。查理打着他的祖母安茹王朝的玛丽的旗号，想通过难以令人信服的所有权声明获得那不勒斯王国。1494 年，查理八世进军意大利，占领了那不勒斯，但此举引发反法联盟的建立，他被迫无功而返。由于巨额债务的拖累，他无法再度进行尝试。另一个原因是，在昂布瓦斯，他走入一道高度较低的门时，忘记低头，结果撞在了门楣上，整个人陷入昏迷，年仅24岁便去世了。

火炬接下来传到了路易十二（1498—1515年在位）手中。他是位受人爱戴而又迷人的国王，但他在意大利的错误冒险令其明智的国内政策黯然失色。路易十二继续奉行先王的政策，在1499年占领了米兰公国。这让他壮起胆子宣称对那不勒斯的所有权，但不得不在两次惨败后宣布放弃自己的主张。路易十二完全不为失败所动，率领一支盟军占领了威尼斯，但当盟国意识到他想要再夺米兰时，联盟分化，形成了反法神圣联盟，并在拉韦纳大败法军。到1512年时，路易十二已经失势。这并未阻止他翌年再度试图夺取米兰时进一步的失败。这次的结果是，路易十二的边境地区为英国、瑞士与西班牙蹂躏。他通过收买这些国家，以及迎娶亨利八世以美貌著称的18岁妹妹，而化解了危机，据说他在52岁时仍野心过大地想要生下一名男性继承人，以完成自己在意大利的未竟之业，结果却在三个月后驾鹤西去。

这种对意大利的痴迷原因何在？除了基于这样一个由小国与城邦组成的四分五裂的地区易于带来军事荣誉之外，还有别的原因吗？为什么路易十二的继任者 —— 他的女婿弗朗索瓦一世，法国文艺复兴象征性的国王，也遭遇了在意大利身陷困境的命运？事实是，他们都怀抱着成为当代查理曼大帝的梦想，这将是他们成为旧有神圣罗马帝国皇帝的第一步。然而，这个梦想在由诸国组成的新欧洲已经过时了。弗朗索瓦一世凭借马里尼亚诺战役的胜利，先声夺人，随后他又与教皇达成协定，强化了对法国教会及其财富的控制。由于弗朗索瓦一世威名大振，所以实际上，他显而易见地成了神圣罗马帝国帝位的候选人。但是，年纪更小的查理五世却把奖品从他的眼皮子底下偷走了。查理五世在负责处理梵蒂冈财务的富格尔（Fugger）银行世家等赞助人的帮助下，能够给出更多贿赂。

法国现在处于西班牙、荷兰与勃艮第的夹缝之中，左右为难 —— 勃艮第的领地如今处于查理五世的控制之下，他可以调遣距巴黎100英里[①]内的军队 —— 法国与西班牙就意大利各王国的争端，如今不仅关乎荣耀，更是攸关生死存亡的大事。在1520年那次著名的英法峰会 —— "金衣会"（Field of the Cloth of Gold）上，弗朗索瓦一世未能获得亨利八世的支持。但他再次尝试占领米兰公国，结果在1525年的帕维亚战役中受伤并被俘。然后，让人感到屈辱的是，他在马德里被查理五世俘虏，直到他付了一笔巨额赎金并割让了领土后才被释放，但后来他又拒绝接受割地条款。法国与西班牙和哈布斯堡王朝之间的竞争，及由此引发的时断时续的非决定性战争，不仅将在未来的20年间主导弗朗索瓦一世的外交政策，还会在他死后持续到1559年和约签署为止。

与此同时，尽管法国在意大利展开的无休止的军事冒险并未实际取得可供夸耀的新领土，但这几乎未影响到弗朗索瓦一世的受欢迎度。这也许是因为战争被视为国王正常的活动，同时也由于弗朗索瓦一世是个富有非凡个人魅力的人物。他不仅高大、帅气，长着英武的长鼻子，还聪明、有教养、热情洋溢，令女士倾倒 —— 他就是具有骑士风范的皇族形象。同时，尽管边境地区遭了殃，但战争实际上有助于促进王国其他地区的内部和平。毕竟，战斗最好发生在别处，尤其是在战争吸引了雇佣兵与数十年间一直侵扰着王国的强盗的注意时。诚然，国内和平有助

---

① 　1英里＝1.609344千米，100英里＝160.9344千米。——编者

于经济复苏，而经济的繁荣自 15 世纪末就已开始了。

尽管法国不时暴发传染病，还有阵阵饥荒，尤其是在 16 世纪 20 年代，但由黑死病造成的人口损失到 16 世纪中期已得到恢复。由于开荒耕作，以及从墨西哥经西班牙引进的荞麦与玉米等新品种谷物的大范围普及，农作物产量大幅提高。尽管法国基本上仍是农业国，但制造业与贸易也随之出现增长。城镇繁荣，鲁昂有印刷厂与织布厂，而里昂除蚕丝业外，在 16 世纪大部分时期是法国主要的银行业中心。由于法国较晚才开始发展国家贸易，所以它的港口无法媲美里斯本与安特卫普 —— 尽管弗朗索瓦确实向雅克·卡蒂埃（Jacques Cartier）与其他人发出了标准指令，派遣他们前往加拿大寻找黄金、传播天主教信仰 —— 但波尔多港口当时将葡萄酒出口到了英格兰与低地国家。

此外，战争不断向国库索取开支，这再次促进了国家统治的强化。如果说，中央集权是一个持续的过程的话，那么这是因为要想在一个幅员辽阔的国家里实现中央集权并非易事。在一个巨大的王国中，诸省有自己的习俗与方言，从巴黎到波尔多可能要走上 10 天。法国没有真正的议会制度与皇权相制衡 —— 法国大革命前的省级"高等法院"（parlements）是只说不做的清谈会，而三级会议只是贵族阶级、神职人员与平民应国王要求、分别单独召开的会议而已，因此也就几乎从来没有召开过。在这种情况下，国王们正在将法国推向君主专制政体，到下个世纪路易十四时期将会达到顶峰。

但是，弗朗索瓦一世出于增收目的，继续完善着国家机器。他重组国库、审计部门、执行委员会与其他机构，并任命了有才干的中央及省级行政官来管理这些机构。依据具有重要意义的《维莱科特雷法令》，弗朗索瓦规定，法语将取代拉丁语，成为所有公文中的官方语言。他首次下令，详细登记人口出生及血统信息。弗朗索瓦还与教皇签署协定，从中他不仅获得了任命主教的权力，还能处置教会的大部分收入乃至地产。由此，他不仅可以筹集资金，还能奖励那些他希望召为己用之人——尽管他很快就开始通过卖官鬻爵来集资。弗朗索瓦出售王室职位并附上终身任期，由此出现了非传统的贵族阶层，即负责行政管理的"官员贵族"。他还借下了一连串的贷款，不论是通过银行业筹措的，还是通过城镇行政机构举债。通过这些方式，国王利用了王国日益繁荣的经济（事后看来，这种利用是过度的）。

不过，法国长期军事冒险所带来的主要好处在于意大利文艺复兴对法国的影响。数十年间，归国勇士们带回了雕塑、绘画、银器、书籍，以及关于艺术与建筑的新观念。查理八世与路易十二早已从意大利带回了诸多艺术家，而弗朗索瓦一世也紧随其后，引入了艺术领军人物，诸如切利尼、安德列亚·德尔·萨尔托与列奥纳多·达·芬奇，后者把《蒙娜丽莎》等作品带到了法国。弗朗索瓦还雇了意大利代理人为他购买意大利绘画大师的杰作，开始丰富自己的皇家藏品，最终这些收藏品都进了卢浮宫。类似地，他也通过代理人收购稀世图书与手稿，并任命著名的古典主义者、语言学者纪尧姆·比代（Guillaume Budé）出任皇家藏书的图书馆馆长。

比代是一个有着些微新教倾向的人文主义者。在国王的帮助下，他在弗朗索瓦一世至爱的枫丹白露宫建起了皇家图书馆。弗朗索瓦一世下令，在法国每出版一种新书，人们都要向这个图书馆免费捐赠一本。而且，这里的藏书最终也被转移至巴黎，成了法国国家图书馆的前身。同样重要的是，比代不仅劝谏弗朗索瓦不要听从1533年索邦神学院神学家们禁止印刷业在法国发展的请求，他还成功劝说国王建立独立的学术教育与研究中心，即今天众所周知的法兰西公学院，这让神学家们感到很失望。弗朗索瓦对当时的法国文化生活做出了无法估量的重要贡献。

这位不计较开销的国王，对建筑也满腔热情。由于火炮的发展，老式防御工事风格已无法在围城时保障安全，中世纪城堡即将为更加开放的意大利文艺复兴风格所取代，或是准备好做出相应调整。在巴黎，弗朗索瓦一世重建了卢浮宫，并推动了新市政厅的建造。此前，他就已经将宫廷搬回了巴黎，如今那里日益发展成了中央集权国家的首都。

　　但是，他最为人所铭记的无疑是对法兰西岛与卢瓦尔河上的城堡的影响。他翻新了昂布瓦斯城堡（Château d'Amboise），他在这座城堡中度过了童年时光。他还为布卢瓦城堡增建了设计精美繁复的楼梯，楼梯上饰有他的名字。在枫丹白露宫建成之前，布卢瓦城堡是他最爱的皇宫。他此前命人用两座由廊桥连接的新建筑，取代了布卢瓦城堡已有的中世纪建筑物。这座由罗素·菲伦蒂诺（Rosso Fiorentino）设计装饰的廊桥在法国开了先河。弗朗索瓦一世引进了许多意大利艺术家，这些人后来成了所谓的"第一代枫丹白露派"。而且，传统的宗教题材让位于古典主义的神秘主题。弗朗索瓦一世将他的首席情妇艾坦斯公爵夫人安妮安顿在了枫丹白露宫，那儿就成了他在远征意大利的间歇最中意的皇宫。但是，对大多数人来说，象征着浪漫、代表着当时皇家派头的，可能要数卢瓦尔河谷的城堡了。那里慵懒的风光与不同寻常的光线提升了蓝色石板屋顶的魅力，给城堡带来了特别的美感。

　　在许多法国人看来，真正的瑰宝是那些规模更小的城堡。阿泽勒丽多城堡位于安德尔河支流的一座小岛上。如此选址是为了让城堡的各面都倒映在水上。阿泽勒丽多城堡将护城河、塔楼及中世纪城堡的其他特征与意大利宫殿的完美对称及恢宏壮观和谐地结合在了一起。而且，它还有着宏伟的楼梯——上面有无处不在的弗朗索瓦蜥蜴徽章，十分明显。接着就是迷人的舍农索城堡。由于弗朗索瓦的财政大臣汤玛斯·波黑尔无力偿还拖欠国王的债务，所以弗朗索瓦从他那里攫取了这座城堡。城堡有横跨谢尔河支流的巨大廊桥，为它增添了别样风采。舍农索城堡的建筑风格也是复合型的，廊桥那简洁的新古典主义风格与屋顶和栏杆等处雕塑所具有的早期装饰特征相得益彰。这里举办了法国首次烟火表演，它也见证了凯瑟琳·德·美第奇与黛安娜·德·普瓦捷——弗朗索瓦那不太迷人的继承人亨利二世（1547—1559 年在位）的妻子与情妇——在长期争风吃醋过程中的唇枪舌剑。

然而，这一区域最让人大开眼界的城堡无疑是弗朗索瓦建造的意大利风格的壮丽幻境——香波城堡，建造的部分原因是为靠近他美丽的秘密情妇安妮·德·图里。列奥纳多·达·芬奇也许参与了这座梦幻宫殿的设计，宫殿中的中世纪特征——角上的堡垒塔楼、墙壁与部分护城河——纯粹变成了装饰，成了正在逝去的过往。这是截至目前，卢瓦尔河谷地区最大的城堡。它有 440 个房间、365 个壁炉，更别提那满是马鹿的大型公园了。最引人注目的是著名的双螺旋楼梯。而且，城堡拥有屋顶上令人大为惊奇的鳞次栉比的烟囱，还有胡椒瓶形状的塔楼、屋顶窗，以及各种各样有趣的特征。这些设计让人想起君士坦丁堡的空中轮廓线——它们是美轮美奂的空中屋宇，是秘密会议、闲言碎语，以及观赏园口活动的绝佳场所。

香波城堡是一座迷人的装饰性建筑与宏伟的狩猎宫殿。但是，这里过于偏远，没有腹地作为支撑，无法满足有时多达 10000 人的豪华宫廷享乐活动，因此香波城堡鲜有访客。而且，城堡的开窗与凉廊更适合意大利的温暖气候。但是，这里与别处一样，火蜥蜴徽章让人们想起了那个魅力四射的文艺复兴王子本人，而他也迷倒了许多光临此地的贵妇，她们在这里或是枫丹白露的森林中猎鹿，与列奥纳多·达·芬奇畅谈艺术直到晚上。这位寻欢作乐、崇尚人文主义，如偶像般的国王居然吸引了如此多作家与电影制片人的注意，其实一点儿也不奇怪。而且，毫无疑问，他们必将聚焦于弗朗索瓦的风流韵事，而不是他从来都没从马德里被囚的经历中恢复身体健康的可悲事实。他人生的最后几年深受梅毒之苦，他那穷奢极欲的生活方式已掏空了国库，削弱了国家经济。

"法国是艺术、武器与法律之母"，诗人约阿希姆·杜·贝莱在1555年赞颂文艺复兴的新法国之际，如此歌咏道。诚然，在罗马时，他为他坏脾气的叔父（也就是巴黎主教）充当外交杂役，受尽了折磨。当时，法国正上演好戏，巴黎宫中也存有晋升机会。诚然，这些都发生在宗教战争真正开始前，但贝莱的这番话仍是一份备受瞩目的证词，揭示出一种新的国家定位，更表明了一种信念：法国志在成为新的罗马帝国。文艺复兴的影响远远超越了建筑与艺术领域，已经进入了诗歌范畴——这也是弗朗索瓦一世自己有所涉猎的领域。杜·贝莱此前就已发表了惊世之作《保卫与发扬法兰西语言》（*Défense et illustration de la langue française*）。这是一群诗人的宣言，其中包括更著名的人物龙沙。这群诗人后来被称作"七星诗社"，他们有着双重目标：一方面，他们想通过自己对希腊、罗马诗体的掌握，比肩古人；另一方面，他们想在法语中引入主要来源于希腊语、罗马语与拉丁文的新词，来丰富法语，让法语变得与拉丁文一样尊贵。这种精英主义的做法容易招致批评，因为它将法语过分拉丁化了。但它也将法语确立为高雅文化用语，如今法语已成了官方的法定语言。

如果说，"七星诗社"要打一场小仗来确立他们的新方法的话，那么，在教会正遭受各种新思想攻击的背景下，新兴的文艺复兴人文主义就要在宗教与智性方法论的领域打一场恶仗。如今，人文主义意味着不可知论或无神论。它是一种在人类理智与科学探索中——而非在天启与宗教权威处——寻找真理的理性方式。但是，在16世纪的过渡期，其意义并没有那么清晰。从本质上讲，正如人文主义这个术语本身所暗示的，它标志着侧重点的转向：从上帝转向人。即使是在宗教世界观内也是如此。人类不再被看作是被全能的上帝或是被罪恶欺压的存在，而是基于自身经验，可以自由发展思想的主体。在人们看来，上帝依然是宇宙及其法则的创造者，但他已不再观察并审判人类的每一个单独的举动了。社会为乐观畅想人类可能性留出了空间，人们在许多活动领域都感受到了复兴的希望。但是，毫无疑问，这种文艺复兴或曰"重获活性"给教会带来了挑战 —— 而且是在许多方面。

从根本层面上说，这的确是一次挑战。由于基督教原始文本的发掘，教会正统信仰的权威被削弱；而且，哥白尼与其他人的发现揭示了人类理解范围之外的知识 —— 天启正让位于探索。更直接的一点是，文艺复兴带来了政治上的挑战。因为人们不仅对地方层面上，还对罗马本身的世俗性与腐败普遍感到心灰意冷。在罗马，教皇们已在本质上变成政治领袖了。在 1492—1521 年相继在位的 3 名教皇中，来自波吉亚家族的亚历山大六世以骄奢淫逸、任人唯亲而臭名昭著，他有 4 个私生子；"战神"尤利乌斯二世在 18 岁时就当上了枢机主教，尽管他也生育了孩子，却是个众所周知的同性恋；13 岁就当上枢机主教的利奥十世也是个同性恋，他为重建圣彼得大教堂而下令出售赎罪券。

售卖赎罪券的部分收入被用来购买拉斐尔与米开朗琪罗的画作，不过这件事并未给马丁·路德留下深刻印象，让他感到震惊的是购买与出售救赎的行为。马丁·路德的本意是尝试改革教会机构，但最终他否认了教会宣称的通过圣事充当中间人角色的说法。他的理由是，只有通过个人信仰才能靠近上帝。这种观点削弱了教会的整体权威。分裂无疑是必然的，因为人文主义者对中世纪经院哲学的排斥正与印刷业的崛起以及民族主义的发展结合在一起，共同瓦解着天主教世界。而始于 1545 年的特利腾大公会议（Vatican's Council of Trent）只是确认了这一过程而已，这次会议推行了一些改革，但并未对新教主义做出让步。

当然，正如人们可以在天主教两位最具影响力的人物身上所看到的那样，在广泛的天主教运动内部也存在着重要分歧。鹿特丹的伊拉斯谟在做了 6 年的修士后，成了一名牧师，在巴黎学习神学。这段经历助他写下了强有力的讽刺作品《愚人颂》。在书中，"愚人女神"抨击了神学家、僧侣与其他权威人士，例如，律师的过错是迂腐、愚蠢与做作。他也通过自己新翻译的希腊文《新约》，成了复兴知识、宣扬"基督教哲学"（而非刻板的经院哲学）的核心人物。虽然他在生命垂危之际没请牧师为自己做圣事，但还是希望教会能进行自我改革。而且，他也不支持日益壮大的宗教改革运动——这并未阻止特利腾大公会议对他的作品加以谴责。

另一方面，同样具有影响力的约翰·加尔文则走上了一条不同的道路。他在索邦神学院学习神学时，被逐出了教会，后来成了一名律师，用新的人文主义式的方法直接探查原文，并采用了历史分析与语法分析方法，而不是依赖于二手评论。加尔文在转向新教观点后，被迫逃离巴黎。他在日内瓦度过了人生中的大部分时光，并在那里创立了著名的学院。他开始极力推崇宿命论的悲观主义信条，这显然与教会关于自由意志的观点发生了冲突。此外，在更为朴素的新教教派的发展历史中，他是关键人物之一。

不管这些人有多么与众不同，法国新教团体的兴起无疑在最初被视为一个政治问题。人们通常称这个群体为胡格诺派，其名称源自瑞士德语"同盟者"（Eidgenossen）一词。事实上，尽管弗朗索瓦一世对文艺复兴观点持开明态度，但他早在 1534 年起就开始反对新教运动的兴起了。当时，他发现有人在他寝宫的门上钉上了攻击弥撒的小册子。鉴于他的官方称号是"最具基督教精神的国王",是一位君权神授的天主教国王,他觉得这事做得太过火,于是,弗朗索瓦一世开始了对宗教少数派或曰"异教徒"的迫害。他的儿子亨利二世(1547—1559年在位)积极推进了这项政策。亨利是个性格内向的口吃者。他当上国王纯属意外——因为他的兄长去世了。亨利二世利用他那邪恶的"火焰法庭",给宗教迫害的熊熊烈火上浇了一把油。在"火焰法庭"中,即使人们身处白昼,也需要用火炬照明,因为窗户都被涂黑了。在此,异教徒获得的审判是折磨、刑讯逼供与终极的火刑柱。

这是后来宗教战争的试演,这场战争将持续到16世纪末。在此期间,获取意大利军事荣誉的旧梦将淹没在法国国内战争的现实之中。诚然,正如此类战争通常会出现的情况,这些战争并不仅仅关乎同一宗教内部出现的自相矛盾的解读,而且宗教特性往往倾向于将对手妖魔化,并将此作为双方实施背叛、暗杀与抢劫的正当理由。宗教战争基本上是来自不同省份的大家族之间彼此拉帮结派、时断时续的男爵内战。出于一些基本的或战术上的原因,教会与国王支持一方,而新兴的新教运动则支持另一方。而且,占据领先地位的天主教吉斯家族与新教波旁家族之间的斗争事实上是一场弱化版的王权斗争。

不消说,在这个由中世纪基督教国家发展而来的四分五裂的欧洲,国际背景至关重要。无人能比亨利二世的妻子凯瑟琳·德·美第奇更好地证明这一点。她出生于佛罗伦萨,是两位不同教皇共同的侄女,最终她成了西班牙国王腓力二世的丈母娘。人们认为凯瑟琳代表着王权背后的一股冷酷无情、诡计多端的势力,所以她在自己所处的时代并不受人爱戴。即使是今天,人们对她的评价也是褒贬不一。但是,凯瑟琳是个聪明的女人。人们必须把她放在当时的背景下审视——需要考虑那个时代的宗教暴力、世袭君主制作为一种政治体系的虚弱,以及社会舆论环境。在当时的人们看来，一位天主教女王聘请占星家诺查丹玛斯做顾问、当御医，是再体面不过的了。

凯瑟琳在佛罗伦萨出生后没几周，父母就双亡了。她在 8 岁时被一伙叛军挟持为人质，10 岁时在一次围城中被人以死相胁，14 岁时嫁给了亨利二世。弗朗索瓦一世亲自对他们的圆房进行了适当指导。但是，她的靠山教皇去世了，这意味着她失去了可以仰赖的政治筹码；她的嫁妆不多，人不漂亮，也没有皇室血脉，甚至被魅力四射的黛安娜·德·普瓦捷排挤出局。慈母般的黛安娜后来成了亨利二世的情妇，深得国王宠爱。对于王后来说，更具威胁的是，尽管她试过医生开出的各种药方 —— 她喝过骡子尿，还把母牛粪涂抹于私处 —— 但婚姻的头 11 年她均无所出，直到后来她诞下不少皇家子嗣。无论如何，她依然爱着亨利。在亨利被短矛刺穿头部而亡时，她感到悲恸欲绝。但是，很快轮到她把黛安娜·德·普瓦捷挤到一边去了。凯瑟琳安下心来监督她的三个儿子，他们会成为一连串相当不称职的国王。

弗朗索瓦二世（1559—1560 年在位）在 15 岁时登基，并于一年内死于肺结核。他的妻子是未来命途多舛的苏格兰女王玛丽·斯图亚特。玛丽轻易就被强大的吉斯家族操纵了，后者不仅搬入了卢浮宫，还利用自身主导地位攻击新教的波旁家族。凯瑟琳怀疑有着西班牙盟友支持、颐指气使的吉斯公爵的用心，试图修复吉斯家族与波旁家族的关系。但是，由于她如今要忙于支撑 10 岁幼子查理九世（1560—1574 年在位）的王位统治，所以她也自顾不暇。于是，以 1562 年发生在香槟地区瓦西镇的大屠杀为导火索，宗教战争爆发了。次年，当吉斯公爵遇刺身亡时，凯瑟琳感到很高兴，她终于可以自主地统治国家了，但却无法阻止针锋相对的互相攻击。很快，她就被吞没在政治斗争的洪流之中。而且，在 1572 年 8 月发生的令人震惊的圣巴托罗缪之夜大屠杀中，她至少充当了共犯。

凯瑟琳策划让她的女儿玛格丽特·德·瓦卢瓦与新教王储亨利·德·波旁-纳瓦尔联姻，然而教皇与主要信奉天主教的巴黎市民并不赞成这桩婚事。一大群来巴黎参加婚礼的新教客人让天主教吉斯派蠢蠢欲动，后者想要将新教领袖一网打尽。尽管新郎最终将幸免于难，但代价是他必须弃绝自己的新教信仰。婚礼后第六天，在圣巴托罗缪之夜，刺杀新教领袖们的计划开始了。它在未来几天将升级成大规模屠杀、抢劫，也许有3000名新教徒在巴黎惨遭谋杀，之后他们的尸体被扔进了塞纳河。大屠杀蔓延到里昂、波尔多、鲁昂及其他城镇，估计共有25000人丧生。这是天主教徒与新教徒之间战争的一个关键时刻。教皇格里高利十三似乎是要强调欧洲范围内冲突的胜利，因而举行了庆典，并铸造了特别纪念币。纪念币上刻着手持利剑重击新教徒的复仇天使。

两年后，查理九世在24岁时死于肺结核。王位落到了凯瑟琳最中意的儿子亨利三世（1574—1589年在位）手中。他很聪明，但其成群的同性恋男宠与荒淫无道的做派招致许多人的反感。凯瑟琳目前面临着双重危机：一方面，她试图支持温和的天主教阵营，来对抗复苏的新教团体；另一方面，她不得不面对一个获得了西班牙支持、由下一任吉斯公爵领导的极其专制的新天主教神圣同盟，这个同盟正在积极策划夺取王位的行动。1584年，当她的小儿子安茹公爵弗朗索瓦去世时，威胁变得富有戏剧性。事实上，亨利三世是同性恋，所以并无子嗣，而最终王位的接班人将是亨利·德·波旁-纳瓦尔，新教领袖本尊——他在此前已背弃了自己被迫改信的承诺。

在接下来5年的混战中，这位新教假定继承人，即未来的亨利四世（1589—1610年在位）即将经历一番艰辛才能继承王位。他首先在战场上打败了亨利三世的军队，随后又成了亨利三世的盟友。起因是亨利三世刺杀亨利·德·波旁－纳瓦尔（亨利四世）的另一个危险敌人吉斯公爵，致使巴黎爆发了反对王权的叛乱——就在此时，由于亨利三世被一名多明我会修士刺杀身亡，王位落到了亨利四世手中。法国人已然群情激愤，亨利四世仍然要面对反对他的天主教神圣同盟，他还要打许多年的仗。然而，亨利四世不仅聪明、坚决，还成熟、理智。他亲眼见过40年的战乱所造成的破坏。他之前已几度因形势需要而改变自己的宗教信仰了，如今，这位国王决定通过正式皈依天主教，快刀斩乱麻——他说出了那句具有传奇色彩的妙语：如果争取到巴黎上下一致支持的唯一要求只是一场弥撒的话，那么他会去做的："巴黎值得一场弥撒。"尽管此举让他失去了许多新教徒的支持，但他渐渐通过明智的恩威并济，掌管了整个国家。他把武力、谈判及巨额贿赂结合在一起，还颁布了"南特赦令"，赋予新教徒某种程度的宗教自由。因此，新波旁王朝将做出的政治决定是信奉天主教。即使这种矛盾解决方案在某种程度上是虚假的，但是它也终结了法国与西班牙之间的战争，给一个精疲力竭的国家带来了些许和平。

当时，诸如弗朗索瓦·拉伯雷与米歇尔·德·蒙田这样重要的法国作家，又如何看待这个由教会对信仰与文化实行大一统统治，如今这种统治又遭受攻击的世界呢？教会受到的攻击包括：地球也许只是一颗围绕太阳旋转的行星而已；正如我们今天可能在外太空发现外星人一样，欧洲人当时在遥远的大陆上发现了外来人种，后者有着让人无法理解、难以接受的异教差异；人文主义的希望渐渐消融在内战之中，而且人们最近觉醒的国家观念导致天主教与新教之间为争夺国家控制权而爆发了残忍的冲突；写作与生活本身类似，都可能是场冒险——拉伯雷看到他的印刷工被活活烧死在火刑柱上，而蒙田的六个孩子中有五个在婴儿期就早夭了。具有影响力的历史学家吕西安·费夫尔（Lucien Febvre）也许倾向于轻描淡写人们对新知识的好奇心，但他的提醒对我们来说是有用的。他认为，我们不应该用今天的眼光去解读 16 世纪的作品。因为，16 世纪社会的方方面面都充满着宗教气息。当时，人们眼中没有自然与超自然的清晰界限，因此也就没有恰当的哲学与科学语言。我们应该由此意识到"'无信仰'在 16 世纪所受的限制"。

拉伯雷是一个学识渊博之人，之前做过修士、医生，他还深深扎根于人文主义的传统之中。拉伯雷那打破常规的文学作品通常证实了其人文主义的倾向。他因一个关于"伟大且体形庞大的巨人高康大"的荒诞不经的故事，突获成功，创作了具有惊人创造力与趣味性的大杂烩，融合了卡通式夸张、讽刺、插科打诨、文字游戏、作品模仿、低俗幽默与对教育的反思，并将荒诞不经与喜剧性的精确相结合。例如，当高康大撒尿淹了下面的巴黎人时，"不算女人与小孩，淹死了 260418 人"。但是，所有这些慷慨激昂的描述并未产生任何明确信息，除了他所虚构的那个群体的格言——"为所欲为"。拉伯雷明显是在鞭挞教会，争取宗教自由。而且，如果他还信仰上帝的话，他认为，"自然与身体本身是善"的观点没给基本的罪恶与救赎思想留下任何空间。仿佛他从内部引爆了中世纪，却看不到中世纪世界以外的任何存在。

至于蒙田，他选择了具有高度个人特质的随笔——该文体为他所开创——这标示着该时期世界观从标准的、有组织的转向了怀疑主义与悲剧主义，而后两种思想又是由长期的宗教战争所致。在如此的一个充满不确定性的世界中，"人们必须时刻整装待发"。尽管蒙田也还信仰着上帝，但他自相矛盾地基于人类理智的缺陷来为自己的宗教信仰辩护。而且，他的《论食人族》一文惊人地接近现代文化中的相对论观点。在这篇关于食人部落的著名随笔中，他说道："我们只因这些习俗不同于己，就说它们原始；看来确实如此：当我们寻找真理与理性时，无法超越本国观念与传统去看待问题。"对于一个生活在蒙田那个时代的人来说，即使只是思考一下欧洲基督教文明可能存在的独断专制，也是危险的，因为那近似于思该时代所不能思。

第四章

太阳王，究竟有多辉煌

路易大帝处在他那美轮美奂的新宫殿的中心，
而他的新宫殿就是欧洲文明的枢纽。

对法国人来说，17 世纪头顶着光荣与伟大。它是伟大的世纪[①]，是路易十四、路易大帝或者叫太阳王的世纪。太阳王的称号与希腊、罗马神话中的太阳神阿波罗有关。路易十四在距巴黎约 19 千米的凡尔赛建造了一座全新的皇城。道路像阳光一样从规模宏大的凡尔赛城堡向外发散出去，而具有仪式性意义的国王卧室则精确地位于整座建筑的几何中心上。因此，大臣与侍臣的所有活动都是围绕着路易十四而展开的，他就好像是巨大蜂巢中的蜂王一样。诚然，这意味着权力集中于一人之手，他就是天命神授的专制君主。而且，这座雄伟宫殿无处不彰显着光荣与伟大。它那相得益彰、完美融合的建筑与风景，它的镜厅，还有设计规整、向湖面倾斜的花园，均强有力地说明了当时法国君主制的威望。今天，游客也许会注意到凡尔赛没有自来水，也缺乏固定的卫生设施。他们也会呆望一会儿亚森特·里戈（Hyacinthe Rigaud）创作的那幅著名的路易十四全身肖像作品。画中的路易几乎被掩埋在整头假发与白鼬皮衬里的皇袍中，只露出一条穿着白色丝绸长袜的美腿和一双红色高跟鞋。这就是法国在欧洲称王称霸时君临天下的法国国王。正如布莱士·帕斯卡、让·拉辛与莫里哀的肖像画所证明的那样，这也是法国在整个欧洲具有文化优越性的时代。人们可以在这个时代看到什么是智慧、儒雅风度与高级时装。路易大帝处在他那美轮美奂的新宫殿的中心，而他的新宫殿又是欧洲文明的枢纽。

在宗教战争带来毁灭后，在面对如此多无休止的问题时，法国是如何登上这个顶峰的呢？ 1610 年，亨利四世被狂热的天主教徒弗朗索瓦·拉瓦莱克（François Ravaillac）谋杀，导致宗教紧张局势延续了下

---

① le grand siècle，在法国文化中特指 17 世纪，也就是由路易十三、路易十四统治的一个世纪。此时，法国国力空前强大，社会稳定，经济繁荣，文化艺术蓬勃发展。——编者

去。而这将再度揭示王朝体制的内生缺陷——亨利的继任者路易十三（1610—1643 年在位）在 9 岁时登基，而他的继任者路易十四（1643—1715 年在位）则是在 5 岁时便加冕为王，这会再一次让王位受到难以管教的贵族们的攻击，因此法国将面临一系列复杂的反叛活动。最终反叛行径以 1648—1653 年的投石党运动告终。而且，法国将被卷进大规模的欧洲国家混战"三十年战争"（1618—1648 年）。此外，法国还与西班牙及哈布斯堡家族起了冲突。两大家族之间的通婚只是加剧了矛盾而已——这是王朝体制的另一个特征，在这种体制下，国家战争与家族矛盾结合在了一起。那么，面对这些状况，法国是如何在路易十四统治下占据主导地位的呢？原因之一仅仅在于，法国是一个幅员辽阔、疆域统一而且可能十分富有的国家。当时的法国有 2000 万人口，多于竞争对手西班牙的 800 万人口，以及英格兰的 500 万人口的总和。如果说，在过去的 20 年间，西班牙多有灾年的话，那么新世纪的头几十年里，至少直到瘟疫在 1627—1628 年间再度席卷而来之前，法国的情况要好很多。最重要的是，路易十四的权力之路是由一系列有才干的强者所铺就的。亨利四世本人及其首相苏利就是领头的两个。

亨利四世行事风格高效干练，他那"每个劳动者周日的锅里都应有只鸡"的关切颇为新奇。他对和平与宗教宽容的倡导使他被称颂为"贤明王亨利"，不过毋庸置疑的是，他也醉心于风流韵事。他带领着一小队大臣——其中最让人印象深刻的当数苏利公爵——通过推动农业与建筑业的发展，开始开拓繁荣盛世。为恢复国家财政，他向那些之前购买了治安官与收税官等官职的人收取年费来筹集资金。这些人只有交纳年费才能保住他们职位的世袭基础。而这项措施也给亨利四世的后继者们留下了隐患，因为由此产生了独立于王权的行政管理阶层。首相苏利用这笔钱稳定货币，实现强有力的财政平衡。与此同时，他还抽干沼泽，建起了榆树林荫道路网，兴建桥梁与水渠。

亨利四世极大地促进了巴黎的发展，具体措施是建成巴黎新桥、规划了 68 条新街道、建造了富丽堂皇的巴黎皇家宫殿。这座宫殿在法国大革命后被更名为孚日广场。他积极发展工业，尤其是挂毯、丝绸与其他行业。当他建造卢浮宫大画廊时，邀请了一批能工巧匠在那儿开设店铺。他为陆军配备了新式大炮，巩固边防堡垒。亨利还热心地资助远征队建立与远东地区及美洲的贸易关系，尤其是资助了萨缪尔·德·尚普兰的冒险旅行，使其得以在加拿大开辟新法兰西殖民地。对于法国而言，亨利在德拉费罗内里街被一个受蒙蔽的弑君者 —— 这个弑君者按照指定的方式，在受尽折磨后被四马分尸 —— 夺去生命，实在是一件不幸的事，因为亨利与苏利本已为波旁王朝的成功制定了范本，然而，这种优势在亨利四世的妻子玛丽·德·美第奇为她 9 岁的儿子路易十三摄政时，很大程度上被挥霍掉了。

玛丽的婚姻生活一点儿也不理想，因为亨利娶她只是为了用她的嫁妆还债而已。而且，她还不得不忍受亨利的情妇在王宫中傲慢地摆出一副主人模样。如今亨利去世，玛丽就兴高采烈地把她赶走了。玛丽喜怒无常，既不聪明也无政治意识，而且她跟自己那相当心绪不宁、体弱多病的儿子关系也不好。雪上加霜的是，她很快就受到了义妹莱奥诺拉·加利盖（Leonora Galigaï）的丈夫康西诺·孔奇尼（Concino Concini）的影响。尽管孔奇尼几乎没打过仗，玛丽还是让这位意大利冒险家做了陆军元帅。苏利被罢黜，他苦心经营的后备队也开始被糟蹋。而且，孔奇尼还开始中饱私囊。皇族成员与大贵族见王权如此被削弱，纷纷揭竿而起。玛丽付出很大代价才收买了他们，她甚至不得不通过召开三级会议来尝试集资 —— 这次尝试只是揭示了三个等级之间的紧张关系而已，在 1789 年法国大革命之前，迫于压力，这种情况会再度上演。

同样威胁王国和平的是，玛丽在教皇使节的压力下采取措施反对新教徒，并被西班牙哈布斯堡王朝所设想的在欧洲打造天主教一体化王国的梦想所吸引。于是，她让路易十三在 14 岁时就迎娶了哈布斯堡王朝公主，即西班牙国王腓力三世之女，奥地利的安妮。这场婚姻注定是灾难性的，不仅因为后来事实表明路易是同性恋，还因为玛丽拒绝让路易在 13 岁成年时掌权，这让他感到怒火中烧。

因此，路易十三在 1617 年 15 岁时，发动了一场反对自己母亲的宫廷政变，由此掌权。他通过老谋士吕伊纳公爵开展行动，派人刺杀了孔奇尼，莱奥诺拉·加利盖被控施行巫术，被活活烧死，玛丽则被赶至布卢瓦城堡。政变看似结束了法国亲哈布斯堡、亲西班牙的政策，但宗教矛盾依然存在。法国西南部爆发了新教起义，起因是新教徒拒不执行将自己的房产强制性转移给天主教会的政策。此外，1618 年，当波希米亚的新教徒起义反抗神圣罗马帝国的政策时，引发了一连串漫长的、零星出现的战争，"三十年战争"由此开始。在这些战争中，德国新教徒转而获得了英国、荷兰、丹麦的支持，最终得到了瑞典的支持。尽管法国等到 1635 年才开始直接干预，试图抑制西班牙及其帝国的力量，但这种蔓延于整个欧洲的情绪为路易十三控制法国国内形势的尝试提供了背景。他仍不得不与玛丽展开较量，因为玛丽在 1619 年时从布卢瓦逃跑，并以其名义支持新贵族反叛，叛军首领就是国王的亲弟弟奥尔良公爵。路易十三镇压了这次反叛，并请回玛丽之前的顾问黎塞留，实现了暂时的和解。吕伊纳公爵在 1621 年去世后，路易越来越依赖黎塞留这位野心勃勃的神职人员了。当时，路易已让他当上了枢机主教，而黎塞留继续步步为营地盘算着，最终在 1624 年做了路易的首相。

红衣主教黎塞留是法国历史上一位杰出且富有争议的人物。亚历山大·仲马的小说《三个火枪手》使他的形象家喻户晓。在小说中，他是冷酷无情、遮遮掩掩、虚伪狡诈的阴谋家 ——"红衣主教阁下"。他还有个神秘莫测的同谋，即绰号"灰衣大人"的怪人约瑟夫神父，其名源于他总是穿着灰色的手织圣方济会长袍。黎塞留在自己所处的时代为千夫所指，而且路易十三也憎恶自己对他的过度依赖，以至于当黎塞留去世时，他难掩心中的喜悦。黎塞留作为一个位高权重之人，对自己的计划守口如瓶。他为人冷若冰霜，并不平易近人。但是，他显然天赋异禀，才思敏捷又注重实际。与他同时代的人将其视为政治家，甚至是军人，而非枢机主教 ——德·雷斯枢机主教轻蔑地说："他今生已有足够多的宗教信仰了。"言下之意是他也许来世不会有多少宗教信仰。但是，黎塞留并不是一个没有原则的人。而且，就他的其他特质而言，他能够完美地胜任自己面对的这些充满挑战的工作。无论如何，当时的另一位政治家，路易十四的财政大臣让·科尔伯特将其视为自己的榜样。此外，黎塞留对接下来 18 年间的法国所做出的至关重要的贡献，在今天也得到了人们的广泛认可。

黎塞留对自己的处境有着清醒的认识。他明白，自己夹在王室母子的失衡关系中，两头为难。太后与国王既不喜欢也不信任他，但他们都需要他。在更广义的层面上他同样进退维谷：当时，天主教会内部掀起了由耶稣会与其他各种新兴宗教团体主导的强大的反宗教改革运动，参与其中的著名人物有未来被封圣的圣方济各·沙雷氏（saints François de Sales）与文生·德·保禄（Vincent de Paul）。但是，如果这次对天主教正统信仰的主张在宗教层面上算作成功的话，它也许与各国自身利益起了冲突。不论其所效忠的宗教义务是什么，黎塞留枢机主教与他的继任者马扎然枢机主教都有义务追求"国家利益"。

因此，尽管玛丽视黎塞留为亲信，他却让玛丽失望了，因为黎塞留没有坚守玛丽亲天主教、亲西班牙的方针。玛丽感觉受到了背叛，因此试图除掉黎塞留。1630年，在人们后来所谓的"上当受骗者的一天"，玛丽与国王的弟弟奥尔良公爵成功地 —— 或者说他们自以为成功地 —— 说服路易十三，免去了黎塞留的职位。鉴于主教当时通过自己的特务网，对事情的进展了如指掌，他于是镇定自若地在房内踱步，面带微笑地问众人是否在谈论他，接着他就完全逆转了局势。路易十三被说服了，还授予了黎塞留公爵封号，自此以后他的地位就稳固了。玛丽所未能领悟的是，不论黎塞留是不是枢机主教，他都更坚决地争取法国的国家利益，而非扩大西班牙的利益或者实现罗马教会在更广阔欧洲地区的雄心壮志。

事实上，黎塞留在执行一项环环相扣的方案，目的是控制死灰复燃的宗教分裂思想，并通过巩固王权来实现中央集权。一方面，他不得不应对一系列由国王的弟弟、皇族及旧封建贵族相互勾结而发动的亲哈布斯堡、亲天主教的密谋。黎塞留在镇压这些动乱时毫不手软。他摧毁了对手布有防御工事的城堡，禁止决斗，并处决了有头有脸的叛徒，其中包括蒙莫朗西公爵，甚至还包括国王的情人桑马尔斯侯爵亨利·夸菲耶·德·吕泽。另一方面，黎塞留不得不处理小规模的新教徒造反活动。他以惊人的方式镇压了由英国支持的胡格诺派起义。1627年，他亲自指挥了对胡格诺派根据地拉罗谢尔的围攻战。尽管他剥夺了新教徒的一些政治保护，但是他足够睿智，并没有听从天主教徒关于废除亨利四世颁布的"南特赦令"的要求，而且还保留了新教徒的信仰自由。但是，要想在国家层面上把握好天主教保守主义与新教主义之间的微妙界限，这还不够。他不得不用到"三十年战争"中使用过的技巧。尽管法国之前只是秘密地支持着新教势力，但由于黎塞留要确保法国永远不会被西班牙哈布斯堡王朝所梦想的大一统天主教君主国所吞并，他还是被卷入了1635年讷德林根战役新教徒的失败中。与西班牙的战争将会在1642

年黎塞留去世后一拖再拖。

不过，在黎塞留去世之际，他已大致建立起了一套中央国家机器，要求地方及宗教利益服从于国王所代表的国家利益。他让省级官员服从于国家要员，禁止高等法院谈论国事，并通过对新闻媒体的审查控制舆论。他不仅维护了国家独立，还通过支持艺术事业、创办法兰西学术院、建造如今的巴黎皇家宫殿并收集珍贵的艺术藏品，而提高了法国的威望。简言之，他为路易十四君主专制政体的光辉岁月建立了整体框架体系。只不过，当不满 5 岁的路易在 1643 年成为专制君主时，随着另一段具有破坏性的摄政统治的迫近，法国看似又要"重新开始"了。

直到 18 年后，黎塞留的继任者马扎然枢机主教于 1661 年去世时，路易十四才得以亲自主政。年轻的路易十四一清二楚地看到了国家治理中的弊政。令人感到意外的是，路易十三备受冷落的妻子奥地利的安妮出色地完成了摄政的角色。尽管她是一名虔诚的西班牙天主教徒，但安妮还是在黎塞留亲手挑选的继任者马扎然的辅佐下，坚持了黎塞留的独立方针。虽然马扎然贪恋职务之便，但他也有与黎塞留旗鼓相当的外交手腕。正如流言所说，安妮与马扎然之间也许有苟且之事，也许没有，但二人显然有着密切的工作关系。一方面，他们依然在进行代价高昂的三十年战争，被迫以不得人心的赋税来负担军费开支。幸运的是，在 1643 年位于阿登的罗克鲁瓦战役中，法国取得了关键性胜利。而且，1648 年，马扎然签署了有利于法国的《威斯特伐利亚和约》（*Treaty of Westphalia*）。

这项和约承认了德国诸邦与荷兰的独立，因而也就结束了神圣罗马帝国的霸主地位。即使与此并无太大关联的法西战争仍在继续，这仍标志着罗马开始衰落。相比之下，法国摆脱了困境，表现良好，不仅获得了阿尔萨斯大部分地区，还组成了梅斯、图勒、凡尔赛三个主教区。但是，法国国内几乎陷入了无政府状态。由于税收负担与巴黎高等法院的所作所为，马扎然极不得人心。巴黎高等法院是国家法院，而非代议制议会，它领导了一次反叛，结果迫使受惊吓的年轻国王及其母后在 1649 年 1 月的一个寒夜中偷偷逃出巴黎。

孔代亲王镇压了这次起义，他是之前带领法国取得罗克鲁瓦战役胜利的英雄。但是，这只是投石党运动的第一阶段而已。投石党（fronde）这个名字事实上来源于儿童游戏，"fronde"一词意为"投石器"。翌年，孔代亲王不但倒戈，领导贵族反叛，甚至还向西班牙寻求支援。他在一系列混乱之后，兵败巴黎城外。于是路易十四与其母后得以在 1652 年凯旋，回到巴黎，而马扎然则用其一贯的行贿方式，收买了叛军余党。这对于王权来说是段艰难时期，但是，这次混战揭示出的事实是，各个心怀不满的群体并没有采取统一的行动，整个国家迅速陷入了对四处劫掠者的排斥情绪中，最终人们并没有真正反抗日益中央集权的国家。马扎然安排了年轻的法国国王与他的嫡亲表妹、西班牙公主玛丽－泰蕾兹的婚事，并由此结束了与西班牙的战争。此时，法国已准备好迎接路易十四的到来了。

亚森特·里戈肖像画中的路易十四究竟是个什么样的人呢？对于前往凡尔赛参观的 21 世纪游客而言，他看起来也许有些老派，甚至有点滑稽。他身着精美盛装，戴着假发，穿着白色长筒袜和他自己设计的红色高跟鞋 —— 他也许让人想起积习难改的异装癖爱好者或是年老色衰的应召女郎。然而，路易十四格外钟爱此画，以至于当他因故无法出席理事会会议时，他会让人将此画抬至会议室代表他出席。当然，这只是举国上下绘制的路易的数百幅肖像画中的一幅而已。这些画作通常无一例外地刻画了路易十四骑士般健美的腿，画面中充满了寓意。有人将路易十四比作阿波罗、"好牧人"①、信仰守护者、艺术保护者、异端征服者，有人将其比作能治愈淋巴结核的奇迹创造者，还有人将他比作圣路易，或者跨坐在马上，像路易十四本人一样衣着精美的罗马帝国皇帝——更别说向路易致敬的世人了。看上去，从奥古斯都、君士坦丁到克洛维一世或查理曼大帝，几乎没有历史上的英雄能够摆脱与这位太阳王的联系。他居住在金碧辉煌的皇宫中，让人想起了古罗马诗人奥维德在《变形记》中提到的太阳宫殿。

接下来要提到的便是细致入微、执行严密的宫廷礼节了。传记作家让-克里斯蒂安·珀蒂菲斯描述了皇家礼仪。国王的"小起床"（petit lever），或曰最早的起床仪式始于早上 7 点半。此时，御医会在国王的近亲及几位特别尊贵的侍臣面前为国王体检。随后，当国王在便桶上如厕时，一群朝臣会加入进来，聆听国王指示。同时，国王也会让人打理好他的假发与胡须。之后便是"大起床"（grand lever）。此时国王会接见大使、枢机主教及王国其他要人。国王身穿睡衣，吃一顿清淡的早餐，然后皇太子或是其他家族成员会服侍国王更衣，最后国王开始祈祷。

国王在会议室中就一天的事情发号施令完毕，接着就去小礼拜堂做弥撒了。他与扈从成群结队地穿过凡尔赛宫的大画廊时，那里已挤满了侍臣与迫切想要吸引国王注意的重要访客。如果他们之前已得到允许的话，甚至还能跟国王说上几句话。正午时分，国王在一群有人数限制、站着的侍臣的注视下就餐，不过国王那被称作"先生"（Monsieur）的弟

---

① The Good Shepherd，出自《约翰福音》第 10 章，其中耶稣自比好牧人："我是好牧人，好牧人为羊舍命……我是好牧人；我认识我的羊，我的羊也认识我，正如父认识我，我也认识父一样。"（和合本《圣经》）——编者

弟①，会与国王共进午餐，他会将餐巾呈给国王，然后接受国王的邀请入座。晚餐将是一项纷繁复杂、具有礼仪性的公共事务。皇室成员将在一群选定的受邀宾客的注视下，吃掉金盘子中的食物。在晚宴全过程中，女士是坐着的，而男士则站立。就寝安排就是早晨的翻版，高位者竞相争夺手持双头镀金烛台的殊荣。从早到晚，对于路易十四的妻子而言，即使是通常来说比较私人的环节，也变成了公开的表演。

这场编排严密的"芭蕾舞剧"如实反映了这个宫廷内的礼仪。它融合了秩序、级别与繁复的社会惯例。要想在凡尔赛生存下去，就得学会遵守不计其数的不成文规定 —— 国王路过时要脱帽致敬，只有王子、公主在国王面前才能坐着，以及诸如此类的一些繁文缛节；还得了解在这些规矩以外的神秘的例外情况。而且，这些等级制度上的差异渗透进了社会各阶层的点点滴滴中。在某个层面上，在等级社会中生活是件令人感到安心的事，因为具体的社会等级已被清晰界定，人在不同场合的衣着、言行只需依规行事即可。这个声名远播的权力中心是如此的包罗万象，以至于许多显贵觉得，离开国王就毫无救赎可言。他们无法承担远离社交网、奢华的休闲娱乐、风流艳遇以及错过聘用定金或者肥差所要付出的代价，他们也受不了远离这些事物后的平淡生活。在另一个层面上，人们不得不面对不受重视时感到的心情沮丧，在仆人密切监视下居住在拥挤不堪、臭气熏天环境中的不适，还有嫉妒、恶毒撒泼，以及对自己犯下难以挽回的失礼之罪的担忧。正如伯埃尼伯爵夫人（Comtesse de Boigne）提到的那个富有的年轻军官：他因为无知地参加了错误的舞会而遭到粗暴拒绝，结果受不了别人的嘲讽，最终自杀。又或者，像十年如一日，定期前来乞求获得国王召见，但却从未被选中的那位先生

---

① 即奥尔良公爵菲利普一世。——编者

82

一样。① 正如帕特里斯·勒孔特在他那部颇有格调的电影《荒谬无稽》（Ridicule）中所描绘的那样，凡尔赛就是一场永不停歇的化装舞会。在这里，罪恶能够得到宽恕，但最轻微的失态也会被人口口相传，并招来杀身之祸。因为，在这个巨大的表演剧场中，不仅仅国王是演员，每个人都是。

当然，国王与众人的区别在于，国王也是控制这场化装舞会的司仪。或者，正如一位历史学家所说，国王是导演、明星，还是他自吹自擂的这座剧院的设计师。毫不出人意料的是，凡尔赛宫，这座被另一位作家称为"路易十四的造物"的建筑，引得人们将其与 20 世纪极权主义国家的个人崇拜相提并论，不过也有人意识到，这种吹捧并不单纯是一种妄自尊大，而"至少在某种程度上是对需求的反应，即使大众并未完全清楚他们到底想要什么"。当然，即使国王是国家的象征，这个反应也过于强烈，因为路易十四事实上已经成了伪宗教崇拜的对象。在路易十四定期接见大使及其他大人物的寝宫中，床被镀金栏杆隔开了，恰如教堂中的圣坛一般。而且，当众臣在国王不在、路过那里时，也要按照规定向空床鞠躬致敬。路易十四自视地位仅次于上帝，实际上将宗教国家化了，他成了自己的教皇。因此，人们在阅读路易十四的《回忆录》（Mémoires）——本书比较具有可信度，因为当初并未想过要出版——时，也许会有些吃惊地发现，书中的路易表现出了在那个时代的价值体系范围内的沉着冷静与精明敏锐。路易告诫儿子："国王的职责基本上就是让常识占上风。"

1661 年，当马扎然去世、路易正式掌权时，他已是一个成功的年轻人。打猎、表演、跳舞、音乐、情事，样样精通——而且，他体格也足

---

① 参见：Comtesse de Boigne, *Mémoires* (Paris: Mercure de France, 1971), Vol. I, p. 37。——作者

够强壮，以至于能够经受住当时无知的医疗实践，主要疗法是放血及强烈反对清洗身体。路易少年老成。因为之前他已通过观察，掌握了马扎然的工作要领，经历了王国的混乱无序，听母亲讲过西班牙宫廷隆重的场面，所以他对自己的角色有着清晰的定位。在基本层面上，他确实相信，国王的权力直接来源于上帝。因此，"国王作为专制统治者，自然能够处置所有财产，不论是世俗的还是基督教教会的"，而且被统治者理应绝对服从，因为存在着"将臣民与他们的君主联系起来的神圣羁绊"。但是，由于国王履职要对上帝负责，因此他就必须爱民如子，不分贫富贵贱、公平处事。同时，他不能将自己神圣的职责交付他人，从中脱身，而要直接负起责来——因此，路易变成了自己的首相。他也向儿子强调，身为国王要付出长期的艰辛。在同样信奉高卢主义（gallicanism）①、相信国家教会独立于罗马之外的杰出神学家博须埃主教的支持下，路易所做的，是将拥有国王神圣权力的基督教君主政体推向极致。

理所当然地，这种关于王位的正统基督教观点，在路易十四看来，有实践的必要：如果他刚主政就开始修建凡尔赛宫——尽管要用数年时间才能完工——那也是因为凡尔赛距离党派互相倾轧的巴黎有一段安全距离。他在儿时曾逃离巴黎。为避免像投石党运动那样的内乱，他需要建立一个强大的政府。而且，要想使局面得到控制，他就得与一小群一小群的顾问合作，而这些人将完全依赖于他——所有决定都得经他做出。路易已看出在管控贵族上出现的问题，所以他会让他们待在王宫里，处于自己的监视之下，把他们的精力引向无伤大雅的纨绔之举或是情场

① 是中世纪后期、近代早期兴起的一种思想，也是该时期法国教会的主要特点之一。高卢主义强调对教宗权力的限制，认为国家、国王应对宗教加以管控，君主的世俗权力不应受到干预。——编者

私通。他意识到，人们渴望刺激，既虚伪又看重地位。因此，路易十四建造了一座颇有声望的皇家主题公园，让众人一直忙碌于此。他也观察到，人是可以被收买的，所以就用聘用定金的方法来控制亲王与一些大贵族。如果这些人行为不当，他们就会失去这笔钱。这样的宫廷将会使西班牙与英国的宫廷黯然失色，而且也能满足法国的需要。路易自己心知肚明，如果一个人整天被人阿谀奉承着过活，要想知道谁是真正可以相信的人（如果确实有可以相信的人的话），是件困难的事。但是，这只是更加严重的问题的一个方面而已。由于他相信自己是专制君主，同时他也在密切注视着自己构建这一身份，这就给他带来了一场持续不断的身份认同危机。

路易十四轰轰烈烈地开始采取行动了。他罢免并终身监禁了富有、精明的财政大臣尼古拉斯·富凯。所定的罪名有点含糊：以欺诈手段中饱私囊。这立马就让受到惊吓的贵族明白了谁是管事的人，尤其是路易如今还将指控富凯的人擢升为财政大臣，顶替了富凯的空缺。此人正是野心勃勃、精力充沛的科尔伯特（Jean-Baptiste Colbert）。在科尔伯特的帮助下，路易推动了法国的中央集权，并使其成为法兰西国家的标志。路易向各省派出了更多的国家要员，直接任命较大城镇的市长，并清理地方财政。

科尔伯特同样也梦想将法国打造成为世界上最强大、最辉煌的国度，让它同时是新罗马与新雅典。为实现这一目标，他鼓励工业与贸易的发展，创造国有工厂，重组国家财政与宫廷体系，逐渐壮大海军，还成立了东、西印度公司，并支持艺术事业。作为一名"重商主义者"，科尔伯特认为，国家财富依赖于出口商品获得的黄金，以及对进口商品征收关税所积累的黄金。显然，这种贸易保护主义措施的缺陷是必将招致其他国家的报复。当时英国与荷兰正在通过自由贸易扩张，阿姆斯特丹拥有欧洲最大的银行，而法国的方式也许过于保守内向了。也就是在此时，路易十四的外交政策开始与国内需求发生冲突。

1667年，路易十四进攻西属尼德兰，即如今的比利时一带。因为，那里相当于他的妻子玛丽·特蕾莎的继承物，而西班牙一直未支付玛丽的嫁妆。尽管当时，路易已占领了包括里尔在内的一些筑有防御工事的城镇，但当他的举动引发荷兰、英国与瑞典组建起反抗联盟时，他撤军了。5年后路易进攻荷兰，却面对着欧洲联盟的抵抗。战事一拖就是数年，但他最终通过1678年签署的《奈梅亨条约》获胜了。通过该条约，路易取得了勃艮第的弗朗什－孔泰地区，从而巩固了边防。此事提升了他的威望，以至于路易如今认为自己是欧洲乃至全世界的最高统治者。当他在1681年漫不经心地兼并了斯特拉斯堡时，路易还认为自己无人能及。但是，即使路易在人生的最后阶段意识到了自己曾穷兵黩武，他也没有充分认识到这些伟大功绩背后付出的代价。事实上，他的战功毁掉了科尔伯特创造的许多成就，后者在1683年去世。法国依然幅员辽阔、财力雄厚，有着一支强大的陆军与海军，但如今法国也面临着财政赤字，尽管赋税加重，仍要从此靠贷款度日。大多数国有工厂处于颓势，加拿大殖民者遭忽视，东、西印度公司基本上被解散。在一个不断扩展的世界中，法国未能审时度势。不过在当时，路易的声望如日中天。在群星云集的王宫中，一众作家与艺术家对他歌功颂德。

然而，当路易十四新近的一个情妇被爆出与巫术及谋杀有关的丑闻，路易随即在宫中实行了更加严格的行为规范时，当1683年王后去世、路易秘密与虔诚的曼特农夫人结婚时，作家与思想家们开始转向巴黎。他对新教徒态度严厉，不仅因为专制政体要求顺从，还由于路易在对付西班牙时，需要天主教神职人员的支持。1685年，他废除了"南特赦令"，由此迫使20万诸如商人与工匠一类具有经济贡献的人开始了流亡生涯，国家也因此变得困顿。此举使新教国家对法国产生敌意。1689 年，奥兰治的威廉刚一即位，就将英格兰 —— 它已经是法国公海上的对手 —— 变成了法国强大的敌人。随之而来的是另一场对抗哈布斯堡王朝、荷兰及英国的漫长战争，其中还包括法国入侵英国的企图破灭，以及战争在殖民地的扩散。这场战争持续到 1697 年才结束。尽管《利斯维克和约》对法国不利，但至少在 1700 年卡洛斯二世缓慢死亡，引发一团乱麻的西班牙王位继承战争前，它提供了一个间歇。也就是在这次间歇期间，1701 年，里戈绘制了那幅威严的国王肖像画。

长期存在的"法国例外"论笃信特别的国家命运以及法国的"庄严"使命。这一理论的历史根源，是伟大世纪（grand siècle）时，皇权社会中两个被奉为神圣的惊人观念的结合：一个观念是，法国不仅体现了一国的价值观，而且代表了普世的价值观；另一个观念是，在践行这些价值观时，国家处于中心地位，且包罗万象。这个社会具有自我意识地将自己与古代社会一较高下，让自己在尊贵方面凌驾于罗马之上，并立志建立一个规模宏大、和谐有序的先进文明。这一点见于它的建筑之中。诸如凡尔赛宫与子爵谷城堡一类建筑物，在宏伟方面为欧洲树立了新标准。当时，人们认为，理想的建筑要使建筑物、环境及装饰完美地融合，同时体现出对称性，而花园则让桀骜不驯的自然服从于几何秩序，强调人类理性的控制。此外，在文化领域也能看到法国对普遍秩序的追求。

第一步是使语言本身具有秩序感。17 世纪初，诗人马勒布与语法学家沃日拉已致力于基于宫廷用语，改善法语的用法。黎塞留清醒地意识到，提纯后的语言能使人团结一心，于是就将这一过程推向深入。1635年，黎塞留创办了法兰西学术院。该机构着手编纂一本权威词典。稳定语言的工作与规范文学作品构成、确立一种新艺术理论的尝试齐头并进。

诚然，在路易十四统治时期，艺术家与作家得到了丰厚的经济资助，以至于他们美化君主制并为王宫增光添彩。彼时还不存在版权一说，作家们严重依赖赞助，不管是以直接补贴的形式，还是以获得任命的形式（例如莫里哀与拉辛）在宫廷中从事一些要求不高的工作。然而，有趣的是，这种文化集中与专制主义居然没有扼杀个体差异，它带来了法国古典主义的盛世。

这方面的突出例证是笛卡儿与帕斯卡尔之间的对比。奇怪的是，笛卡儿的头颅最终被陈放在了巴黎人类博物馆的玻璃展柜中。他无疑是西方哲学史上一个响当当的人物。笛卡儿在很大程度上推翻了传统的经院哲学——这项有风险的事业导致他移居到思想更加自由的阿姆斯特丹——而且，他通过提出认知的方法及对象问题，重新聚焦最基本的原理。即使时至今日，他的结论并不被广泛接受，但这种新认识论方法还是提出了人体与思维关系的基本问题，并衍生出了潜在的能促进自然科学发展的哲学框架。法国人依然认为自己是"笛卡儿的信徒"，认为普遍而言，自己比实证主义的英国人在思维上更加严格缜密，更具有理论基础。

人们不禁会说，与乐观主义、理性主义的笛卡儿不同，帕斯卡尔属于那种"能透过现象看本质"的人，尽管他的观点可能因罹患痛苦的精神症而受到了影响。帕斯卡尔是一位相当重要的数学家与物理学家，他推动了概率论的发展，发明了数字计算器、液压机与注射器；他也精通法国散文。但是，他在一次几乎致命的事故后改变了信仰，成了苦行的冉森派信徒，信奉宿命论。在未写完的《思想录》中，帕斯卡尔提出了一种观点，即人迷失于不可知宇宙"可怕的无穷空间"之中，无法获得真理、正义与幸福，并完全依赖于一个不可知上帝的恩典。但是，通过他那著名的，但在某些人看来不够高尚的"赌注"，他声称信仰上帝是理性的双向赌注，原因在于赌赢能收获很多，即便赌输也没什么好失去的。

在这个时期的伟大古典主义戏剧家中，喜剧家莫里哀的作品流传最广，这点意义重大。莫里哀不得不调和某种矛盾：尽管他推崇行为的自然天成，他仍然不得不使自己创作的人物符合皇权社会的正统规范。不过，当莫里哀取笑吝啬鬼、疑病症患者与偏执狂时，他是在描绘人所共知、随处可见的性格怪癖。关于高乃依与让·拉辛的悲剧作品，有人说它们不易被翻译成英语，这不仅是由亚历山大诗体造成的。高乃依笔下的英雄对荣誉的追求，意味着不惜一切代价维护自己及家族荣誉的义务。这看起来也许有些做作。拉辛精妙的文学作品更贴近生活，但是没有什么情节可言，而且，这种既是诗歌又是戏剧的形式，在很大程度上依赖于读者对语言的敏感度。然而，这类悲剧高度的风格化，对人们所认为的最崇高的文学形式而言是必不可少的，因为它旨在表达人性中永恒且普遍的东西，而不是刻画处于不同历史环境下的有差异的人。正是法国君主制文化想要将自我构建成永恒的、根本性的意愿，导致了这种局面的产生 —— 鉴于莎士比亚早在一个世纪前就已经在戏剧中呈现英国的历史人物了，这种局面看来也许有些奇妙 —— 借此，法国人在这个时期创作的关于远古世纪的戏剧中刻画了自我形象。

当然，这一切都笼罩在某种巨大的幻象之中。路易大帝也许会对高乃依的戏剧《西拿》里皇帝奥古斯都的话产生共鸣 ——"我是自我的主宰者，一如我是宇宙的主人一般。"但是，奥古斯都生活在一个截然不同的世界中。尽管这一时期的法国学者通晓希腊、拉丁文本，但他们对后世的人类学家与历史学家才能揭示的具体的希腊、罗马文化知之甚少。他们认为自己与希腊人、罗马人无异的假设，富有讽刺性地建立在基督教中上帝赋予人不变人性的观点之上。拉辛悲剧中的宿命感与基督教原罪说相连，而不是与多神论社会中的神祇有关，而高乃依的"荣誉"明显来自他所处的那个时代中的贵族社会。所有这一切反映出人们对远古世界无知的挪用，这赋予了路易十四的君主专制政体以虚假的永恒感，正如拉辛的伟大悲剧《费德尔》中所预示的那样。在这出悲剧中，文明本身在面对具有破坏力的人类激情时，看似只是一片被可怖的黑森林环绕的空地而已。

里戈肖像画中君临天下的路易十四对幻觉与现实、本尊与自身的高贵投影之间的差距也略知一二。他的上牙都掉了，英勇的站姿掩饰了他的痛风，红色高跟鞋掩盖了矮小的身材，而且他还身陷两场具有破坏性的战争之间。他无疑也感觉到了拉辛所谓的悲剧中那种"富丽堂皇的悲怆"。

第五章

王朝衰落的主因是启蒙运动吗

"无事。等级分离。"

18 世纪的法国是个矛盾体。一方面，凭借启蒙运动的哲学家与高雅的文学沙龙，这个富有的强国成了欧洲羡慕的对象，以至于法语成了文化与外交领域的国际通用语。另一方面，法国有着深层次的结构及财政问题。这些问题与社会及宗教矛盾相结合，将使法国走向一场令人震惊的革命，这场革命不仅会给法国本身，也会给欧洲及其他地区带来巨大影响。

在路易十四于 1715 年去世前，在他人生的最后几年里，他的统治在许多方面都黯然失色。首先，欧洲现代国家在初期仍然被困在一张王朝皇室关系的大网中，当时始于 1702 年的西班牙王位继承战争打响，这场战争一直持续到 1713 年《乌特勒支和约》的签订。尽管法国宣称路易十四之孙[①]具有西班牙王位继承权，主要是因为担心西班牙也许会被奥地利的王位觊觎者抢去，从而复兴神圣罗马帝国，但法国这么做也带有建立两个波旁君主国之集合体的动机。这一举动意味着对抗由大多数德国城邦与荷兰及英国组成的联盟，这个联盟不会乐于看到法国与西班牙海外领地结合，也不愿在公海上参与更多竞争。因此，法国不得不四处部署了 25 万兵力，处于战备状态以便四面交战。结果，法国在布伦海姆与拉米伊惨败于英国马尔伯勒公爵之手，并在 1708 年试图入侵苏格兰时再度失利。最终，路易十四脱险了，原因是与法国角逐西班牙王位的竞争者查理大公做了皇帝。而且，鉴于双方都不愿回到查理五世时的德意志－西班牙帝国状态，争端遂渐渐平息了。但是，法国失去了加拿大的新斯科舍省与纽芬兰省，这使英国迎来帝国主义势力畅通无阻崛起的伟大时代。

漫长的对外战争从不可能受国人欢迎，以贷款作为补充，并发行迅

---

① 即安茹公爵腓力。——编者

速贬值的政府债券来缓解财政负担也不会招人待见。当塞文山脉地区受挫的新教徒在 1702 年发动一场反对天主教的游击战时，法国东南部的派系对抗也拉开了帷幕。3 年后，法国军队镇压了这次动乱。但即使这是法国宗教战争中的最后一次小冲突，它也不是事件的终结。部分原因在于，（正如曼特农夫人在她那引人入胜的回忆录中所说的）年老体衰的路易十四为自己荒淫无道的过去赎罪，而变得日益虔诚。他试图把其他异端的基督徒（即冉森派运动的基要主义天主教徒）也拉进来。路易把他们在波尔—罗亚尔的修道院夷为平地，甚至还违反了自己的高卢主义原则——这一原则是法国教会的重要部分——请教皇颁布训谕《唯一天主子》（*Unigenitus*），谴责冉森派学说。1709 年"寒冬"的大饥荒无异于雪上加霜。让本已矛盾重重的法国局势变得更加动荡的，还有一周之内路易的 3 位继承人均死于麻疹带给世人的震动。硕果仅存的路易曾孙在 5 岁时登基为路易十五。路易十四担心自己思想自由的侄子奥尔良公爵会影响还是个孩子的路易十五，所以在遗嘱中特别注明由他最宠爱的私生子曼恩公爵担任摄政。但是，路易十四去世后，权力也随他而去。之后不到两日，奥尔良公爵即命巴黎高等法院宣布路易十四的遗嘱无效。

法国在奥尔良公爵摄政时期感到如释重负，因为人们可以休养生息了。如今，王位上坐着一个有着金色头发的小男孩，但大权实则握在一个聪明且思想开明的浪荡子手中。在这个突然放任自流、梦想一夜暴富的社会里，时尚、艺术与宗教领域新出现了一种自由感，画家华托的作品梦幻般地展现了这段奇妙的插曲。但摄政王对巴黎高等法院的管理过于放松了，后者作为司法机关，负责正式登记皇家法令。如果它认为某项法令不符合法律规定或传统习俗，则有权提出"抗议"，将法令驳回，提请国王复审，不过国王可以通过命令或只是莅临巴黎高等法院的方式，迫使法令得以通过。由于巴黎高等法院成员通过买官获得了世袭职位，所以这实际上是一支急于施展政治影响力、维护自身特权的贵族阶级队伍。路易十四之前对巴黎高等法院采取忽视态度，但奥尔良公爵为正式获得路易十四在遗嘱中未注明的全权摄政权，重新正式认可了巴黎高等法院提出"抗议"的权利——这为反对王权提供了一个平台。同样地，鉴于路易特意与来自中产阶级的顾问密切合作，例如科尔伯特，摄政王将他们换下，取而代之的是由王公与老派贵族组成的八个委员会。彼时，当商业及职业中产阶级正在变得日益重要之际，王公贵族却重新掌权。

路易十四的南征北战给法国留下了巨额国债，摄政王为解决这个问题，请来了苏格兰经济理论学家、冒险家约翰·劳。劳开始着手建立由政府支持的中央银行，就像那些已经在伦敦与阿姆斯特丹成功运作的中央银行那般。中央银行不仅能使法国摆脱使用金属货币的沉重，还能通过增加货币供给，刺激贸易发展。劳成立了一家与西印度群岛及北美洲进行垄断贸易的贸易公司后，中央银行繁荣发展起来。几年内，劳不仅控制了利润可观的奴隶与烟草贸易，还负责印刷纸币、征收赋税——事实上，这就垄断了法国的外贸与财政。

这家贸易公司对法国这个奉行传统主义的国家而言是项大胆冒险，因为法国人依然认为财富在于拥有土地及黄金。但是，它过于成功了：在经典的市场泡沫作用下，公司股价飙升。人们开始渐渐怀疑能否获得足够回报。贵族们又突然要求贸易公司以黄金形式归还他们当初的投资。这种暗中的破坏奏效了，由此引发了典型的市场崩溃，劳不得不逃出法国。贵族当然偏爱旧体制。因为，在旧体制下，他们可以利用自身职务之便，从涉及赋税征收、军火供应与政府借贷的硬通货交易中分一杯羹。所以，这一切的结局实属不幸，这不仅因为国家不得不承担银行的负债，并通过征收更多税赋的方式偿还，还因为人们对纸币的敌意如此强烈，以至于法国直到 19 世纪才建立起现代银行系统。

路易十五（1715—1774 年在位）在摄政王 1723 年亡故时开始掌权，实行对法国的另一段长期统治。鉴于他没什么声望，客观而言，这个政治体制在冒很大的险：它选定了一个 2 岁时父母双亡的孩子，并在他 5 岁时把整个君主专制政体的全副甲胄都压在这孩子身上，而完全不知道他是否具有治国理政的天赋。

路易十五举止优雅而有教养，但是童年的创伤使他感情脆弱、依赖长者——他的女家庭教师、摄政王，还有年长且正直的德·弗勒里红衣主教。后者出任路易十五的第一大臣达 17 年之久。毫无疑问，其中的部分原因在于路易对长者的依赖，以及他的性情使然。路易十五仅凭一时高兴，履行着国王的职责，不过他有时做起事来精力充沛。在某种程度上，他用表面的冷漠来掩盖自己的羞怯。他还缺乏自信，不轻易相信大臣们，时不时地陷入忧郁之中。为减轻压力或赶走无聊，路易十五经常打猎。尽管他喜爱身为王后且比他年长的波兰公主玛丽·莱什琴斯卡，但他仍情妇成群，让人不满的是，她们还经常出身于平民或妓女。路易十五在凡尔赛宫花园也有一处繁忙的爱巢。尽管最初他受人爱戴，但这些倾向在某种程度上导致他后期不得人心，尤其是他在 1744 年御驾亲征时带了一名情妇上战场之后。当路易十五因高烧而生命垂危时，他遭遇了一场非军事性伏击。神职人员拒绝为他做临终圣事，除非他在见证者面前忏悔自己过去荒淫无道的生活方式。之后他痊愈了，结果却发现自己那低声下气的悔改居然在法国所有的教堂被人高声宣读。

但是，我们不得不说，在路易十五统治期间，法国经济明显繁荣起来。其中一个明显的标志就是人口上升到了 2600 万左右。诚然，瘟疫在 1720 年袭击马赛后没有再次出现，而且后来爆发的战争都发生在法国国外，这都有助于经济复苏，但主要原因还是法国大多数地区的经济发展。法国的煤矿开采、金属加工与日益机械化的纺织产业均出现显著增长。与此同时，由于诸如马提尼克与瓜德罗普岛这样的殖民地在奴隶与糖的交易中为法国带来了丰厚利润，法国的对外贸易额增加了两倍。农村生活水平也有提高，但地主、农业大户与神职人员明显比普通农民获利更多。

此外，路易十五的统治对法国的经济生活做出了影响深远且持久的贡献。通过征用劳工的工作，法国开始启用规模相当庞大的道路网。而且，法国国立路桥学校也成立了，这是法国第一所高等专科学校，这类学校将成为法国教育的驱动力。作为推动农业发展运动的一个环节，法国成立了两所兽医学院。巴黎军校也成立了。法国规定，自然资源为国王所有。而在其他方面，王权遇到了问题。

第一个问题就是政治反抗。沙龙与咖啡馆里的自由思想家迄今为止并未造成严重威胁。审查警察会定期烧毁持不同政见的出版物，而违法作家则会被投进巴士底狱，刑期为 1 到 2 个月。伏尔泰曾在摄政期被关押了 11 个月，如今，他写作的关于英格兰的反思 —— 《哲学通信》，被没收了。主要的反抗不是来自崛起的中产阶级，而是来自以巴黎高等法院形式出现的世袭贵族阶层。后者渐渐将成员限制为祖辈四位皆为贵族者，以此加倍确保将平民排除在外。巴黎高等法院利用摄政王赋予的政治空间，抓住了教皇训谕《唯一天主子》所引发的宗教矛盾，然后以法国教会的独立，以高卢主义原则之名，为被巴黎大主教逐出教门的冉森教派牧师辩护。国王迫使巴黎高等法院认可教皇训谕，但这只是一连串小冲突中的第一个而已。国王本人优柔寡断、难以捉摸的行为并不能缓和这些冲突。1743 年，顾问弗勒里去世后，路易十五决定由自己充当第一大臣的角色。

事实上，王宫如此混乱，以至于主要的稳定因素成了以路易十五情妇身份粉墨登场的蓬皮杜夫人。她出身平民，还有个不太好听的名字——普瓦松小姐（Mademoiselle Poisson），或曰鱼小姐。这不可避免地引来人们的嘲讽，或曰"炖鱼"（poissonades）。然而，她时髦、漂亮、有天赋。她成了路易"完美无瑕的奇迹"，不仅是他在政治上的合伙人，还在某种程度上充当了他的享乐大臣。蓬皮杜夫人想出各种娱乐活动，让这个羞怯又喜怒无常的君主开心。她是伟大的艺术赞助人，其参与的建筑项目包括巴黎军校、凡尔赛宫小特里亚农宫，以及路易十五广场——如今的协和广场。她尤其钟爱装饰艺术，资助兴办了塞夫勒皇家制瓷厂。而且，与路易不同，蓬皮杜夫人钦佩被称为"哲学家"的新作家。即使在她由于个人健康原因，不再做路易情妇之后，也娴熟地应对着自己面临的微妙处境，但这是个艰难的世界。当蓬皮杜夫人在 42 岁香消玉殒时，相对于伏尔泰对她的悼念"灵魂有正气，心中有正义"，国王则给出了较为冷漠的评论："她葬礼那天的天气不好。"她理所当然地以自己的名字命名了大蓬头样式这种装饰艺术中的洛可可风格。而且，毫无疑问，她依然活在许多电影与传记中。

但是，最重要的还是发动战争以及寻找支付战争开销资金的老问题。因为对一个像法国这样的大国而言，欧洲各君主国复杂的王朝关系使其很难置身于频繁的王位继承冲突之外。所以，当波兰国王在 1733 年去世时，路易十五支持岳父斯坦尼斯瓦夫一世对王位的主张，但被支持另一王位觊觎者的俄国打败了。战斗随后发展成法国试图将俄国的盟友奥地利赶出意大利。后来，斯坦尼斯瓦夫获得了洛林公国，此地最终将被归还给法国。然而，这次事件极大地加重了法国的国债负担。

下一次类似的战争是极其复杂的奥地利王位继承战争。西班牙站在普鲁士一方，反对英国支持的奥地利，同时，西班牙也把盟友法国拖下了水。重要的是，这演变成了一场法国与英国之间的海战与殖民战。在此期间，法国于1744年派出舰队进攻英格兰，以支持即将发生的詹姆斯党叛乱。但是，在看到更加强大的英军后，法军就临阵脱逃了。法国海军疏于训练、国库破产，确实不是英军对手，而且他们在大西洋上频繁的小冲突中常常失利。在这些战斗中，双方都试图阻止对方的殖民贸易。说到大西洋，英国——也占领了位于加拿大路易斯堡的堡垒——已经掌握了制海权。

但是，法国不但占领了英国在印度的主要商栈马德拉斯（如今的金奈），还在丰特努瓦（如今的比利时）的对英作战中取得了辉煌胜利。一则著名的趣闻就发生在这次战役中。故事是这样的：话说两军抵达战场，双方相距不足30米。两边的军官互相脱帽致意。英国军官具有骑士风度地邀请法国军官先开火。"不，英国的先生们，"英勇的法国军官骄傲地回道，"你们先开枪。"——英国军官优雅地接受了这个邀请，于是就开始摧毁法军前线。这次胜利之后，路易突然变得很受欢迎，这种情况至少持续到了1748年他签署《亚琛条约》之前。在该条约中，法国归还了所有的战争所得。它完全清除了这场战争的痕迹，好像它不曾发生一样。这使得法国人愤怒地质问道：这场凶残又不失礼貌、过分昂贵的战争到底是为了什么？此外，他们也开始质疑关于这些战争的税收体制的公正性。1749年，路易十五试图让神职人员捐款，结果招致神职人员与贵族阶级的猛烈抨击，双方均被这项提议激怒了，他们觉得自己身为特权阶级，居然被要求像平民一样交税，这是不可理喻的事。于是，国王妥协了。

所有这些均强化了巴黎高等法院的力量。他们拒绝登记新税。而且，由于巴黎大主教不允许给垂死之人做临终圣事，除非牧师有文书证明这个人遵循了教皇训谕《唯一天主子》，所以巴黎高等法院顺势挑起了人们对教会与国王的反对。在这种氛围下，一个精神失常的名叫达米安的人攻击并伤害了国王。正如哲学家、历史学家米歇尔·福柯所描述的那样，刺客所受的惩罚与丰特努瓦战役中骑士般的礼节形成了具有讽刺意味的对比，因为刺客受尽了折磨。达米安的肉被人从骨头上撕裂，伤口上浇上熔铅、沸腾的油与燃烧的树脂组成的混合液体，最后被六马分尸。在此过程中，有人严肃地诘问他有没有什么要说的。

如果这还不足以使路易十五走下坡路的话，一旦法国被卷入七年战争（公元1756—1763年）的泥淖中，更糟的事还在后面。这次冲突殃及四个大陆，因此被称为第一次世界级大战。在欧洲方面，战争主要围绕奥地利与普鲁士对德国控制权的争夺而展开。在更广泛的层面上，它主要体现了法国与英国为建立帝国霸业而展开的斗争，而英法帝业之争则是人们常说的第二次百年战争的一部分。法国在大陆战中并无斩获，还在与英国的海战中损失惨重。这便是英国首相老威廉·皮特义无反顾地驱动战争所带来的结果。法国受限于维护自身欧洲霸主地位的旧思想，再加上缺钱的窘迫，因此忽视了法国殖民地的发展，只把它们当成快速赢利的源泉。如今到了该付出代价的时候了。

即使在战争爆发前，在海上没什么绅士风度可言的英国人也时常掠夺性地猛扑向法国船只，阻止它们为法国殖民地提供补给。英国以挫败法国进一步入侵的企图为部分动机，在基伯龙湾海战中摧毁了法国主要分舰队。在印度，当英国军事家罗伯特·克莱武取得普拉西战役胜利，占领印度本地治里市（Pondicherry）之后，法国拥有的据地只剩下1763年签署的《巴黎条约》中没有防御工事的商栈了。在北美洲，法国被英国以同样的方式彻底消灭，还失去了加拿大，最终把美洲整个东海岸地区都留给了英国。法国还失去了几个西印度群岛，不过被允许保留下了瓜德罗普岛与马提尼克，法国也失去了非洲的塞内加尔。起初，这些重大损失并未引起法国人多大的关注——他们更关心开销——甚至在喜剧寓言《老实人》中，连伏尔泰也不屑地称加拿大只是"几亩雪地而已"。但是，正如法国人后来突然醒悟到的那样，他们被英国这个突然占据支配地位的世界强国甩在了后面。将英国视为法国之"宿敌"的观念变强了。而且，恐英症（Anglophobia）也开始迅速滋生，正如它的对应物恐法症（Francophobia）一样。

这种思想对于复杂的学术界并未造成很大影响，因为在那里有着与恐英症和恐法症完全相反的倾向——像大卫·休谟与爱德华·吉本这样的重要人物，可以在法国沙龙中受人顶礼膜拜，而孟德斯鸠与伏尔泰也时常访问英国。但是，到了百年战争时期，四处掠夺的英国人有了一个广为人知的种族蔑称——"天杀的"（godons），这是英文"该死的"（goddam）一词的法语变体。根据博马舍1784年创作的喜剧《费加罗的婚礼》，英国人依然不时地使用这种咒骂语。英国人甚至被称为"像魔鬼一样长着尾巴"（godons coués）。如今两国之间种种明显的区别也滋生了这种刻板印象。虽然法国是君主专制政体，但英国人在杀死自己的国王[①]后开始实行议会体制。法国信奉天主教，而英国尊崇新教。此外，作为一个岛国，英国长期以来一直比法国更支持自由贸易，法国则延续了由科尔伯特制定的贸易保护主义传统。

由于这些差异的存在，以及双方最近都准备了入侵对方的计划，所

[①] 即英国历史上唯一被公开处死的国王——查理一世。他在世时与英国国会产生了巨大矛盾，致使内战爆发。内战结束后，查理一世被逮捕，并于1649年被处死。由此，英国君主制崩溃，英格兰共和国成立。——编者

以人们感到恐惧万分，以至于把对方变成了讨厌鬼的形象，并开始将自己定义成对方的反面。因此，"天杀的"人被看作唯利是图、贪得无厌的一群人。他们的公共生活缺乏明显的社会等级制度，粗俗不堪，满是醉酒的胡闹；他们对食物与时尚一无所知，英国女人长着马脸又男性化，而且他们居然把粗鄙的莎士比亚捧成作家。反过来，外号"青蛙"的法国人装腔作势、沾沾自喜，让人感到滑稽可笑。他们的沙龙礼节有着千篇一律的造作。法国男人是手持小洋伞、娘娘腔的花花公子，法国女人都打扮得花枝招展、恬不知耻。哪个有英国血统的人能耐着性子看完像拉辛作品那样没有活力与情节，还虚假做作的戏剧呢？这只是一系列18世纪版本的偏见而已，并且这些偏见至今依然存在。

如今，路易十五担心起了日益强大的国内反抗势力。因为巴黎高等法院如今强烈希望维护法国教会的独立性，因此要关闭耶稣会，并将耶稣会会士逐出法国。国王与教皇均被迫接受这项决定。路易最初被迫采取行动，他来到巴黎高等法院面前，维护自己作为皇帝的特权。1770年，路易带领由三位能干的大臣组成的工作组，开始采取坚决行动，瓦解巴黎高等法院。这是有风险的，而且他让妓女出身的杜巴丽夫人做自己的情妇，并授予她伯爵夫人封号，此举几乎不可能提高皇室形象。然而，路易的司法大臣莫普大胆废除了巴黎高等法院的世袭权力及种种好处，并起用由国王政府直接任命的法官，重组巴黎高等法院，使人们可以免费获得公正。而财政大臣泰雷则开始通过持续的努力解决巨量国债的问题。当路易十五突然因天花流行病殒命，整个改革计划崩溃之时，泰雷正要开始征收财产税。正如康庞夫人令人动容地描述的那样，路易十五的突然离世让其受到惊吓的20岁孙子，即如今的路易十六，还有路易十六的妻子玛丽·安托瓦内特哭着跪了下来，情绪激动地祈祷说："噢，上帝，引导我们，保护我们！我们太年轻，还不知道怎么统治国家。"

与此同时，处于启蒙运动时期的法国如今形成了全新的知识氛围。这都有赖于文盲率的降低，书籍、报纸出版的增长，当然还有在德芳侯爵夫人与热情的朱莉·德·莱斯皮纳斯小姐这些人举办的著名文学沙龙上的思想交流与碰撞。严肃的思想讨论也从过时的大学正统，向许多新兴的学会或者基于法兰西学术院建立的省级社团转移。卢梭正是为参加第戎学院的征文比赛，而创作了他那篇著名的论人类不平等起源的散文——《论人类不平等的起源和基础》。富人也开始兴建图书馆，书商则按日计费出租图书。正是在这样的情境下，知识阶层崛起了。通常出身卑微的作家现在不再依靠贵族保护者，可以实实在在地靠自己的作品生活了——狄德罗的父亲是个制刀师傅，卢梭与博马舍都是钟表匠的儿子。如今，他们都是有教养的新群体的发言人。这个群体被排除在政治代表之外，最终他们给君主制带来的挑战比享有特权的巴黎高等法院带来的危机还要大。

知识阶层的活动在很大程度上是由社会内部政治矛盾所引发的。例如，1762 年，法国图卢兹市信奉新教的商人让·卡拉斯（Jean Calas）被处决，这使得宗教不容忍问题被夸大了。据称，他被错误指控杀死两个亲生儿子，因为他们想要皈依天主教。尽管他宣称自己是清白的，但荒唐的审判很快将他定罪，并送上了行刑台。出于抗议，伏尔泰开启了关于宽容的著名讨论，并为死去的卡拉斯恢复了名誉。另一个刺激在于，人们日益清醒地认识到外部世界的存在，以及非欧洲民族颇富挑战性的不同习俗——孟德斯鸠在他的《波斯人信札》（1721 年）中富有讽刺意味地刻画了法国社会，展示出了文化相对主义。同样地，布甘维尔的《环球纪行》（1771 年）提出了"高贵的野蛮人"的观点。

但是，导致思想活跃的主因无疑是新科学观念，而新科学观念又受到了英国哲学家约翰·洛克的经验主义与艾萨克·牛顿的归纳法、力学思想的影响。这些思想为人们认识世界提供了新概念模型。28卷本的皇皇巨著《百科全书》（1751—1772年）旨在成为"所有人类知识的集合"。狄德罗和与他志同道合的哲学家们致力于把所有知识搜集在一起，形成一个连贯的结构。事实上，它是将笛卡儿的理性主义与英国的经济主义相融合，共同服务于世界与社会的新观念。

当时的法国文化并非只有大量的哲学思考而已，还有各种流派的绘画：从布雪与弗拉戈纳尔小心翼翼地刺激感官的场景，到雅克·路易·大卫的新古典主义历史绘画。在戏剧方面，马里沃细腻的喜剧探讨了爱情内在的困惑；还有博马舍的讽刺喜剧，他笔下的主人公费加罗就等级制度的虚伪给自己的贵族主子上了一课，让人印象深刻。小说种类相当丰富，从卢梭的《朱丽：或者新爱洛伊丝》那样的情感小说到享乐小说，后者往往带有拉克洛《危险的关系》中具有女性主义思想的悲剧女主人公。

法国这个时期的"哲学家"并不仅仅局限于狭义的哲学家一词。伏尔泰创作了历史著作、悲剧、喜剧寓言、散文与诗歌。多才多艺的狄德罗让自己富有创意的思想纵情驰骋，朝各个方向发展，从哲学、戏剧、小说到艺术评论。苦恼的天才卢梭创作了社会与政治评论、小说，以及关于戏剧与教育的作品，从社会预言到他异常坦白的《忏悔录》。当然，还有些与自己的信仰不保持一致的哲学家。这些思想家确实常令教会感到愤怒，不论是孟德斯鸠将宗教视为一种社会现象的观点，丰特奈尔创作的比较宗教学作品，自然主义者布冯关于地质历史的作品，或是伏尔泰与拉美特利对教会直接的攻击。但是，如果说狄德罗与霍尔巴赫男爵是唯物主义者的话，那伏尔泰就是信仰非个人的上帝的自然神论者，而卢梭则是由天主教徒改宗的新教徒，最后他又宣布放弃天启教，支持自然宗教。事实上，哲学家们对不同问题的看法大相径庭。

由于事后之见的错觉，人们不可避免地倾向于将这些思想家看作是法国大革命爆发的直接原因。但这种观点忽视了整个社会与政治背景，更不要说这些思想家观点的多样性，以及他们作品狭窄的受众面了。然而，他们还是有影响力的。而且，因为他们都是在就自己所处的社会做出反应，所以对某些基本观点有着广泛共识。第一项共识就是，人们需要重新从基本原则出发审视所有事情。因此，他们相信人的理性而非信仰——尽管抛弃了传统信仰的伏尔泰与狄德罗从未神化过理性——而且，他们想借助理性改良社会。这自然而然带来了关于进步的观点。随着孔多塞《人类精神进步史表纲要》的出版，进步观在18世纪末变得十分明显。而且，它相应地引领了与编年史相对立的批判历史的起源，带来了文化相对论及用比较的方法看待不同社会的观点——尽管当时还没有出现有组织的反对奴隶贸易的情况。

这种相对主义的方法只会导致人们对君权神授的君主专制政体的拒斥。但是，正如孟德斯鸠在《论法的精神》中所表达的那样，社会的普遍偏好是实行权力制衡，例如基于英国模式的君主立宪制。不可避免地，人们抵触的不仅是教会的政治角色，还有原罪观。人们相信人之初，本性天真无邪，同时具有同等的自由权利。因此，社会上出现了从在来世寻求救赎向在今生寻找幸福的转变——在法国大革命期间，年轻的激进分子圣茹斯特以惊人的简洁表达了这种观点，他说道："幸福就是欧洲的新观念。"同时，人们的战争观也发生了变化，从之前认为世上的战争与残忍源于人固有的罪恶，到相信它们来自组织混乱的社会。

问题是，处在这个过渡性历史时期的哲学家，其思想在某种程度上还停留在预备阶段，尽管他们大体上都认可理性重组将最终带来良性社会的观点，但他们不能清晰勾画出这样一个社会来。作为这个群体中一个难以预测的个体，卢梭的模棱两可与自相矛盾代表了这种混乱性。他在关于社会契约的讨论，即《社会契约论》一书中，用一句著名宣言开篇 ——"人生而自由，却无往不在枷锁之中"。然而，卢梭最终用各种枷锁囚禁了自己，因为他将自由与公民道德的观点发挥到了极致，以致提出了含混不清的公共意志理论。这种观点认为，必要时公民需要被迫接受后来罗伯斯庇尔与诸如黑格尔一类的思想家所接受的极权主义观点。而且，正如伯特兰·罗素令人难忘地描述的那样，这无异于"服从警察的权利"。让问题更加复杂的是，卢梭有相当不同寻常的一面。不同寻常之处在于，与以往论调相反，卢梭通过忏悔作品中对理智与个体独特性的强调，不仅预料到了法国大革命的爆发，还引领了随后出现的浪漫主义思潮。

事实上，鉴于当时的知识氛围，王室需要通过远见与机敏开辟出一条道路来渡过难关。因此，看到路易十六的统治如此紧密地追随着之前60年的模式，以至于展示出日渐滑入失控深渊的体制性缺陷，几乎是件痛苦的事。

路易十六（1774—1792年在位）是个好心好意但有局限性的年轻人。他的兴趣是打猎、制表与地理，对管理国家却一窍不通。恐怕这是因为他极少走出凡尔赛宫，对自己统治的国家知之甚少。路易十六胆小怕事、眼睛近视、身材丰腴，还经常手足无措。而且，直到结婚5年后做了个小手术才圆房的事也很难让他在两个野心勃勃的弟弟，还有他那被宠坏、忘乎所以地轻浮的妻子玛丽·安托瓦内特面前抬得起头来。玛丽的铺张浪费让她很不受欢迎。路易十六意识到了进行一些改革的必要性，但他过于优柔寡断，又容易受到影响而不能坚持到底。

他一开始就犯下了无法挽回的错误 —— 罢免了司法大臣莫普与财政大臣泰雷，结果致使关于巴黎高等法院的改革终止。尽管在莫尔帕伯爵的指导下，路易任命了一些有才干的大臣，但在遇到可预见的来自贵族与神职人员的反抗时，他既无自信也缺乏个人威严，无法力挺这些大臣。因此，具有讽刺意味的是，很大程度上，正是这些大臣搞垮了路易十六的政权。起先，1775 年爆发的美国独立革命提高了路易十六的受欢迎度，因为革命激发了拉法耶特侯爵与其他志愿者的理想主义热情，并为法国提供了向英国雪耻的机会。法国在船只与军队方面向殖民地提供了关键性援助，并且收复了包括塞内加尔在内的几处失地，因而提高了自己的国际地位。但是，第一个不利因素便是《独立宣言》的发表，该宣言提出人人生而平等，"政府之正当权力，是经被治理者的同意而产生的"。在表现手法上，《独立宣言》明显对君主专制政体提出了挑战。此外，更直接的不利因素是，战争极大地加重了本已失控的国债。

第一个试图改革的财政大臣是直率的自由主义经济学家杜尔哥。他在实行谷物自由贸易、开放被关闭的行会使其实行自由竞争之后，试图征收土地税。这将会打击到贵族与神职人员中的地主阶级。此举激怒了巴黎高等法院与王公权贵，然后路易十六便把杜尔哥免职了 —— 当时，杜尔哥直截了当地警告路易："正是懦弱把查理一世送上了断头台。"下一个尝试财政改革的是胖乎乎的新教徒雅克·内克尔。这位富有的瑞士银行家与慈善家施展了不增税就能资助美洲战争的魔法，他的秘诀是更多的借贷，他也因此提出了一套税收方案。当同样受阻时，内克尔厚颜无耻地发布报告，公布侍臣获得的巨额聘用定金 —— 这件事使他遭到解雇。

内克尔的继承者是卡隆。他通过更多的贷款勉强维持着局面。1786

年，卡隆像他之前的历任财政大臣一样，也提出了税收计划。而且，他为了规避来自巴黎高等法院的抵抗，召集了显贵会议（Assembly of Notables）。这是个已沉寂了 160 年的团体。卡隆遭到了集会者的藐视，并被开除了。于是，接力棒就传到了埃蒂安－夏尔·德布里安手中。德布里安之前是反对改革的，但如今由于法国正在酝酿灾祸，他不得不试着实施改革。德布里安先后解散了显贵会议与巴黎高等法院。在他的改革提案被法国教士会议否决后，他不得不在 1788 年使出最后一招——提议召开三级会议。由于三级会议的上一次集会是在 174 年前，而且当时集会的召开也只是进一步激化了三个等级之间的矛盾而已，因此德布里安此举确实看起来是一次孤注一掷的赌博。

为什么神职人员与贵族阶层——分别代表 0.05% 与 1.3% 的人口——以看似自杀性的方式行事？诚然，他们并非同质群体，也有自己的内在等级秩序。高级神职人员与生活在普通人身边的教区牧师有别，恰如皇子与宫廷贵族不同，而宫廷贵族又与生活在自己领地上的下层贵族不同一样。而且，理所当然地，之前也有枢机主教与贵族出任大臣职位。教会会议与巴黎高等法院更多地通过它们的等级机构来反对王权。他们的反对只是人们通常认为的因盲目或者贪婪心理作祟吗？他们看到不祥之兆了吗？又或者他们试图把凶兆抹掉？如果提案让他们居然要像平民一样纳税，使他们感觉受辱，是不是因为他们觉得这将摧毁建构在三个等级基础之上的国之根本？在这个王国中，神职人员用精神为国效力，而贵族则用手中的剑与身居的要职为国尽忠。无论如何，他们显然没能看到的是，自己正在从内部毁掉这个体制。

因此，自此以后，他们与国王都失去了控制权。由于在格勒诺布尔及其他地方发生的骚乱，以及由庄稼歉收导致的食物短缺，国王不得不同意于 1789 年 5 月 5 日在凡尔赛宫召开三级会议，而且把第三等级的代表人数翻番至 600 人，而贵族阶级与神职人员的代表各为 300 人。选举引发了如雪片般的"陈情书"或曰冤情书面申请书，人们要求平等、废除特权。这样看来，第三等级平民在一些普通教区牧师支持下，坚持按人头投票，而不是三个等级分开投票，而且所有人应一同坐在国民议会中投票的这些要求就一点儿也不奇怪了。事实上，这已经将统治权从国王那里转到了人民手中。6 月 20 日，当国王下令封闭国民议会会场，将第三等级拒之门外时，许多人占领了一个室内网球场，并宣誓说不制定出一部宪法就不会离开。

路易十六在经历了 3 天的犹豫后，威胁着再次命令他们回到各自的阶层中去。路易宣布，"唯朕才为万民之福祉负责"。然而没过几天，路易便屈服了，让他们在 7 月 9 日自行成立制宪议会。但是，当人们得知路易试图召集 2 万人的部队时，巴黎陷入了恐慌。民兵被组织起来，人群突袭巴黎荣军院去寻找武器，又去巴士底狱军火库找火药。尽管巴士底狱长期以来都是不经审判就囚禁人的专制统治的象征，它是"富人的监狱"——它使贵族家族可以把像臭名昭著的萨德侯爵这样的害群之马关起来，而保护他们免受审判——但具有讽刺意味的是，巴士底狱如今基本是具空壳。那里只有少数几个上了年纪的囚犯和象征性的非战斗军事力量。因此，它陷落了。巴士底狱的管理者洛奈侯爵被一个屠夫的儿子砍下了头，插在长矛上游街。普罗大众登场了——法国大革命开始了。

也许，最能说明王权与即将吞没它的国民能量脱了节的，就是国王 7 月的日记了。它主要记录了打猎的事，在它一行或者仅仅一个词的日志记录中，也记载了晚祷或政治活动的出勤人数。于是我们看到，7 月 1 日的日志中写道："无事。等级分离。"他打猎后记录了 3 天的猎获物，之后 3 天什么记录也没有，再后来的 3 天只写了一个词——"无事"。要么他对当时正在发生的事一无所知，要么对他来说，记录当天的狩猎毫无所获更重要，7月14日巴士底狱陷落当天，日记中写着："无事。"

第六章

大革命和拿破仑的文化政策

具有讽刺意味的是，罗伯斯庇尔试图与暴政相抗争，
最后却被迫变成了自己所厌恶的模样。

有人说，对法国大革命下定论还言之过早。这句话值得商榷，但是也提醒我们，针对这次影响欧洲大部分地区、规模惊人的政治地震，人们长期以来的评价莫衷一是。而且，它的余震不仅体现在1830年、1848年的革命中，还波及俄国的布尔什维克革命。在25年的时间里，法国在历史发展上翻了个跟斗，依次经历了君主专制政体、君主立宪制，然后是各种形式的共和制，再转变为拿破仑统治下的帝国，最后又在1814年回到了波旁王朝的统治。但是，波旁的复辟并不意味着完全回到了之前的状态，因为宪制结构的动荡将会贯穿于19世纪始终，事实上还一直持续到现在。这反映了传统天主教思想与共和世俗主义之间的矛盾，以及通常意义上的政见分歧，这一点在今天依然明显——左派与右派这两个术语即源于1789年的制宪议会。法国大革命是法国及欧洲历史的分水岭。而且，甚至在200年后，丹东或者罗伯斯庇尔的回声也没有完全消逝。

因此，历史学家就法国大革命的性质及重要意义在看法上存在严重分歧，就一点儿也不奇怪了。直到20世纪冷战时期，当马克思主义在法国风头正劲时，乔治·勒费弗尔（Georges Lefebvre）与阿尔伯特·索布尔（Albert Soboul）等历史学家的主流观点是从社会经济学角度，将事件解释成进步的新兴中产阶级反对封建贵族的一场革命。弗朗索瓦·傅勒与其他修正主义历史学家则认为，这种观点过于简单化了，他们强调的是政治意识形态的作用。当然了，由于事件涉及的正是经济学与政治学的互动，所以论证不应对这两方面顾此失彼。这点同样适用于一组针锋相对的观点：一方将法国大革命视为本质上的法国现象；另一方，例如雅克·戈德肖（Jacques Godechot），则认为它是一系列发生在美洲、英国与全欧洲许多其他国家内的革命骚乱的一部分。双方观点都有道理。因为英国与美国的革命发生在受到保护、与世隔绝的国家，而法国大革命的不同之处在于，它发生在欧洲大陆上最强大的国家。而且，由于法国大革命危及整个欧洲的政治传统，它不得不持续应对外界反抗，正如后来俄国与中国革命所面对的情况那样。

客观而言，1989 年法国大革命 200 周年纪念日激励人们创作的大量书籍显示出了一种趋势，即不再对被忽视领域的研究（如文化、宗教、军事方面以及女性角色）做单一解释。然而，基本问题足够明显：为什么波旁家族实行的君主专制政体失败了？为什么随后的君主立宪制尝试也失败了？为什么共和国无法维持下去？法国大革命期间的"恐怖统治"是当时形势所迫还是源于大革命自身原因？拿破仑是法国大革命的救世主，还是毁灭者？最后，法国大革命的遗产是什么？

那么，法国的旧制度注定要失败吗？答案似乎明显是肯定的。短期因素确实在 1789 年动乱中起到了作用。路易十六缺乏控制力 —— 尽管这源于王朝体制的长期缺陷，这一体制会将统治 2000 万人民的绝对行政权交到一个能力不济之人，甚至是一个 5 岁孩子的手中 —— 另一个事实是，贵族阶级通过巴黎高等法院与教士会议自掘坟墓。还有由干旱与自1785 年开始的歉收所导致的食物短缺及失业，又引发了巴黎人民的焦虑情绪与多省骚乱。以上这些均反映出，君主制长期以来未能从容应对内忧外患。它既不能解决帝国主义扩张后的世界所带来的外部挑战，也无法应对变化中的社会的内部挑战。

正如戈德肖充分论证的，1789 年法国大革命事实上是一系列"革命"在政治层面的相交点，而这些革命并不完全为法国所独有：由技术进步带来的一场农业革命，与之相关的人口统计革命，由资本主义兴起导致的经济革命，随着被排斥在权力之外的商业及职业中产阶级的崛起而出现的社会革命，伴随启蒙运动而生的知识革命，其实还有工业革命的开端。君权神授式专制君主政体的中世纪方案，已经不符合国家必须面对的变化中的世界呈现出的现实情况了。更加关乎宏旨的问题是，转向君主立宪制的尝试是否也注定会失败？

哪些人出席了 1789—1791 年的制宪议会？他们通常 —— 在此只提及那些家喻户晓的人物 —— 要么是像拉法耶特侯爵（Marquis de Lafayette）与米拉波（comte de Mirabeau）这样的贵族，要么是像天文学家巴伊（Jean Sylvain Bailly）与弃医从文的新闻工作者让·保尔·马拉这样的科学家，要么不可避免地，是像丹东（Georges Jacques Danton）或者罗伯斯庇尔这样的律师。他们通常都很年轻：1789 年，拉法耶特侯爵年仅 32 岁，却已经谱写了美国革命的传奇故事；丹东 31 岁；罗伯斯庇尔 30 岁。尽管如此，许多人已经创作了关于政治及宪制问题的作品，或者像米拉波与马拉那样，亲眼见证了英国的议会制。因此，即使他们没有行使国家权力的经验，按照当时的标准来看，他们也是完全能够胜任这项工作的一群人。当时一边是国王的少数支持者，另一边是极少数像丹东与罗伯斯庇尔这样的激进分子或曰"爱国者"，居中的温和派占了大多数，他们热衷于实行君主立宪制。

前景是乐观的，因为其他欧洲国家至今仍然只是在口头上反对法国大革命而已。但是，温和派处于充满不确定性、希望与恐惧交织、密谋流言满天飞的氛围之中，这种新氛围是躁动而狂热的。普罗大众在巴士底狱以引人注目的方式闪亮登场，而且，随着皇家审查制度的疏忽，报纸的数量在巴黎与外省惊人地激增，其中一份报纸就是马拉的《人民之友》。后来，大卫的名画《马拉之死》使马拉名垂千古，此画创作于马拉在浴缸中被谋杀之后。马拉是一名四处游历的御医，曾创作了哲学、科学与政治作品。如今，马拉带着一种复仇心理开始从事新闻工作，他责怪温和派没有砍下他一开始称为"人民之敌"的脑袋。立宪派强烈感到，公众舆论如今头一次在法国成了影响因素 —— 政治团体激增，对公众舆论起到了引导或是分化作用。而且，温和派试图在保皇派与平民主义煽动者之间走中间路线。

多数党领袖中的杰出人物包括在美国独立战争反英军事行动中取胜后载誉凯旋的拉法耶特侯爵。他向制宪议会提交了自己与美国国务卿托马斯·杰斐逊共同起草的《人权和公民权宣言》。他不仅在辩论中发挥了重要作用，还成了国民卫队总指挥官。但是，议会中占上风的雄辩家是米拉波。他因为一脸麻子而引人注目。米拉波有着丰富的人生阅历，他做过士兵、赌徒、浪荡子、特工，还有毫无外交手段的外交官。数次未经审判即遭监禁的经历加深了他对专制政体的仇恨。事实上，他曾因与自己一生的至爱"苏菲"在一起，而被指控犯了诱拐与私奔罪，并被判处死刑。这段经历以及他对英国议会制的仰慕，同样为他创作的各种作品提供了素材。他在这些作品中攻击了过度中央集权的政府、税制及普鲁士国王腓特烈二世的专制统治。

米拉波采取的实用主义手段，以及他掷地有声的演讲让他广受欢迎。而且，当他在 1791 年 4 月，时年 51 岁去世之际，他是第一个获得遗体被安葬在新改建的巴黎先贤祠这一殊荣的人。后来，当人们在他的私人文件中发现他一直秘密地向国王建言献策时，他的遗体又马上被移了出去。这么做的并不只有他一个人，因为他那相当受人尊重的同僚巴纳夫也在小心翼翼地与玛丽·安托瓦内特保持着联系。训练有素的律师巴纳夫出身富有的新教家族。当然，许多人将他们的这种行为视作背信弃义，但也许这里面掺杂着个人野心的成分，他们主要的动机是试图哄骗国王接受宪制解决方案。

与议会讨论并行不悖的往往是新兴政治社团的激进活动。这些政治社会团体中规模最大的就是雅各宾俱乐部。它之所以叫这个名字，是因为社团之前租用了多明我会修道院大厅，而多明我会修士的第一处活动场地位于圣雅克街，所以他们广为人知的一个称谓便是雅各宾修士。这个社团一直发展壮大，直到在整个法国有了成千上万的分会与数以万计的成员。起先领导雅各宾派俱乐部的是米拉波与其他温和派，其中也包括了马克西米连·德·罗伯斯庇尔这类激进分子。罗伯斯庇尔的名字代表着法国大革命的最后阶段。他是一名曾就读于著名的巴黎路易勒格朗中学的年轻律师，学习过经典著作——这让他有了一种罗马式的道德感——也受到了启蒙运动哲学家尤其是卢梭的启迪。他彬彬有礼、生活节俭。虽然他总是穿戴整齐，但最初因为声音小、有些害羞，以及表达观点时近乎天真的热切，而不能当好演说家。他强调普选权与平等权利，尽管这些观点今天看来并无惊人之处，但在当时它们迅速让他成为保皇派新闻界特别憎恨的对象。罗伯斯庇尔以清廉自守著称，他相信上帝的存在。在残酷的政治世界里，他是一名理想主义者，一个年轻耿直的纯粹主义者。

与之形成对照的人物是当时担任更加激进的科尔德利俱乐部主席一职的乔治·丹东。科尔德利俱乐部倾向于直接行动，而不是走议会道路。丹东不同于罗伯斯庇尔，他身材高大魁梧，声如洪钟，性格也更加慷慨大方。他天生就是当领导的料。比起罗伯斯庇尔，丹东更腐败，因为他被王室买通，充当了告密者。虽然丹东是个有缺陷、有争议的人物，但毫无疑问他是相信法国大革命的，尽管他变得越来越温和，而罗伯斯庇尔则变得日益严厉。最终，当法国大革命开始吞噬自己的孩子时——正如处于极大历史压力下的革命通常会出现的情况那样——它将最终演变为这两人之间的终极对决。

在1789—1791年这短短两年间，制宪议会取得了非凡的成就。它的《人权和公民权宣言》——后来将成为联合国《世界人权宣言》的基

础 —— 完全重铸了个人与政府的关系。尽管这份文件承认上帝的存在，且上帝的定义足够宽泛，以至于能够赋予犹太人与其他少数派以信仰自由，但国王不再是君权神授的统治者，而是凭借主权国家的意志进行统治。三个等级与世袭特权被取消，并且确立了行政权、立法权与司法权三权分立的原则。臣民变成了公民，公民在法律面前享有自由、平等、安全的权利，以及"神圣不可侵犯的财产权"。简言之，法国是君主立宪制的国家。在这个国家里，立法议会制定法律，而国王任命大臣并至少能延迟他所反对的立法的实施。

公民选举权仅限于有产者所有，而有产者只占男性人口的一半多一点而已，不过也远远超过了当时英国选民不到 3% 的数据。当然，正如一项重要研究所显示的，女性尽管在法国大革命中十分活跃，却依然被认为只属于家庭私人空间，而被完全排除在选举权利之外。[①] 但是，这仍是一项相当具有历史意义的和解。它还包括了许多其他措施，例如，开始实行世俗婚姻、认可离婚、将国家合理地分成 83 个省份、引入公制，以及压制国内关税壁垒以控制国内市场。

那么，这个本可能和平过渡到现代性的新资产阶级政权，为什么却没能扎下根来呢？一个原因是，议会在教会问题上犯了个战术性错误。许多普通教区牧师支持变革，而且因为法国长期以来都有着独立的高卢主义禀性，所以在削减教皇经费与廉价出售占国土面积大约 8% 的教会土地时，并不存在实质性的抵抗。事实上，民主式的重组教会也没有遭遇多少真正的抵抗。重组后，一个省有一个主教，大主教负责监督主教省。如今，人们把这些神职人员视为领取薪水的公务员，由信众中较为富有

---

① 参见：Dominique Godineau, *Citoyennes tricoteuses: Les femmes du peuple à Paris pendant la Révolution française* (Aix-en-Provence: Alinéa, 1988)。——作者

者选举产生。

然而，如果所有这些变革均在新型国家结构内留给了教会一个完整位置的话，那么问题的症结出现在 1790 年 11 月，神父们被要求宣誓效忠新宪法。来自城镇的议会成员往往更关注位高权重的神职人员的可耻行径，而不是普通教区神父在农村的重要地位。而且，强调宣誓行为从策略上而言是十分幼稚的。到头来，如果说半数左右的神父宣誓了，而主教与另一半神父拒绝宣誓，这便强化了教皇对法国大革命的反对态度。1791 年 3 月，神职人员激烈地谴责这部公民宪法。这不仅导致法国内部的分歧，还将问题上升到了欧洲层面。

另一个明显的问题是国王缺乏远见，或者说不那么可靠。国王只在压力驱使下才接受这些事态发展，而且他还总在寻找脱身之策。当他最初拒绝认可这些新权利时，成千上万忍饥挨饿的女人被严重的食物短缺激怒了，而且她们也担心国王会召来军队，所以就一齐走到凡尔赛，迫使国王回到巴黎，待在杜伊勒里宫。当国王在 1791 年 6 月想秘密逃走，在边境集结外国及法侨军队时，他作为君主立宪政体首脑的信誉完全丧失了。议会中的温和派担心支持共和制会导致民怨沸腾，而且他们热切希望组织人们投票选出新宪法，于是就对外宣称，路易被绑架了。但是，当拉法耶特侯爵与国民卫队在 7 月为驱散反对君主制的民众示威而向人群开枪时，再无伪装的可能。

显然，如今在激进派与温和派之间，存在着不祥的对立，而且温和派中的许多人已经离开了雅各宾派俱乐部，正如议会与"无套裤汉"之间存在对立一样。"无套裤汉"是指穿纯棉裤子，而不是代表上层阶级的齐膝短裤的平民。在制宪会完成自己的使命、解散之前，它的决定并未减轻矛盾冲突，这项决定就是，制宪议会成员没有资格加入 1791 年 10 月成立的制宪议会代替性机构 —— 立法议会。这项克己忘我的法规旨在给刚成立的议会以新的民主授权，但是不幸且出人意料的结果是，不仅这个新机构缺乏经验，而且激进主义逐渐转移至更变化无常的政治团体中。

结果，未能实行君主立宪制的主因在于，这场发生在欧洲大陆上最大国家内部的大革命注定将招致来自欧洲其他君主国的敌视，这一点可见于教皇的介入以及法国边境上的法侨军队上。因此，法国君主立宪制的失败只能理解成一种国际、国内力量共同作用后引发的现象。尽管最初英国对法国大革命表示了些许同情，其他大国在表明自身立场前也观望了一阵，奥地利与普鲁士在 1791 年 8 月号召建立反对法国大革命的欧洲联盟，但是法国大革命中存在的广泛的欧洲矛盾变得日益含蓄。

这种威胁，以及因不断加深的宗教冲突所引发的人们对保皇派叛国与叛乱的恐惧，使得人人自危，并最终使法国在次年 4 月发动了一场防御战。这场战争获得了国王的首肯，然而国王注定是要失败的。这场战争激化了议会中剩余的雅各宾派之间的分歧 —— 他们也被称作"山岳派"（Montagnards）与"吉伦特派"（Girondins）。山岳派的名字缘于他们开会时坐在议会中较高的长凳上，而吉伦特派则大多是来自外省的温和派。二者之间的差异颇具历史意义，因为被雅各宾派戏称为"联邦派"的吉伦特派反对基于巴黎的中央集权制，而这种中央集权制早已成了法国政治生活的显著特征。具有十足讽刺意味的是，支持战争的正是温和的吉伦特派，他们怀着理想主义的梦想，打算传播革命原则。而"嗜血的"罗伯斯庇尔却是反战的，他不无先见之明地说，战争只会带来暴政。

这起事件也将导致法国与其他欧洲列强展开一场逾 20 年的战争。与此同时，战争带来了法国的多次惨败，加重了人们的无端恐惧。拉法耶特侯爵的逃亡，国王对征调外省卫兵、保卫巴黎的提案提出的否决，以及更重要的，来自流亡贵族侵略军指挥官的颇具挑衅性的威胁（他声称要处决任何抵制或不接受君主专制政体复辟的人）——这些均加重了人们的恐惧情绪。毫无疑问，这会反作用于路易十六。他不得不向议会寻求庇护，以躲避由丹东与马拉煽动的民众起义所发起的对杜伊勒里宫的攻击。

此后不久，当凡尔登在 9 月 2 日陷落，致使巴黎门户大开之际，人们陷入了恐慌。暴民胡作非为数日，"处决"近 1100 名囚犯，包括贵族、牧师与妇女。议会未能抵制人们的歇斯底里，直到两周后军队在瓦尔米意外战胜侵略军，情况才得以缓和。德国作家歌德将此事视为世界历史的转折点，因为一支由爱国公民组成的军队打败了专业部队——由此开启了人民民族主义与征兵制的时代。但是，当时路易十六已被囚禁，君主立宪制已经死亡，而且议会正在召开制宪会议以实行共和政体。

如果说君主立宪制在这场法国与欧洲的战争中难以为继的话，那么共和国有望幸存吗？也许不能，因为共和国对君主制思想提出了更加巨大的挑战，也因为战争有其自身的毁灭性逻辑。在瓦尔米大捷之后，国民公会的扬扬得意必然是具有挑衅意味的。在接下来的 6 个月中，法国取得了进一步的军事胜利。这让国民公会备受鼓舞，于是就宣布将以叛国罪在 1792 年 12 月审判国王。这是他们的使命，目的是帮助所有追求自由的民族，并在黑暗中完成一次飞跃。尽管罗伯斯庇尔指控国王犯了"反人类罪"，马拉也宣称自己"只有在路易脑袋搬家时，才会相信共和国"，但其他人的态度是慎重的。尽管大多数人认为路易犯下了密谋反对共和国的罪行，但在经历了漫长曲折的辩论与持续 36 个小时的投票之后，人们才最终以 380 票对 310 票的裁定判处路易十六死刑。因此，在一个寒冷且有雾的 1 月的早晨，路易被一驾四轮马车运到了断头台。在那里，这个意外地降生于摇摇欲坠处，善良却软弱、优柔寡断的男人，以他的镇静给所有人留下了深刻印象，他有尊严地死去。当有人将他的头颅举起向人群展示时，正如陪伴路易的神父所报告的，现场陷入了一片"可怕的沉默"，直到"群众一致呼喊着共和国万岁，所有人都将帽子抛向了空中"。

如果把国王送上断头台多少吓到了共和国自身的话，这一举动也理所当然地使欧洲大为震惊。如今，法国不仅面临着来自英格兰、俄国、西班牙、奥地利、普鲁士、撒丁岛与那不勒斯的联合入侵，还不得不应对国内多处暴力反叛，尤其是在旺代与布列塔尼。一方面，这代表着取缔奴隶制、引入后基督教历法、使对上帝的狂热崇拜官方化——从政治上而言，对于一个信奉天主教的农业国，这是令人难以置信的雄心壮志——另一方面，它要极端严酷地镇压外省反叛、打击政治对手。法国处于令人绝望的困境之中，既要为了生存对抗强大的外部敌人，同时又要打一场激烈的内战。而且，正是当时的种种压力，尤其是食物短缺与阴谋论调引发了巴黎普通市民的恐慌，又最终导致了法国大革命时期的"恐怖统治"。

事实上，"恐怖统治"源于恐惧——对失败后复仇的恐惧、对饥饿的恐惧。这导致 1793 年 4 月权力实际被转移到公共安全委员会手中。由丹东与罗伯斯庇尔领导的山岳派越来越多地掌握了公共安全委员会的控制权，他们二人特别实施了打击食品投机商的紧急措施。随着那年秋天情况的急剧恶化，委员会的态度也相应地变得强硬起来，他们毫不留情地采取孤注一掷的方法。10 月，委员会不仅把吉伦特派领袖送上了断头台，还上演了一场针对玛丽·安托瓦内特的粗鲁的作秀审判，以这种宏大的方式表现了自己破釜沉舟的决心。寡妇卡佩——这是她如今的官方称呼——被送上了断头台。在断头台上，在死于刃下并被快速掩埋于无名墓中之前，她因不小心踩了行刑者的脚而紧张不安地道歉。当时，共和国已经变成了专政，它最重要的目的是打赢这场绝望的国内及国外战争。

在短期内，法国大革命期间的"恐怖统治"是成功的。在旺代与其他地区，委员会开展的无情镇压活动造成高达 20 万的受害者，而巴黎一地的断头台在 15 个月中就夺去了近 2000 人的生命。截至 1793 年年底，法国国内形势已基本稳定。不仅如此，委员会通过严格控制资源，残酷无情地强制大规模征兵，组建了一支占据人数优势、约有 60 万人的军队。应该说，由新任命的年轻军官率领的军队，爱国主义热情高涨。法国面对来犯的欧洲列强的进攻时，战争局势也开始扭转。但是，法国大革命期间的"恐怖统治"有其内在动力。而且，在这充满阶级仇恨、怀疑、谴责与食物短缺的紧张战局下，吉伦特派与山岳派之间的分歧不可避免地在山岳派内部被复制了。罗伯斯庇尔的领导地位日益突显，领导层正带领人们游走在新定义的极端事物之间。

首先要解决的是来自"狂热者"（Enragés）或曰平民主义极左派的威胁，他们想要加强法国大革命期间的"恐怖"，然而他们在 1794 年 3 月也被送上了断头台。矛头随后指向了在另一端的丹东及其追随者们，即所谓的"宽容派"。这些人日益担忧正在崛起的极权主义警察国家，因此基于局势的好转，主张放松"恐怖"政策 —— 他们在 4 月被处决了。在罗伯斯庇尔看来，对以上两派的沉重打击净化了法国大革命。他坚信，一定要不惜一切代价保卫大革命，即使需要用专制暴政来保护自由，使其免受专制暴政之苦。但是，在战胜了丹东之后，罗伯斯庇尔越来越多地受到他人批评。伴随着 6 月 26 日法国在比利时弗勒吕斯的惊人胜利，共和军开始组织起成功的反攻。这也使得罗伯斯庇尔周围的人开始为他们自身的处境感到担忧，他们变得狂热且毫无根据。1 个月后的 7 月 27 日，轮到国民公会把罗伯斯庇尔送上断头台了。此事象征性地终结了法国大革命中的"恐怖统治"阶段。

也许，我们可以冷漠地说，法国大革命利用完罗伯斯庇尔后，就把他除掉了。正如一项结构主义风格的比较研究所提出的：真正重要的是法国所面临的客观压力，即在相互竞争的现代国家组成的新欧洲里，实现自身重组、做好自己本分的压力；因此，意识形态差异是次要的。但是，除去在这个过程中被碾碎的个体的命运外，大革命也是一场更大的悲剧。在那般压力作用下的关键时刻，大革命被迫将自身翻了个底儿朝天。罗伯斯庇尔的命运也具有悲剧性讽刺意味。他是一个严格的清教徒、一位攻击无神论的自然神论者。他相信个人财产权、全民获得工作及教育的权利。他没有丹东那么多缺点，也没有丹东那样丰富的经历。他无法意识到，彼时的政治可能性存在诸多限制。他本人并不像某些西蒙·德·蒙德福特式人物那般凶猛。而且，事实上，法国大革命戕害的人也不及宗教裁判所屠杀的清洁派那么多。但是，这种公开游行是场让人胆战心惊的仪式，受害者不得不在万众瞩目下，走向面善的约瑟夫-伊尼亚斯·吉约丹医生发明的"人道、民主的"杀人机器之刀刃下。令人胆寒的事实是，大革命进行到最后，到了把罗伯斯庇尔本人送上断头台的时候。他成了众人的最后一根眼中钉。之前，人们虽然没能杀死他，但已经打碎了他的下巴。具有讽刺意味的是，罗伯斯庇尔试图与暴政相抗争，最后却被迫变成了自己所厌恶的模样。

法国大革命期间的"恐怖统治"恢复了中产阶级温和派的卓越地位。他们颁布了新宪法，赋予一个由五人组成的督政府以行政权，另有两个立法机关实行权力的制衡。军队的胜利使人们进一步感到如释重负，法国当时正在向荷兰、德国、瑞士与意大利进发，并在那里建立起兄弟共和国——尽管他们参与劫掠的鲁莽行为将会惹怒这些兄弟共和国。在国内，法国处于奢侈与机会主义并行的时期。其中的代表性人物

124

就是督政官中的领军者，生活放荡、腐化堕落的保罗·巴拉斯。尽管政权虚弱，然而，一方面，它成功解除了由崇尚极端平等主义的巴贝夫掀起的新雅各宾派的威胁；另一方面，它镇压了令人忧心的巴黎保皇党反叛。保皇派支持路易十六短命的继承人——名义上的路易十七（1792—1795 年在位）。这次叛乱很快就被一个名叫波拿巴的 26 岁年轻将军镇压下去了。而且，当这位年轻的拿破仑·波拿巴陷入对巴哈斯前任情妇约瑟芬·德·博阿尔内的热恋之中时，巴哈斯把驻意大利法国军队的指挥权交给了拿破仑，这几乎可以算得上是给他的结婚礼物了。

我们最好将拿破仑与约瑟芬放在当时动荡不安、充满危险的过渡期背景下审视——约瑟芬此前的丈夫是位将军，在断头台上送了命。她自己之前也被捕过一次，而拿破仑也有相同的遭遇。约瑟芬比拿破仑大 6 岁，还有两个孩子。她来自马提尼克一个糖料种植园主家庭。她之前的丈夫是臭名昭著的浪荡子博阿尔内，处在这种放任自由环境中的她也做过几个显贵人士的情妇。她在当时是个苗条貌美的时髦女人，虽然牙长得不好，却声音甜美。如果说她奢侈浪费又相当轻浮的话，那么她同样是个和蔼可亲、讨人喜欢、善良可人的女人。而且，也许因为她是情场老手——这是她那浪漫且理想主义的年轻丈夫所不具有的——她并不像拿破仑那样把忠贞看得如此重要。

对于出身科西嘉低层贵族世家的拿破仑来说，法语是他的第二语言，他也就多多少少是个局外人。遵照科西嘉的良好传统，拿破仑与母亲依然关系密切，尽管他的妈妈骂约瑟芬是娼妇，还经常说丧气话。同样地，拿破仑感到自己对整个家族负有责任。虽说他是个不可知论者，但上战场前要迷信地在胸口画十字。他离开家，先后在布列讷堡军校与巴黎军校求学的经历，砥砺了他独立自主的品格。在此期间，他不仅展现出极高的智商，还表现出了雄心壮志与令人敬畏的工作能力。对拿破仑来说，他没资格成为贵族骑兵，转而加入了更加现代化的陆军部门——炮兵，是件幸运的事。因为，正是他果敢地运用大炮，才在土伦之围中崭露头角。而且，他早就准备好了，婚礼后数小时内——之前他已经催促登记员加紧完成此事——他就抓住了在意大利的重大机遇。

起初人们觉得，意大利阵线只是法国反奥地利战斗中的次要事件而已。但是，在1796—1799年的战役中，拿破仑凭借包括曼托瓦与米兰在内的一系列胜利，将意大利变成了扭转法国糟糕军事局面的中心战场。虽然士兵们起先怀疑地看着这个瘦小的年轻指挥官，但他英勇地率兵在前线冲锋陷阵，展示出了天分与专注，且从不高人一等地对他们说话，从而迅速成功改变了士兵们的看法。最终，拿破仑入侵奥地利，并参与了《康波福米奥和约》谈判工作。所有这一切——再加上他通过定期的军队公告缔造了自己的传奇——让拿破仑在法国国内极受欢迎。

对巴哈斯来说，拿破仑很快变得太受欢迎了。巴哈斯心知肚明，督政府因为未能给法国带来秩序与统一而不受待见——因此，他很高兴授予拿破仑埃及远征军队的指挥权，赶走了这个潜在的敌人。此处的战略目标是，削弱英国对埃及与印度的帝国主义控制，但由于拿破仑强烈的求知欲，他还带了一队学者与自己一同前往埃及。这些学者整理出了宝藏清单，发现了罗塞塔石碑，并在此基础上创立了埃及学。但是，这次远征作为一场军事行动，却是个灾难。凭借金字塔大战那场著名的胜利，拿破仑确实拿下了埃及，但是，1798年8月，英国指挥官纳尔逊在阿布基尔海湾摧毁了他的军舰。拿破仑发现，自己只有一支深受瘟疫侵扰的军队，孤立无援。当他听说了新组建的反法同盟带来的威胁时，他交出了军队指挥权，悄悄返回法国。

与此同时，他的个性开始变得刚毅似铁。这不仅是因为他听说约瑟芬在他离开时对他不忠，更是由于纳尔逊拦截了关于这段绯闻的信件，并卑鄙地将它们发布在《伦敦晨报》上，让拿破仑受尽屈辱。尽管拿破仑会一直爱着约瑟芬，甚至是在1810年由于子嗣需要与她离婚之后他也继续爱着她，但他们之间的权力平衡已发生了转移，时不时出轨的将是拿破仑。这个受伤的理想主义者正变得越来越冷酷无情。他返回法国后，没有对弱者与腐败的政客给予什么尊敬。他欣然参与了一场由旧雅各宾派成员埃马纽埃尔·西哀士领导的政变。后者想利用拿破仑与罗歇·迪科组成一个由他自己主导的三人执政府。

事实上，尽管这场密谋成功了，最后成为第一执政的却是拿破仑。面对着给这个极端分裂、近乎破产的后革命时期国家带来秩序、统一与繁荣的艰巨任务，拿破仑将渐渐把权力集中在自己手中。此外，拿破仑在处理内务时，不得不面对着外国敌对势力的外患。在1799—1815年，面对一再组建的第二次到第六次欧洲反法联盟，拿破仑需要保卫自己的国家。此外，他还面对着与之相关的，由英国赞助的国内暗杀的威胁。尤其是在1800年的那次惊人的暗杀：当拿破仑于海顿的清唱剧《创世记》首演之夜离场时，有人想把他炸死。以更多此类暗杀为背景，拿破仑于1804年成了世袭皇帝。他想要通过此举使政权在自己身后千秋万代地存续下去。

拿破仑在应对这场内忧外患时，开始特别依赖在该时代的危险政治中两位永远的幸存者。他既不喜欢也不信任这两个人，但却离不开他们。第一位是他的警务大臣约瑟夫·富歇。此人当过老师，还在督政府执政时出任过大使。他作为一名激进的雅各宾派成员，对于里昂反国民公会的动乱所实行的残酷镇压，连罗伯斯庇尔都感到惊愕万分。富歇粗鲁无礼，不修边幅，也不爱清洁——虽然他也是忠诚的居家好男人、完美的父亲——他是个阴谋大师，通过严密的特务网维持法国国内秩序。

与之形成鲜明对比的人物是有教养，且非常具有法国旧制度气息的外交大臣塔列朗。他出身于贵族家庭，之前做过主教与流亡者。他已经成了外交上旁敲侧击与高深莫测的典范。塔列朗是追求物质享乐的好色之徒与美食家，他还是拥有自己的波尔多佳酿的葡萄酒鉴赏家。他明显的碌碌无为让拿破仑感到费解，但是，他在英格兰与美国生活过，还似乎到处都能搭上线的联络人。今天看来，他也许如一块陈放过久的卡芒贝尔奶酪般腐败。但是，就提供服务以换取贿赂而言，他只是在遵照当时的社会惯例而已，而且他的态度与其背景有很大关系。塔列朗虽为长子，但却因畸形足而失去了自己的权利。虽然他是名无神论者，却不得已在35岁时担任欧坦主教一职——这个职务的不便之处是他不得不踏上访问该地的三日旅行——他之前赞同启蒙运动，支持法国大革命。不过，虽然拿破仑对军事荣誉的概念习以为常，塔列朗却觉得战争是令人厌烦、嘈杂、要人命的事。他的价值在于，当法国就欧洲的政治未来与传统强国交战，尤其就帝国主义霸权与英国争锋时，塔列朗是位和平人士。拿破仑也意识到了塔列朗这值得称赞的价值。

1801年6月，拿破仑在马伦哥会战中击败奥地利军队后，与奥地利握手言和。翌年，他又迫使如今已孤立无援的英国接受了和平。拿破仑开始着手改变法国了。他允许流亡者回国，并与布列塔尼地区的朱安党叛军达成协议，朱安党此前是反对法国大革命的。拿破仑与教皇签署了和解协议，将教会带回到由政府监督的民族共同体之中。而且，在任命主教方面，拿破仑坚持认为，即使他本人不信上帝，主教们也应该真的信仰上帝。他基于受任命的地方行政官，建立了新的国家行政管理体系，成立了法国最高行政法院。拿破仑通过颁布《民法典》或曰《拿破仑法典》，建立了完善、统一的法律体系，而许多国家后来也采用了《民法典》。拿破仑还重组了司法派系，成立了29个上诉法院与1个高等法院。

除此之外，他建立了法兰西银行，稳定了货币。法郎变得相当坚挺，以至于到 1914 年第一次世界大战爆发时，它依然保持稳定。拿破仑创立了由公立中学所组成的、受到严格管制的国民中等教育，以及一批具有高度选择性的学院占主导的高等教育体系，这些学院被称作"高等专业学院"（Grandes Écoles）。他还制定了"荣誉军团勋章"制度，奖励军队服役、鼓励人们效忠于共和政府。简言之，在这些作为地基的"大理石块"之上，拿破仑塑造了现代法国持久的立法、行政、司法与教育特征。而且，他采取措施发展农业、拓展工业、推动公共工程建设，包括修建几座人们熟悉的巴黎大桥以及法国证券交易所。如此一来，拿破仑使这项全面改革工作圆满完成了。

接下来，随着战火在 1805 年再度燃起，情况渐渐变得艰难起来。第一，他几乎一直不懈地在与主要的欧洲列强及英帝国主义这两方交战。第二，他也深受自己喜怒无常的性情之害，因为拿破仑在很大程度上是一个过渡期的人物，是对立面的融合。一方面，他是具有非凡天赋的启蒙运动时代的理性主义者、具有现实主义妥协眼光的政治家；另一方面，他是浪漫的理想主义者、军事荣誉的信仰者、梦想实现欧洲统一的远见者、为自己的"命运"着迷的外来者，他被引诱着想要看看自己到底能走多远。第三，理所当然地，他身处乱世之中，英国资助暗杀活动，要取他性命。这就使他想要通过在教皇面前加冕成为世袭皇帝而让政权千秋万代、永续长存。

事实上，这个在 1804—1814 年存在的帝国，通过它的独裁自由主义，以及对革命观点与君主形式的糅合，在接下来的数年间占据了欧洲军事的支配地位。拿破仑帝国取得的著名军事胜利包括在奥斯特里茨战役（公元 1805 年）中战胜奥地利与俄国，以及在埃劳战役（1807 年）中战胜普鲁士。但是，事情出了问题。当英军在特拉法尔加海战中摧毁了拿破仑的军舰后，拿破仑入侵英格兰的计划破产了。而且，他针对英国贸易实施的大陆禁运令导致法国遭到邻国的反对。如果说，拿破仑打造一个世袭帝国尚且有自己的理由的话，那么在创造世袭贵族方面，他就做得过了头。他让弟弟路易登上了荷兰王位，另一个弟弟热罗姆又成了威斯特伐利亚国王，还让他的义子欧仁·德·博阿尔内做了意大利总督。此外，按照勒费弗尔的说法——他在长篇累牍的马克思主义分析之后，在结尾时被迫得出结论，即拿破仑的性情确实是决定性因素——"保卫法国自然疆界的最好方式，也许不是越过疆界，以占领的姿态挑衅式地前进"。

转折点出现在 1808 年，在他决定强迫西班牙国王退位，由他的哥哥约瑟夫取而代之时。此举引发了一场持续性的动乱，而拿破仑从未完全成功地将其镇压下去。结果，他的军队被削弱了，同时奥地利跃跃欲试，想要再度对法国宣战。对此，拿破仑气势汹汹地做出了回应，在瓦格拉姆战役中力挫奥地利。而且，因为约瑟芬没有生下必不可少的继承人，拿破仑与她离婚后迎娶了 18 岁的奥地利公主玛丽·路易斯，并与其育有一子。因此，到 1810 年，即使此时富歇和塔列朗正暗中与拿破仑的敌人密谋，但拿破仑似乎正处于个人权力的巅峰，他的帝国从荷兰一直延伸到意大利。

但是，当沙皇打破禁运条款，再度开展与英国的贸易时，1812 年，拿破仑冒险发动了对俄国的侵略战，结果被焦土政策打败，在损失了 50 万兵力后被迫拖着沉重的脚步撤退。如今，整个欧洲都与他为敌，他不得不在 1814 年退位。然而此后，他又像玩偶匣中跳出的玩偶一样，从流亡地厄尔巴岛卷土重来，翌年无奈地再度在滑铁卢惨败。拿破仑被流放到了位于南大西洋上遥远的圣赫勒拿岛。1821 年，他在那里去世，享年52 岁。虽然逮捕拿破仑的英国人并不为他着想，虽然他获得的医疗护理不如人意，但他几乎不可能像一大批阴谋理论家所暗示的那样，是被谋杀的。拿破仑长期以来都有胃病，他明显死于胃癌。

拿破仑既不是英国政治宣传中的妖魔鬼怪，也不是法国大革命的掘墓人。他也许尽己所能地应对了当时法国与欧洲的局势，巩固了中产阶级革命。但是，正如马丁·里昂（Martyn Lyons）所指出的那样，他并不是"任何阶级或社会群体的被动工具"，而是一个独特的、自我支配的个体。事实上，他正是在"命运"的带领下，越过了"巩固那场革命成果"的界限后，才遇到麻烦的。他失去了法国在欧洲的全部收益，输掉了与英国的资本主义竞争。但是，他通过自己的军队传播了革命思想，提出了关于政府形式的重大问题，而且他也建立了现代世俗国家。当波旁王朝在 1815 年复辟时 —— 按照塔列朗的说法，这个复辟王朝"什么也没学会，什么也没忘记"—— 它将回到一个与过去不一样的世界之中。

然而，拿破仑在那个世界中徘徊着。正如他自己所意识到的，他的人生是传奇的素材。直到 19 世纪，他的传奇故事依然存在于他自己的回忆录以及知名作家（例如，拜伦、司汤达与维克多·雨果）的作品中。拿破仑威名远扬，以至于法国国王路易·腓力一世在 1840 年将拿破仑皇帝的骨灰运回法国，郑重其事地在巴黎下葬。但是，路易·腓力通过接纳传奇人物实现国家统一的天真尝试，只是为拿破仑的侄子在 1852 年成为法兰西第二帝国皇帝拿破仑三世铺平了道路而已。而且，路易·腓力的做法强调了拿破仑永久的政治遗产，即拿破仑试图缩小左派与右派之间的差距，因而在法国政治中留下了波拿巴主义的调性。这种特性贯穿于拿破仑三世统治时期，直到戴高乐与萨科奇时仍有体现。

历史并不全是战争，那么被抛弃的约瑟芬怎么样了呢？她把自己变成了一名严肃认真的园艺专家，在马迈松城堡栽种培育了著名的玫瑰花系列品种，为文明更温柔的一面做出了自己真正的贡献。此外，在 1814 年去世前，约瑟芬也收集了大量艺术品。

第七章

又一个拿破仑

这是浪漫主义的时代……在一个多余的世界里，
在一个正统思想开始梦游，仿佛什么都未发生过的世界中，
人们的不合时宜感可能会引发对"完整"的模糊渴望。

拿破仑一世传奇的戏剧性结尾伴随着波旁王朝的复辟。然而，法国与欧洲都不可能回到法国大革命前的状态了。在许多人看来，过去的25年不仅贬低了基督教国家具有统一性的旧观念，还贬低了启蒙运动本身具有统一性的观念。如果说拿破仑的战争激起了整个欧洲大陆的反抗，那么此时欧洲正在变成民族主义相互竞争的温床——这将成为德国与意大利统一、希腊与比利时独立的一个世纪。就法国本身而言，由于它相当缓慢地朝着工业社会发展，社会上将出现两极分化：一边是民主与社会主义之类的世俗意识形态，另一边是具有保皇倾向的天主教思想。在这种情况下，由于革命时期，所有的宪政方案均悬而未决，所以法国将再次曲折前进，经历不同的政体，并在19世纪末达到稳定。以上所有因素都为这一时期充入了活力。法国在这一时期将会成为重要革命的中心，也将为社会思想、浪漫主义运动、文学上的现实主义，当然还有现代艺术做出关键贡献——尤其是印象派绘画，它们将某种法国形象铭刻于世人心中。

无处不在的塔列朗促成了一项协议，使路易十八（1814—1824年在位）被装进"敌人的行李搬运车"并运回了法国。路易十八已经快60岁了，他与外界脱了轨，由于长年流亡意大利、英格兰，还患有肥胖与痛风，他精神不济，渐渐只能坐轮椅了。路易十八宣称，接下来将是他执政的第19个年头，好像法国大革命与拿破仑的法兰西帝国不曾存在一样。但是，诸国联盟迫使路易十八接受了一种有限的立宪制政府——主要的限制在于，在法国3000万人口中，只有10万人享有投票权。即便如此，路易那极端保皇的流亡者随从仍然觉得太过分了。这些极端保皇派追随者举止傲慢，目中无人，使得拿破仑有机会突然从厄尔巴岛逃回法国，并最终导致保皇派们再度踏上流亡之路。当他们在滑铁卢战役

（1815 年）之后回到法国时，怀着迫切的复仇心开始实行"白色恐怖"。在此期间，拿破仑的支持者与新教徒遭到攻击，数百人被杀害。政府随后采取了进一步的措施，即清洗行政部门与军队，处决拿破仑的几位将军，以及通过法律，禁止煽动性著作与"煽动性呼吁"。路易十八本人却十分担忧这些放肆之举，于是在 1816 年听取了更加开明的年轻大臣埃利·德卡兹的建议 —— 路易对德卡兹也有情感上的依赖 —— 解散了这个极端保皇的议院，寻找一个更加温和的议院。

通过改划选区的手段，一个更加温和的议院被策划组建起来。接下来的 4 年，在德卡兹的带领下，这个议院推行了更加开明的政策。审查制度有所放松，选举法更有利于中产阶级，合理的财务管理政策使战败的法国能够偿还拖欠外国列强的战争赔款。但是，保守的奥地利外交大臣克莱门斯·梅特涅对德卡兹领导下法国开明的新方向表示担忧。同样表示担忧的，当然也有极端保皇党，他们得到了新闻界与有影响力的社团（例如"信仰骑士"）的大力支持。他们对君主专制政体有种理想化的看法，这种看法契合了浪漫主义者试图回归更质朴的中世纪世界的观点。而且，他们唯一能接受的举措，便是恢复三个等级的制度且相应地复辟贵族与神职人员特权，因为他们认为，这是保护教会与天主教世界观的唯一途径。所以，1820 年，一个心神不宁的波拿巴主义马具商刺杀了国王的侄子贝里公爵后，他们趁机归罪于德卡兹，逼他辞去相位，然后鸠占鹊巢，在接下来的 10 年统治着法国。当极端保皇党的领袖阿图瓦伯爵接替路易十八的王位，成为查理十世（1824—1830 年在位）时，他们完全得到了自己想要的东西。年轻时丑闻缠身、玩弄女人的查理，如今已 67 岁，变得虔诚而专制，他坚持完全回归中世纪加冕仪式传统，乃至要在成千上万患者身上施展他刚获得的神赐威力 —— 只消他手指一碰，就能治愈淋巴结核。但是，他的施法并没有什么明显效果。

在接下来的几年间，查理十世像传教士般，将王权与教会联系在了一起。他着手将教育归还给教会，对任何渎神行为均施以死刑——此举让中产阶级觉得格外具有威胁性——并通过立法补偿流亡贵族。所有这些措施，激起了来自左派与右派的反对，甚至一些教会人士也表示出不满。当首相维莱尔伯爵试图在1827年举行选举来智取对手时，他发现自己势单力薄，被迫下野。漫长的间隔过后，查理十世任命了极端的保皇党人、神秘的天主教贵族波利尼亚克亲王（the Prince de Polignac）。这位亲王的母亲深受玛丽·安托瓦内特喜爱。亲王本人的鼻子特别长，以至于对任何在法国旧制度之后出现的事物均嗤之以鼻。

任命波利尼亚克被视为一种挑衅行为，于是1830年5月，查理十世解散了内阁，然而到了7月，更多的反对派出现了。查理对1789年法国大革命的教训视而不见。针对农业歉收后出现的经济危机以及异议不断等恶兆，查理试图实行一场自上而下的政变：他宣布他将实行独裁统治。此愚蠢之举使他直接陷入了一场自下而上的动乱之中。这场被称作"1830年革命"的骚乱最初是由印刷工掀起的，很快其他工人、学生与部队老兵也加入了进来。他们立起了路障、击退了军队的有力进攻，然后占领了卢浮宫与杜伊勒里宫。3日之内，受到惊吓的查理十世就已逃向当时法国国王与贵族通常的藏身之所——英格兰了。

与此同时，一批中产阶级领袖想要建立能够正常运作的君主立宪政体，却因暴动四起的共和国风气而惶恐不安，不过他们已准备好了一条锦囊妙计，来应对可能出现的此类情况。而且，依靠必不可少的塔列朗从中斡旋，他们突然将小路易·腓力公爵搬上了台面，后者出身波旁王朝中更加开明的奥尔良支系。年迈的拉法耶特在巴黎市政厅向世人隆重介绍了路易·腓力，他此时正充满爱国热情地身披着三色旗，就这样，1830—1848年的"七月王朝"诞生了。它常常被称作"资产阶级王朝"，因为它标志着权力从贵族阶层向中上阶层的转移。相应地，这位法国的新君主 —— 他也将是法国最后一位君主 —— 被称作法国人的国王，而不是法国国王。这个称呼是为了强调路易·腓力至高无上的权力来自人民。

路易·腓力本人当然不是什么资产阶级，除去他的贵族血统不谈，他也是王国中最富有的人，但是，他育有8个子女，有着居家男人那种朴素的生活方式。年轻时，在1793年开始流亡之前，他曾与革命军并肩作战。而如今已经57岁、不再年轻的路易·腓力，身上留下了长年客居静谧的英格兰特维克纳姆地区的烙印。与查理十世相比，随和的路易·腓力明显不那么具有对抗性，而且更加聪明。路易·腓力依赖自己的支持者，就像接受一个合理的妥协方案一样。但是，对共和党人、正统王朝拥护者与波拿巴主义者来说，路易·腓力并不是合理的妥协方案。共和党人觉得自己被打劫了；正统王朝拥护者，即从前的保皇党人，视路易·腓力为篡夺者；而波拿巴主义者的反对在1840年拿破仑的骨灰被运回巴黎荣军院之后变得更强烈了。

第一个恶兆就是1831年的里昂丝织工人起义。它因成为法国第一次工人阶级起义而闻名于世。起义者占领了里昂，随后又被军队用大炮残酷镇压，双方均有许多伤亡。在这之后是巴黎的共和党人起义，它被路易·腓力亲自指挥的军队平定了。查理十世的儿媳贝里公爵夫人当时正好怀有私生子，她策划了一场无能得令人发笑的正统王朝拥趸的起义。科西嘉岛共和党人菲埃希在1835年刺杀国王未遂 —— 这是在路易·腓力统治时期七次暗杀企图中的第一次 —— 导致法国实行了一系列遏制措施。这些措施充分维护了法国的社会秩序，使政权能从容应对另一场失败的起义。这次起义是由拿破仑的侄子、未来的拿破仑三世 —— 路易·拿破仑所领导的。他立刻就被投进了监狱。

当时的法国首相是冥顽不灵、思想保守的弗朗索瓦·基佐（François Guizot）。这位历史学家在 7 岁时就见证了历史：当时他的父亲被国民公会送上了断头台。这段经历无疑引发了他对民众起义的恐惧，以及对建立在有限选举权基础上的英国君主立宪制的仰慕。他今天为人称颂的事迹有两件：一是让法国人通过工作与节俭走上致富道路，"充实自己"；另一件事就是他在全国建立起国家小学体系，它不是义务制或免费的，但是廉价且日益为人们接受。因为，人们认为，在面对不断变化的经济形势时，教育是有用的。在这个依然保留了旧体制形式的农业社会里，法国的变化来得并没有英国那么快。虽然法国在 1842 年通过了一项建立铁路网的野心勃勃的法律，但计划只实施了一部分。法国工业仍屈居农业之后，而且银行体系发展依旧缓慢，以至于法国无法享受到银行体系将巨额资金投入到新风险投资或重要公共工程获得的收益。鉴于此，再加上开始下降的出生率，到 19 世纪末，法国的相对实力被极大地削弱了。法国已经开始落后了。

虽然路易·腓力成功地避免了法国与其他欧洲列强之间的战争，但这需要以遭受来自英国的大量侮辱为代价。英国不允许新独立的比利时选定一位法国国王，也不让法国插手解决埃及—土耳其争端。因此，路易·腓力虽成功地与英国君主建立了友好关系，但这在法国国内并不受欢迎。他在阿尔及利亚也陷入了困境，那里的一位年轻宗教领袖发动了一场长达 7 年的圣战。不过，路易·腓力还是在象牙海岸与波利尼西亚岛为缩小版法国殖民帝国稍微增加了一些领地。然而，自 1846 年起，庄稼歉收、需求下降，引发了失业现象，工厂中出现了蓄意破坏活动，大饭店也遭洗劫，由此引发的经济衰退给路易·腓力的统治带来了沉重打击。所有这一切，加之如某位公爵谋杀了自己妻子这类刺激性的贵族丑闻，毫无疑问激起了来自各方的政治反对，尤其是如今因为国王禁止使用"共和党"这个说法，而被称为"激进派"的共和党人，一直都通过诗人拉马丁与历史学家米什莱雄辩的声音，开展活动，争取扩大选举权。正是国王缺乏远见地禁止了 1848 年 2 月 22 日[①]举办的宴会，导致 1848 年法国革命爆发。

禁止宴会的举措引发了 2 月 22 日学生在先贤祠前的抗议活动。工人们迅速加入其中，抗议队伍由此壮大起来。傍晚时，街头一片混乱。次日，路障被紧急立起，军队介入以恢复社会秩序，然而国民卫队也要求改革，遂倒向了起义者。路易·腓力免去了基佐的职务，但未能找到新首相。当晚，军队向试图围攻外交部的起义者开枪，导致 52 人死亡。巴黎全市迅速立起了成百上千的路障。路易·腓力得出了显而易见的结论，轻车熟路地回到了英格兰，走上了众多法国国王逃亡的老路。法国人民只用了 3 天就结束了法国的君主制。

过去 30 年的政治变革自然反映出了法国文化中深刻的根本性变化。这是浪漫主义的时代。浪漫主义是一个复杂的欧洲现象，它来自知识分子与艺术家普遍的文明危机感。中世纪时板上钉钉的事情，被启蒙运动推翻了，关于理性与博爱的假定也被法国大革命与拿破仑战争的暴力破坏了。基督教国家的统一体被互相竞争的国家所组成的新欧洲取代，每个国家都试图用具体术语来定义自己的身份 —— 德国是浪漫主义这个术语的发源地，德国浪漫主义者反抗法国新古典主义文化，试图建立回归中世纪的独立日耳曼传统。在这些主要来自中产阶级的知识分子群体中，存在着一种广泛共识，即在社会、道德与哲学秩序普遍缺失的状态下，每个人不得不依靠自己。在一个多余的世界里，在一个正统思想开

---

① 原书作 4 月 22 日，疑误。——译者

始梦游，仿佛什么都未发生过的世界中，人们的不合时宜感可能会引发对"完整"的模糊渴望（德语的"Sehnsucht"），人们或是像华兹华斯那样回归自然，或是富有想象力地逃往中世纪幻想，或是效仿卢梭，在自我的神秘隐蔽处寻找真理。当然，存在着一种诌媚的悲剧理念：如果诗人被迫生活在社会边缘，那是因为他是一个天才。但是，如果说阿诺德·豪泽尔（Arnold Hauser）的观点——所有"对现实的逃离"都基于"对当下及世界末日的恐惧"——合情合理的话，那么我们也理应赞同雅克·巴尔赞的观点，他认为"问题在于要在旧世界的废墟上建起一个新世界"。而且，许多作家也确实积极投身于公共事务之中。

夏多布里昂的文字可谓诠释"世纪病"的绝妙之音。被市侩的社会边缘化的天才在《勒内》之类的散文作品中表达了他的不满，但是他也在波旁王朝复辟时担任了外交大臣一职。拉马丁在他 1820 年发表的《沉思集》中，以一种更加亲密、个人化的语调，在自然中哀伤地寻找意义与信仰。他对死亡与命运的执念源于不久前死于肺痨的爱人茱莉·查理。这让我们回想起浪漫主义的焦虑不仅来自社会、政治剧变，还来自当时人们的生活状态——人们可以用整整一本书来讲述肆虐于 19 世纪法国作家群体中的肺结核与性病。然而，这都没能阻止拉马丁追求他的外交生涯，也没能阻止他短暂地成为 1848 年法国革命后组建的临时政府的首脑。

不过，在忙碌的浪漫主义作家中，最引人注目的要数维克多·雨果了。他是由强烈自负心理铸造的伟大天才。让·谷克多对此恶作剧般地开玩笑说道：维克多·雨果是个疯子，他似乎以为自己是维克多·雨果。雨果极其多产，他丰富的想象力与同理心使其能将深刻的个人情感普遍化。他不仅是文学形式的大师，还是一位造诣颇深的艺术家。雨果 1830 年的歌剧《欧那尼》展现了不可思议的西班牙困局最终被抒情主义所拯救。这部歌剧中最出名之处是把僵化的新古典主义教条击得粉碎，而且塑造出了浪漫主义英雄的形象。雨果笔下的浪漫主义英雄是黑暗且不可知命运的苦命玩物，被某些致命的内在力量驱使着，走向未知的未来。然而，人们称赞雨果为拿破仑三世的共和党对手，他 1885 年的葬礼让巴黎为之停摆。重要的浪漫主义者确实积极地入世了。

即便如此，正如人们可能预料到的，正是小说家向我们提供了对他们所处社会的更加全面的描述。而且，正是在此处，浪漫主义开始与现实主义融合在一起。雨果本人通过他的政治小说《悲惨世界》记录了这种过渡。司汤达是外交官、艺术评论家亨利·贝尔（Henri Beyle）的笔名。在他的著名小说《红与黑》中，司汤达以冷漠、讽刺的笔调，向我们描绘了波旁王朝复辟时期的社会图景。但是，他故事中的主人公于连是出身卑微的浪漫主义局外人。由于拿破仑"向所有人才开放"时代的终结，于连的满腔热情也无处安放。在这个唯等级特权与财富至上的冷若冰霜的社会里，唯一的选择是军队的红色制服或是如今全能的保守主义教会的黑色制服。穿上红色制服，如今再也没什么光荣的战斗可打了。最终，于连拒绝接受这两种选择，决定采取非直接的方式 —— 自杀。

但是，这一时期最重要的小说家是（在某种程度上有"法国狄更斯"之称的）异常多产的奥诺雷·德·巴尔扎克。他常常负债并不舍昼夜地工作。他在大量的系列小说中创造了一个完整的平行世界，最后他将这些小说结集出版，书名是《人间喜剧》。他有着丰富的浪漫主义想象力，周围的世界令他着迷，有时还让他感到恐惧，因为这个世界经历了错位的社会与道德变化。作为一个来自图尔市的乡巴佬，一个在某些方面永远单纯的人，巴尔扎克被巴黎的生活迷得神魂颠倒 —— 在讲述为父爱殉道的小说《高老头》的开篇，他提醒读者，不了解巴黎的人也许看不懂这个故事。巴尔扎克不仅可以通过观察到的细节，还能通过强大的具有放大效应的人物塑造，创造出一种强烈的现实感。例如，巴尔扎克将高老头与反面人物伏脱冷这些角色上升到了伟大文学象征的高度。而且，在通往即将到来的现实主义的路途中，他已经到达了中点。他意识到，人物也许是由社会环境与经济状况所决定的。

然而，要了解实际接触风云变幻的世界时所遇到的困难，也许最好去阅读法国空想社会主义者的作品。卡尔·马克思给圣西门、傅立叶与蒲鲁东起了"空想社会主义者"这个绰号。正如一项关于乌托邦的重要研究所描述的那样，这些空想社会主义者对表层政治没什么兴趣，他们更感兴趣的是"去发现人性的内核，以及用现实的硬块 —— 人的理性、本能、欲望、需求与能力 —— 去搭建新的社会结构"[1]。诚然，他们是处在相互竞争机制之中的不同的人。圣西门有趣且富有魅力，他游历很广，发了财又全都输光了，后来做了当铺职员；傅立叶是个阴沉、痴迷于独来独往的人，他每天都在正午时分，守候着一位百万富翁，等他出现后支持自己的各项计划，其中有个好点子是把柠檬酸加到大海里，把海水变成柠檬水；蒲鲁东是个独立、迷人的无政府主义者，他的名言是："所有权就是盗窃。"

虽然他们都认为在虚伪的社会里，人们无法成为真正的人，但他们的解决方案大相径庭。圣西门设想了一个理性、合作型的工业秩序，人们将按照一种"新基督教"教义生活 —— 然而他的追随者后来因为建立自由性爱集群而闹出了丑闻，就像 20 世纪 60 年代的一些美国案例那样。傅立叶想要根据成员爱好对他们进行分类，在此基础上建立理想社区。蒲鲁东保留了一夫一妻制家庭，但他梦想打造一个由平等的人组成的成

---

[1] 参见：Frank E. Manuel and Fritzie P. Manuel, *Utopian Thought in the Western World* (Oxford: Blackwell, 1979), p. 588。——作者

熟社会。在这个社会里，政府将变得多余。如果此时此刻他们的观点看起来有些滑稽可笑的话，我们也应该承认，圣西门的追随者在银行业与工程学领域成了有影响力的人，而傅立叶的思想也开花结果了，尤其是在合作运动的发展中——即便这些憧憬不能立即用于1848年革命。

1848年，欧洲多地发生了一系列革命，但其中不包括英国，因为英国通过《1832年改革法案》扩大了选举权，有效抑制了人们的不满情绪。每个国家面对的革命情况各有不同：在普鲁士与奥地利帝国，人们要求召开制宪议会，而在意大利诸邦，宪政目标与人们抵制奥地利影响的诉求结合在了一起。尽管这些事件是由经济危机引发的，尽管在德国与意大利诸邦的革命中，人们的部分动机是想要实现民族统一，但是，整个欧洲大陆上发生的事情广泛地反映了自由主义中产阶级正在维护、推进他们反贵族势力的斗争，而贵族势力则决意把持住手中的权力。人口在增长，城市规模翻了番。人们获得了一些受教育的机会，而且，随着新闻业的兴起，人们对主宰自己生活的力量有了更多的了解。

如果法国是这次欧洲大陆运动的象征性中心的话，这是由于它的革命传统，由于它在社会与宪政发展方面超前于其他大陆国家。事实上，中产阶级革命的实施当然离不开崛起中的工人阶级的支持，但这种联盟并不容易。实际上，1848年革命——尽管它依然是重要的判例案件——是1830年革命的重演，因为开展革命的人，不一定是享受革命成果的人。

与此相对，得意扬扬的共和派理所当然地迅速行动了起来。路易·腓力一走，他们就在巴士底狱广场宣布法兰西第二共和国成立，并建立了临时政府，政府人员不仅包括他们自己的领导人（例如拉马丁），也有社会党人路易·布朗，甚至还有一个名叫阿尔贝的工人。接下来他们做了一些伟大的事，也得到了一些沉痛的教训。他们不仅废除了审查制度，还实行普选权，不过仅限于男性，女人依然被视为法律上的附属物。然而，此举极大地扩大了选举权，选民人数从25万上升至900万。在他们看来，障碍在于大多数选民仍生活在保守主义的乡村地区。结果，在4月的选举中，议院人数的1/3竟然都是保皇派，剩余的则是更加温和的共和派。此外，新政府将每天的工作时间减少到了10个小时，废除了殖民地的奴隶制——这项措施很快被随后的执政者撤销了——还成立了新奇的路易·布朗（Louis Blanc）工场，为失业者提供工作。不幸的是，这些工场运转不良，成了社会党人与政府之间争议的焦点。政府关闭这些工场后，引发了工人在巴黎的反叛，史称"六月起义"。

这次起义及随后令人难忘的血腥镇压，导致近千名士兵与5000名反叛者死亡。大约有15000人被捕，其中5000人被驱逐至阿尔及利亚。审查制度恢复了，共和国失去了初期的纯真。也许情况未必这么绝对，因为"意外后果定律"再度袭来：共和国11月颁布的宪法表明，政府决定效仿美国，通过普选选出一位总统。正如议员儒勒·格雷维（Jules Grévy）所指出的，这种看似民主的做法，将为某位平民主义人物的出现和掌权铺平道路。

随后发生的事，便是路易·拿破仑·波拿巴参与普选，并以75%的得票率轻松取胜。然而，在1849年立法选举中，共和派再次败给了君主主义者与其他保守主义者，而后者也再度缩小了选举权，并对教会学校予以资助。而且，路易·拿破仑试图修改宪法，以使自己的任期超过4年之限的行动以失败告终，于是不出所料地在1852年发动了政变，结果导致26000名共和派人士被捕，将近10000人被遣返，普选权得到恢复，全民公投展开——法国又拥有了一位皇帝。

与此同时，其他地区的革命早已被轻松地镇压下去，尤其是在德国。将"六月起义"视为阶级战争第一场战役的卡尔·马克思对1848年年底的结果进行了推测，这点很能说明问题。如果马克思觉得空想社会主义者是浪漫多情的，那么他的循环论证则让他自己看起来同样浪漫多情——他也写过浪漫主义诗歌，而且也只有30岁。马克思下结论道：革命不可能在德国发生，因为德国缺少真正的无产阶级。他认为，如果能将德国与法国革命联系上的话，也许还有一线希望。只可惜英国马上就会入侵德国、粉碎革命。这就需要在一场更广泛的冲突中打败英国人。因此，"1849年的工作事项，"马克思写道，"是由法国工人阶级发动的革命、世界大战。"但是，如果连在德国都不能掀起一场革命的话，要怎样才能发动一场世界大战呢？分离的国际无产阶级打败协调一致的国际资产阶级的想法，依然处于幻想期。进步是缓慢的，而且它不会由世界大战带来。

拿破仑三世（1852—1870年在位）获得了一些负面报道。正如2008年拿破仑三世诞辰200周年纪念活动中发表的一项对他的重新评估所暗示的，由于1870年法国不敌普鲁士，以及法国失去阿尔萨斯－洛林领土时人们感到的震惊，拿破仑三世的成就被冲淡了，更别说维克多·雨果对他的刻薄轻视了（雨果称其为"小拿破仑"）。当然，在法国的城镇里，人们看不到有多少以拿破仑三世之名命名的街道。然而，与拿破仑三世同时代的路易斯·巴斯德（Louis Pasteur）对他的评价颇高，而对其他人而言，他更像是一个谜（包括俾斯麦，他称拿破仑三世为"斯芬克斯"）。他确实是个行走的矛盾体——有着强烈的宿命观却不自信，有人情味但却表面冷漠、躲躲闪闪，谨小慎微却有着浪漫主义的鲁莽轻率，聪明却经常看起来缺乏专注力。这些内在矛盾反映了这个男人在政治策略上的模棱两可。正如另一项关于拿破仑三世的评估所详细阐述的那样，他坚持了圣西门空想社会主义的观点，却假装自己是个至高无上的独裁者。

当然，这种模棱两可是他与拿破仑本人所共有的。因为他的政治计划大体上仿效了他叔叔的方案：他的目标是保持法国的国际地位，促进国内进步，与此同时，在秩序与自由结合的氛围中使左派与右派和解。这意味着由人民直接选举出唯一一个行政首脑，因而这种体制能更好地代表民族利益，而非为地方和小团体发声的议会党派之利益。这种波拿巴主义的结合体在某种程度上让人想起"二战"以来的戴高乐主义，它既希望保护倡导自由主义与社会进步的左翼价值观，也想维系遵循秩序与宗教传统的右翼价值观。当时，四分五裂的法国社会正在经历工业化与城市化进程，要做到以上这点，并非易事。

或许带有些讽刺意味的是，拿破仑三世任期中独裁专制的第一阶段比更加自由的第二阶段要更成功。因为，这个全民公决建立的未来的民主帝国，前 10 年或多或少是个警察国家，拿破仑三世统制经济的现代化版本收获颇丰。在接下来的 20 年间，铁路网将增加 5 倍，使法国变得开放，也带动了钢铁产量。而且，法国通过修建桥梁与火车站，推动了建筑业的发展。理所当然地，这将促成海滨度假胜地，例如多维尔与比亚里茨的诞生。纺织业明显受益于快速的机械化，蓬勃发展的纺织业中心包括里尔、鲁贝与鲁昂。拿破仑相信自由贸易 —— 他在 1860 年与英国缔结条约，推动自由贸易的发展 —— 也在有着贸易保护主义传统的法国推行经济自由主义。几个大型海事贸易公司应运而生，圣纳泽尔的新港口也建了起来。法国创办了重要的银行，例如里昂信贷银行与法国兴业银行（Société Générale）。而且，工业与金融的相互作用又催生出了新的、有影响力的有产阶级。他们能够支持一些项目的兴建，例如斐迪南·德·雷赛布（Ferdinand de Lesseps）开凿了苏伊士运河。法国的国内生产总值在 20 年间几乎翻了一番，巴黎证券交易所也因此忙碌起来。

同样是在此时，在令人敬畏的塞纳区行政长官奥斯曼男爵（Baron Haussmann）的指挥下，人们系统性地改造了巴黎，主要目的是拆除贫民窟、修建现代排水系统，打造一座有主要直通道路、能促进商业发展、规划合理的首都。因此，古老的中世纪街道让位于宽阔、笔直的林荫道，这也满足了第二个目标，即让巴黎能够动用骑兵与炮兵，对抗可能发生的叛乱。但是，也存在着实实在在美化巴黎的尝试：布洛涅森林与万森讷森林被划分出来，蒙苏里等公园兴建，歌剧院与一系列公共建筑物被搭建起来。由于这一切，以及公寓楼限高6层的严格限制，我们今天所知的、秩序井然的巴黎正浮现出来。诚然，法国工业革命仍落后于英国工业革命，还存在着极大的不平等，正在崛起的无产阶级正被挤到市郊。但是，1855年与1867年的巴黎世界博览会向世界庄严宣告了法国的成功，而巴黎就是法国光鲜的脸面。

巴黎确实再次变得宛如欧洲的智力与文化中心。它反映出的事实是，法国的政治矛盾与经济、社会变革一道，使它自身成为当时社会的典型代表。文化方面，"科学至上主义"的特征日益显著，并意图超越传统的形而上学推断，自行建立起以科学为基础的哲学、历史与艺术。领军人物之一是奥古斯特·孔德（Auguste Comte），人们普遍认为他是社会学之父。他认为，历史要服从一般规律，而通过使用科学方法，人们可以认识一般规律。我们今天也许会对他试图建立一种"人性宗教"，奉政治经济学家亚当·斯密这类人为世俗圣人的做法一笑置之，但是，他的实证主义方法深刻影响了重要人物，例如，生理学家克劳德·伯尔纳与生物学家路易斯·巴斯德。

颇有影响力的历史学家与文化评论家的作品也反映了孔德的理念。亚历西斯·德·托克维尔在他关于法国与美国民主制度的研究中，突破了对历史事件的常规描述，将历史带入了哲学领域。儒勒·米什莱书写出了影响着一代又一代学童对自己国家认知的法国历史，他不仅尝试还原过去，还运用了他那相当引人入胜的语言。欧内斯特·勒南（Ernest Renan）所写作的关于科学的未来与基督教起源的作品，同样有助于把握当时的知识趋势，正如依波利特·丹纳在他所著的《英国文学史》中，试图将作家置于他们所处的种族、历史与社会背景中一样。

虽然当时毫无疑问存在一种理想主义的、对科学思维的反抗 —— 这体现在勒贡特·德·列尔（Leconte de Lisle）"为艺术而艺术"的高蹈派诗歌，或是夏尔·波德莱尔让人难忘的个性化诗歌中 —— 但艺术与文化的新口号是现实主义。居斯塔夫·库尔贝借助其油画作品，领导了一场对浪漫主义往昔英勇壮举、对理想主义历史画题材的反叛。例如，在《奥尔南的葬礼》中，他不仅描绘了普通人，还大胆地运用了气势宏伟的湿壁画风格。让-弗朗索瓦·米勒在《拾穗者》这类画作中记录了农民的艰苦工作，而奥诺雷·杜米埃（今天最为人所知的是他才华横溢的讽刺石版画）在《三等车厢》这样的作品中，展示了城市贫困的现状。有趣的是，人们认为这些画作具有道德与政治上的颠覆性，并不仅仅是因为它们描绘了"下层社会生活"，更微妙的是，它们破坏了人们的固有观念，即艺术应该关乎浪漫化的、更高层面上的真实。当雷诺阿在画作中描绘了折叠起来的报纸时，真有人写信给报社表达自己的义愤。

毫无疑问，一些作家对科学至上主义的热情，带有某种天真的成分，尤其是自然主义作家群中那众所周知的领袖 —— 爱弥尔·左拉。他相当支持画家马奈与塞尚，他还是塞尚的老校友。左拉将他的一组小说《卢贡-马卡尔家族》（1871—1893 年）设计为一场规模巨大、精心编排的"科学"实验，而故事情节是遗传与环境共同作用的结果。不可避免地，他所描绘的工人阶级与农民的腐败堕落在人们看来触目惊心。此外，以矿难为题材、具有强烈感染力的代表性小说《萌芽》，不仅得益于他参观矿井时所做的上万页笔记，还归功于他史诗般的想象力。

但是，对于像尚弗勒里（Champfleury）与莫泊桑这样的作家来说，现实主义更多地基于"人的个性是一种功能，而不是说个性乃天赐之物，因而不可变更"这种理念。而且，个性是个体独特的家族出身、社会环境与历史场景共同作用的产物。正是迫于这种对客观性的需求，有"现代小说之父"头衔的居斯塔夫·福楼拜引入了形式的变体。在此之前，小说还一直是一种混杂的文学形式。作家在小说中不仅以叙述者的身份示人，还是评论家、历史学家、心理学家与哲学家。作家在小说中无处不在，很像一位在舞台上、在自己塑造的人物间游走的戏剧家。正是福楼拜在《包法利夫人》中创造了将作家从书页中一笔勾销的技法，才使故事能够自行其是地铺陈开来。他通过赋予小说明显的独立存在或曰自主性，变革了小说这种形式，而这种自主性正是高雅艺术的特征。

福楼拜辛勤劳作换来了"报酬"——他不得不面对当局将自己定性为伤风败俗的荒唐指控。这多少反映出了知识分子与这个帝国政权之间的分歧。拿破仑三世多多少少意识到了这一点。因此，他自1859年起，开始使政府自由化——尽管也有部分原因在于，他已失去了越来越有影响力的天主教的支持，因为拿破仑三世参与了重新统一意大利的斗争，这被认为有损梵蒂冈的利益。拿破仑三世允许政治流亡者回国，赋予人民有限的罢工权，而且渐渐给予立法机关更多权力。直到1869年，拿破仑三世政权已经变成了类似于君主立宪制一样的"自由帝国"。尽管这扩大了议会反对的空间，而且当年出现了多起暴力罢工事件，但是拿破仑三世在1870年4月的公民投票中因变革而获得了绝大多数的支持。他因此可以兴高采烈地宣布，法国的前景一片光明。那么，为什么在随后不到 4 个月的时间里，政权就像纸牌搭的房子一样倒塌了呢？

　　原因在于，拿破仑三世在傲慢心理的驱使下，意欲扮演更伟大的拿破仑；作为皇帝，他统揽所有外交事务。而且，他过于听从自己那虔诚但在政治上天真懵懂的西班牙妻子欧仁妮的建议。由于在意大利取得的代价高昂的胜利，以及 1853—1856 年间并不辉煌的克里米亚战争，拿破仑三世已经削弱了法国军队的战斗力。不过，在克里米亚战争中，损兵折将的原因是霍乱，而不像是英国轻骑兵冲锋队那样，犯下了惊人的愚行而导致了伤亡。拿破仑三世为了迫使拒绝偿债的墨西哥新政府偿还贷款，在 1862 年突袭墨西哥。这一考虑不周的举动进一步削弱了法军的战斗力。他在战争中陷入困境，而且他通过把自己的候选人送上墨西哥王位，试图将墨西哥变成附庸国。结果，法国在 1867 年被迫屈辱地撤退了。

　　最终，在 1870 年，拿破仑三世自投罗网，走进了令人钦佩的普鲁士首相俾斯麦设下的巨大陷阱之中。在这之前，法国因害怕被包围，反对提名普鲁士王国国王威廉一世的亲属成为空降的西班牙王位继承人。事实上，威廉一世已放弃了这次提名，给俾斯麦发电报就是为了说明此事，并授权自己的首相将决定公之于众。但是，俾斯麦狡猾地做了手脚，让它看起来像在说，国王拒绝接见法国大臣，这使得这封著名的"埃姆斯密电"（Ems telegram）看上去像是对法国的公然侮辱。因此，在皇后与公愤的引导下，拿破仑三世对普鲁士宣战。尽管拿破仑三世明显已上了年纪，还患有痛苦的胆结石，他还是御驾亲征了。

　　教训是惨痛的。法军在墨西哥远征后没有经过重组，动员起来很慢，且总参谋部存在分歧；普军克虏伯钢炮远胜于法军铜炮；普军在人数上远超法军，两军人数之比近乎 2∶1；而且，敌军战术也更加复杂。古怪的法国元帅弗朗索瓦·巴赞在梅斯被围，试图为他解围的拿破仑三世自己也被困在色当。为避免重大损失，拿破仑三世与他的部队一起投降了。普法战争的结果如闪电般很快就见分晓，法国不光彩的失败震惊了欧洲，因为，它向世人揭示了一个事实，那就是欧洲大陆上的大国已不再是法国，而是德国了。它也不可避免地让老一套的宪政跷跷板开始运作。因为，来自色当的消息一传到巴黎，共和派议员就宣布成立一个新共和国。但是，同样不可避免的也许是，在这个四分五裂的社会里，新共和国的开端仍将是血腥的。

第八章

内部变质的第三共和国

一个普遍意义上的、以所有人种为基础、
代表着全体人类的共和理念，
如今转变成了关乎某个国家或曰"种族"的、
反对外来者的排他主义概念。

正如法国人会提醒你的那样，"巴黎不是法国"（n'est pas la France）。即便到了今时今日，巴黎与外省之间在政治上往往也存在着某种程度的紧张态势。正如许多人依然认为的那样，外省才是真正的法国，或曰"深刻的法国"。巴黎引领了自 1789 年起的一系列革命，结果却发现，正如共和派 1849 年时被打败那样，信奉天主教的保守乡村地区并未跟随其后。巴黎与法国其他地区之间关系的决定性时刻将于 1871 年，在拿破仑三世于色当屈辱投降后的几个月里，出人意料地出现。

在这个新的第三共和国于 9 月 4 日宣告成立后的两周内，普鲁士军队便兵临巴黎城下，将其团团围住。但是，政府决定继续战斗，由此还引发了一件趣事：内政部长莱昂·甘必大（Léon Gambetta）乘坐热气球逃出巴黎，前往图尔市，并在那里集结了一支缺乏训练，由 60 万人组成的新军。但是，巴赞元帅以反对共和政府为主要原因，在梅斯率领他的 18 万兵士投诚了。由于法军未能打破普军对巴黎的束缚，法国初次提出了媾和倡议，但遭到俾斯麦的拒绝。寒冬腊月里，巴黎人缺薪少煤，不仅遭到轰炸，还沦落到只能吃猫、狗、老鼠，甚至巴黎植物园的两只可爱大象卡斯托尔与波琉刻斯的地步。12 月与 1 月，法军接连败北，迫使政府撤退到波尔多，而对于法国而言，奇耻大辱是普鲁士人如今已在凡尔赛宫安顿下来，之后于 1871 年 1 月 18 日，他们在路易十四的镜厅内宣布新的德意志帝国诞生，日耳曼民族正式成为神圣的统一体。此时，巴黎大部分地区成了一片废墟。

然而，噩梦才刚刚开始。因为，作为必将到来的投降所带来的条件，俾斯麦坚持要求法国选举出新政府。此举表面上是为了使两国的协定具有合法性，但无疑也是因为俾斯麦已预料到了选举结果——保皇派大获全胜，击败了共和派。这加深了在巴黎被围期间自行管理城市的巴黎人的背叛感。他们对停火条款感到愤愤不平，因为条款不仅割让了阿尔萨斯全省和洛林大部分地区，赔款 50 亿法郎，还包括了首都裁军，而巴黎的军队之前抵抗住了长期的围城。随着新选举的议会在凡尔赛宫正式就职，人们开始担心王室复辟的问题，而且，由于许多家庭在巴黎被围期间唯一的经济来源——国民卫队的军饷被撤销，反普鲁士、反政府的情绪高涨。因此，3 月 18 日，当政府军进城，拆除蒙马特尔高地上之前在巴黎被围期间用作防御的大炮时，因遭到武装反抗而被迫撤退。战胜国普鲁士如今可以得意扬扬地近距离观察凡尔赛的法国政府与巴黎市政府间在接下来的 10 周内手足相残的僵局，而巴黎市政府在他们的首都成立了巴黎公社。

巴黎公社主要是人们对这些非比寻常境况的自发反应。虽然巴黎公社没有巧妙的规划，但它的驱动性思想——继续战斗、维护社会公正，反对保皇主义与教权主义的决心——因巴黎之围与政府投降而变得更加坚定。共和党、社会党和无政府主义者在一场非凡的民主自治实验中与国民卫队成员、普通下层中产阶级和巴黎工人阶级并肩作战。整体上来说，进行这场实验的领袖——瓦尔兰、茹尔德、瓦扬，甚至著名的路易斯·米歇尔——都是严谨、温和，且尊重财产权的。他们成立了代议制组织，宣布政教分离，在废弃工厂中建立起了工人掌握控制权的体系，并设想了由与他们公社一样的自治公社所组成的联邦制法国。而且，在几个其他城镇中，确实建立起了类似的公社。但是，它们很快就被镇压下去了。毫无疑问，具有浓重保皇派色彩的新共和国终结掉这个来自其首都的、令其蒙羞的反抗组织，只是一个时间早晚问题而已。

怀着将所有这些没完没了的"革命惹祸精"在巴黎彻底清除的强烈愿望，共和国在临近 5 月底的"血腥一周"突然派出了 10 万兵力。虽然巴黎公社社员在激烈巷战、处决了将近 500 名人质，并火烧杜伊勒里宫与巴黎市政厅之后，面临着战败的危险，但真正令《泰晤士报》记者感到震惊的是："凡尔赛政府军在不人道的复仇心理驱使下，在最后 6 天里，射击、刀刺囚犯、妇女与儿童，将他们开膛破肚。就我们所知，这是人类历史上前所未有之举。"

正如历史学家雅克·鲁热里（Jacques Rougerie）所草拟出的数据，这场有计划、有步骤的杀戮，与大规模的简易处决，最终导致 20000 至 25000 位巴黎公社成员死亡，与之相对的是，政府军死亡人数不到 1000 人。此外，逾 43000 人被俘，他们中有上万人在接下来的 5 年多里上了军事法庭。判决结果从处决、终身服苦役，到流放至太平洋上的新喀里多尼亚，或者固定期限监禁不等。新共和国显然发怒了，以至于它使整整一代的法国社会主义运动变得脆弱至极。

长久以来，对法国人来说，巴黎公社更像是一个令人尴尬的家族秘密，正如 2001 年时，巴黎一处小广场最终以巴黎公社命名所引发的纠纷所显示的那样。巴黎公社所带来的痛苦不仅是由遇害者人数造成的，还因为这场内战对普鲁士人而言是场盛宴，它意味着共和国杀害了共和派。位于拉雪兹神父公墓（Père-Lachaise Cemetery）中的巴黎公社社员墙仍是左派的朝圣之地，因为那是巴黎公社社员做出最后抵抗的地方。左派一直憎恶圣心堂的建造所包含的炫耀胜利之意味。这座巨大的白色巴西利卡（basilica）风格教堂俯瞰巴黎战场遗址 —— 根据 1873 年政府法令的说法，这是"为了赎巴黎公社社员犯下的罪恶"。更重要的也许是在巴黎公社带来的伤痛之外，围绕在它周围的疯狂谣言与禁忌。巴黎公社真正的政治意义是有待商榷的。如果巴黎公社并不如当时保守派报纸所刻画的"红色幽灵"形象那般嗜血，那么它是如马克思在事后所说的那样，是"新社会的光辉先驱"吗？又或者，它是像恩格斯在 1891 年时所评价的那样，是"无产阶级专政"的形象？巴黎公社为什么会失败？

事实上，马克思后来改变了他对巴黎公社典范价值的判断。这是必然的，因为这一事件发生的情境是如此特别，以至于无法重现。更重要的是，巴黎公社空想社会主义的"地方自治主义"及其民主共和的多种形式，它对私有财产的尊重及其联邦制思想，与后来的共产主义还有一段距离。如果它后来被法共兼并了 —— 后者每年仍会在五一国际劳动节组织一场前往巴黎公社社员墙的朝圣之旅 —— 这更多的是出于情感与政治宣传的原因，将政党置于可追溯至1789年民族革命的传统之中，而并非因为它符合意识形态的正统性。这是一场国家悲剧，也许是由此产生了革命赞歌《国际歌》，以及那首感人的《樱桃成熟时》。然而关键在于，法国社会党人，例如未来的政党领袖让·饶勒斯，并不认为巴黎公社是社会主义共和国的范本。

与其说巴黎公社是1917年俄国革命的先兆，不如说它是始于1789年的一系列革命中的最后一场，是雅各宾派传统的最后一搏。正如一位历史学家敏锐提出的观点："政府实力因经济现代化大增，其政治权威也因男性普选权而得到加强。"巴黎公社失败了，因为在当时欧洲众多的国家之中，乌托邦式的城邦国家不能战胜统一的民族国家 —— 即使后者是一个经受了战败屈辱的国家。

第三共和国出师不利，如今不得不扎下根来。但是，它仍然没有制定宪法，议会也是由保皇派与波拿巴主义者所主导的。长期以来理事的阿道夫·梯也尔，如今通过贷款筹集了足够多的资金偿清赔款，摆脱了德国占领者。但是，当他提议制定共和国宪法时，他便被排挤出局了。在君主主义者的支持下，帕特里斯·麦克马洪（Patrice Mac Mahon）元帅被任命为总统。他是具有爱尔兰血统的贵族，之前镇压了巴黎公社运动。但是，正如梯也尔所指出的那样，有个小问题：王位只有一个，但王位觊觎者却有两名 —— 波旁家族主支的尚博尔伯爵与旁支的巴黎伯爵。一场漫长、滑稽的皇家芭蕾舞自此拉开帷幕。最后他们决定，鉴于尚博尔伯爵没有子嗣，由他先登基，在他死后再将王位传给巴黎伯爵。只可惜尚博尔伯爵坚持使用波旁王室的白旗，而他的奥尔良派对手则坚持用三色旗。由于象征性对他们来说非常重要，所以最后全盘计划都虎头蛇尾地失败了。最终，在1875年，即使设立了强权总统的新宪法为法国向君主制的转变预留了空间，但是法国仍然在默认状态下成了一个共和国。

共和国马上就会得以巩固，因为在次年的立法选举中，共和派获得了2/3的席位。然而，麦克马洪倒行逆施，任命强硬的保皇派人士——布罗伊公爵为首相。这位公爵主张推行牧师的保守"道德秩序"运动，甚至于禁止在官方文件中使用"共和国"一词。不过，在随后满怀愤懑的选举中，共和派再度获胜。1879年的上议院选举情况类似，麦克马洪不得不向温和派的共和党人儒勒·格雷维做出让步，而总统如今变成了务实的律师莱昂·甘必大。甘必大虽不赞同巴黎公社的暴力行为，但他对被驱逐者实行了大赦。随着政府所在地由凡尔赛宫迁回巴黎，随着《马赛曲》成为法国国歌，看起来，在1789年法国大革命的90年之后，共和国在与王室之间的漫长战争中最终胜出了。

接下来，直到奢华的1889年巴黎世界博览会盛大举行前的10年间，法国确实处于一段团结时期。为了向共和国致敬，道路更名，象征共和国的女性形象"玛丽安娜"的雕塑也被立了起来，而自由女神像则被馈赠给了美国——虽然有些晚——庆祝法国自己革命胜利满百年。更重要的是，法国也出现了立法改革。它们将极大地塑造法国社会，影响至今。共和国开始推行新闻自由、集会自由的"共和自由"，并赋予人们离婚权，实行市长选举。人们也有权组建工会，但前提是它们须保持非政治属性。

最重要的是，教育改革出现了。改革与当时最知名的共和党人朱尔·茹费理有关。鉴于世俗的共和传统与天主教君权传统之间存在激烈斗争，这些教育改革在独特的法国背景下显得尤为重要。法国推行免费的初级义务教育，并为男女两性建立了培训教师的师范学校，后来人们还基于宗教信仰自由，在经历了一番艰苦斗争后，废除了所有宗教教育。这是一场根本性的变革。政府通过从教会手中拿走对孩子（尤其是对女孩）进行基础教育的控制权，以共和国的长期影响取代了教会的长期影响，这将会为政府提供持久的公众舆论基础。

在 1878 年柏林会议上，法国重新被纳入国际联合之中。茹费理通过殖民扩张，着手增强法国实力，提高法国威望。法国的殖民扩张不仅发生在非洲（法属西非、法属赤道非洲、突尼斯与马达加斯加），还通过占领印度支那半岛，延伸到了亚洲。而且，巴黎又一次近似欧洲的文化中心了，尤其是新涌现出了一批印象派画家，他们创作出了今天依然是全世界最受欢迎的艺术品集合。只需看看日历、巧克力盒甚至是 T 恤衫，我们中的大多数都能认出以下这些：莫奈的《睡莲》或是《圣拉扎尔火车站》；雷诺阿大量的裸体画，或是《煎饼磨坊的舞会》这类作品中欢快的户外跳舞场景；马奈带有挑衅的《草地上的午餐》所描绘的一个坐在两个衣着光鲜的男人之间的裸女，或是他那引人入胜的《女神游乐厅的吧台》；埃德加·德加的芭蕾舞者，或是他那透过锁孔般的视角描绘出的裸女洗浴图；保罗·塞尚的水果静物画，或是笔力遒劲的《圣维克多山》《阿讷西湖》；还有英国画家阿尔弗雷德·西斯莱的《路维希安的雪》，卡米耶·毕沙罗的《蒙马特尔大街》，或是保罗·高更在后印象派时期对具有异域风情的塔希提妇女的研究。这是将巴黎及法国乡村的意象永远留存于全世界的想象之中的一些画作。

那么，这些艺术家是怎么走到一起的呢？他们的手法又有什么独特之处呢？在 19 世纪 60 年代，当他们中的许多人初出茅庐时，发现自己的作品无法得到以法兰西艺术院为代表的官方机构的认可。艺术院是传统绘画标准的捍卫者。而且，在它的新作年度展示会上，被评委会选中的主要是历史题材画作或名人肖像画，同时作品还要具有古典的视角、相对一丝不苟的成品。当年轻画家们发现，他们大多数作品都被一年一度的沙龙画展拒之门外时——毕竟，展览为画家们提供了扬名立万、获得工作委托的机会——他们就团结起来，单独展出自己的作品。他们首次这样联合展出画作是在 1874 年，后面还会有 7 场，参展人并不总是同样一批艺术家。这一活动一直持续到 1886 年。虽然马奈与德加都很有钱，但大多数艺术家却不是这样。而且，直到 19 世纪 80 年代，特别是当艺术市场开始向美国买家开放时，他们才真正尝到成功的滋味。

那么，这种风格有何新颖之处呢？与哥特式一样，印象派（Impressionism）这个术语原为带有讽刺意味的侮辱性用语。具体说来，正是克劳德·莫奈的画作《日出·印象》引人做出了如此评价。这类画作确实旨在给人以某种印象，或者说，创造出某个场景在瞬间给人留下的印象（其中常常涉及运动），而非按照一种精心设计好的方式来处理。他们选取的是紧跟时代的主题——要么是城市场景，要么是乡村风光——而且，即使他们要在画室内做最后的加工，他们也会选择先在室外工作，因为他们的关注点是自然光在物体上的移动。这种方式决定了他们的技法：画笔疾飞、浓墨重彩，稍稍混合了新近上市的商用颜料，因而用色大胆，他们还常常通过颜色并置创造透视效果。由于他们感兴趣的是随着时间推移，光所产生的变化，以至于著名艺术史学家伯纳德·多里瓦（Bernard Dorival）将他们的活动称为对现实有条不紊的科学分析。实际上，尽管他们接触到了当时流行的"科学至上"，但他们用当前的感知理论，"消除视觉上的理智"以远离错误的透视，以及德国物理学家亥姆霍兹的色彩理论来为自己的方法辩护。

然而，这里存在着一个明显的悖论。科学暗示着客观性，而他们的方法显然是高度主观的。但是，这是否就认可了反方的指责，即他们的作品是中产阶级个人主义的表现呢？这些画作之所以受人欢迎，是不是因为它们非常漂亮，而正如马克思主义评论家 T. J. 克拉克所言，印象派是"中产阶级的内部风格"呢？的确，这些画家忽视了 1870 年的战争与巴黎公社运动。他们对阶级的唯一指涉，就是讽刺地将时髦男人与妓女放在一起，而且除了毕沙罗之外，很少有人描绘贫困的场景 —— 单就主题而言，印象派展现的是反映中产阶级舒适生活的梦幻般的视域。但是，如果这么说，就忽视了更重要的考量，即随着摄影术开始发挥以往绘画记录现实的功能，绘画正在发生本质性变化。它恰好正在变成个人主观性的表达 —— 它是对真实的反映，而不是对真实的客观再现。通过塞尚与后印象派画家们，印象派直接通向了野兽派与立体派。不管他们是否意识到了，这些画家正在转向一种欧洲数百年间都没有见过的最风格化的艺术。这种艺术最终将带来抽象艺术理念，在抽象艺术中，绘画将成为它自身的主题。

以上所说的这些，与观众人数将近 3000 万的 1889 年巴黎世界博览会并没有多大关系。巴黎世界博览会是为纪念法国大革命 100 周年，为庆祝这个确立已久、文化繁荣的法兰西共和国而举行的活动。参观者从新建成的、令人震撼的埃菲尔铁塔之拱门下鱼贯而入。埃菲尔铁塔是当时世界上最高的建筑，而且它在设计时并不是作为永久性建筑而存在的。他们惊叹于机械馆中的各式发明，他们也喜欢"蛮荒西部秀"与"黑人村庄"。"黑人村庄"里有来自国外的殖民地人民的营地，其中，爪哇音乐家与舞者让德彪西着了迷。游客们无疑也对奥斯曼男爵设计的美丽林荫大道赞许有加，他们还体验了音乐厅与城市中的其他乐事。在离开时，他们也许感觉法国不仅已经恢复了它的从容与声望，还前途大好。

　　事情并没有那么容易。法国不仅要在日益倾向国家主义的欧洲保护自己的利益，还要通过克服地方性内部分歧来维护国家的统一。事实上，共和国刚刚勉强经受了一场来自平民主义运动的挑战。这是由一名可怕的"骑白马的将军"①领导的波拿巴主义，或曰前法西斯主义类型的运动。不过，该事件中的这位将军拥有一个并不吸引人的名字，那就是乔治·布朗热（Georges Boulanger），而且他的马是黑色的。布朗热是个英俊潇洒、野心勃勃的煽动者，曾任战争部长。由于他改善了部队的状况，并且在一位法国边防战士被当作间谍拘捕、关押在德国时，他对德国发出了沙文主义式的威胁，因而广受民众爱戴。然而，布朗热由此得名"复仇将军"，而德国则动用了预备役军人，于是他被免去大臣职务，派驻到远离危险的克莱蒙费朗去了。

　　尽管如此，在法国，布朗热已然声名显赫 —— 围绕着儒勒·格雷维总统的女婿贩卖荣誉勋章而展开的丑闻也提升了他的受欢迎度，总统后来被迫下野 —— 如今，他基于自己的"三复"主义（three Rs）提出了一种政治方案："复仇"1870年的失败、"复议"宪法，以及"复辟"君主制。这个被赞为应运而生的人，在1889年1月被选举为巴黎议员，并被推向了一场政变。可是他临阵退缩，逃跑了。当政府签发拘捕令时，他最终逃到了布鲁塞尔。两年后的布鲁塞尔，布朗热在他情妇的坟前饮弹自尽。令人不安的是，这个我行我素、外强中干、不善言辞的人居然能获得各方的广泛支持，从君主主义者、波拿巴主义者到极"左"分子。

---

① 西方文化中，身骑白马寓意着身份的高贵和战争的胜利。在古罗马凯旋仪式中，统帅也会乘坐白马拉动的马车来宣扬胜利。——译者

随着 1892 年巴拿马丑闻的爆发，变化无常的舆论大杂烩将引入一个新的维度。之前开凿了苏伊士运河的斐迪南·德·雷赛布担任运河董事长达 13 年，该公司旨在通过开凿运河，连通大西洋与太平洋。这项工程吸引了约 80 万名法国投资人，但是环境所带来的困难重重，导致了大量工人死亡。1892 年，一些大臣被指控在工程伊始从德·雷赛布处收受贿赂，而成百上千的议员，其中也包括几位大臣，被控告从巴拿马运河公司收受贿赂并向公众隐瞒损失的惨重程度 —— 这意味着人们在不明就里的情况下继续着投资。

这确实是一个重磅丑闻，因为它不仅让投资者们亏损了逾 10 亿法郎，而且还涉及如此多的要人 —— 包括激进党领袖乔治·克里孟梭、亚历山大·埃菲尔与德·雷赛布本人。议会委托社会党领导人让·饶勒斯就此事展开调查，他谴责这是国中之国的交易。这个结论后来也得到了证实，因为基于利益而非道义，那些被告中很多都获得了无罪开释。因此，尽管丑闻并没有威胁到共和国的生死存亡，但从某个角度来看，它更具破坏性，因为它表明政府是腐败的。所有这一切，尤其是代表运河公司行贿的两个男人都是有着德国式名字的犹太人，对极度反犹的新闻工作者爱德华·德律蒙（Édouard Drumont）来说，这无疑成了他最爱的报道素材，他之前已经在 1886 年出版了《法国犹太人》（*La France juive*）一书。法国正在为更加轰动的"德雷福斯事件"之丑闻做准备。

1894 年，人们发现法国的军事机密被人传递给了德国大使馆，而总参谋部上尉阿尔弗雷德·德雷福斯成了怀疑对象，因为他出身阿尔萨斯一个富裕的犹太裔家庭。德雷福斯在军事法庭上受审时，有人阻止他的辩护律师拿到关键性文件。另外，笔迹鉴定专家也不同意其他人的观点。但是，德雷福斯还是被流放到法属圭亚那外海的魔鬼岛，被单独监禁在一个只有 4 平方米的小屋里。两年后，英勇却相当单纯的反间谍处处长皮卡尔中校发现，元凶其实是挥霍无度的军官埃斯特拉齐少校。然而总参谋部竟将皮卡尔调往突尼斯作战部队以掩盖此事。当真相泄露，总参谋部不得不审判埃斯特拉齐时，没过两天，埃斯特拉齐就被无罪释放了。

当真相呼之欲出时，为维护军队与总参谋部的声誉，谎言越滚越大。爱弥尔·左拉在《震旦报》上发表了著名的系列指控，标题是《我控诉》，对此，政府以诽谤罪起诉左拉，迫使他流亡一年以躲避牢狱之灾。此外，接下来皮卡尔自己也站在了被告席上，结果发现，控告德雷福斯的文件系亨利少校伪造，而亨利少校在坦白后自杀了。即便当1899年德雷福斯被带回法国接受案件再审时，他仍再次被判有罪，但获得特赦——这是为挽回面子，也是为了在下一次世界博览会，即1900年巴黎世界博览会前，让这场可耻的失败从世界报纸的报道中消失。又过了6年，德雷福斯才最终被宣布无罪。重获自由后，他恢复了名誉与军籍，与他那反犹的同僚军官们在第一次世界大战中一同服役。对埃斯特拉齐的审判则截然不同。军队慎重地给他发放了退休金，他继续在自我流放地——英格兰领取这笔钱，直到1923年去世。

除法国人外，其他人也许会惊诧于这桩可耻事件所引发的充满敌意的仇恨，这也许确实是爱弥尔·左拉神秘之死背后的原因。诚然，1870年战败确实让法国舆论遭受了精神创伤，而且法国也是一个乖张易怒的社会——就在德雷福斯事件登上报纸头条前的数月，共和国总统玛利·弗朗索瓦·萨迪·卡诺（Marie François Sadi Carnot）被一名无政府主义者刺杀了。1898年选举反映了舆论的分歧：人们选举出了254位温和派共和党人、80位保皇党人、74位激进社会党人、57位社会党人、15位民族主义者，以及包括德律蒙在内的4位著名反犹人士。就连社会党也被分裂成了两派。但是，在这表面的混乱之下，是法国国情所独有的广泛且严重的民意分歧。反之，在信奉新教、较早前就杀死了国王的英国，广泛的政治分歧有着相当直接的阶级基础。在此基础之上是宗教或反教权思想。后革命时代那多灾多难的一个世纪中，宗教思想与反教权思想愈演愈烈，并趋于两极化。在教会遭到与不可知论相关的社会理论以及达尔文主义的挑战时，德雷福斯事件便成了就民族身份问题所展开的持续冲突的一部分——在20世纪30年代与德国占领时期，这种冲突会一再出现。

事实上，教会本身并未就争端表明官方立场。而且，教皇利奥十三世比他的前任更清醒地意识到，这个世界是在不断变化的。因此，他在1892年时建议法国教会接受共和国，试图维护宗教。但是，教会的态度受到新创办的圣母升天会报纸《十字架报》的鼓舞，对教皇的建议不大在意，还与保皇派及军队联合了起来（军队中大部分高级军官接受的教育都来自耶稣会士），共同对抗反教权的共和派、社会党与其他德雷福斯的辩护者们。这带来了两项持久的变化：一是知识分子的参与，尤其是在德雷福斯一方，从左拉到马塞尔·普鲁斯特，知名人士一一参与了进来。这为后来的知识分子树立了榜样，并将成为法国政治生活的显著特征。二是"国家"概念的转变，一个普遍意义上的、以所有人种为基础、代表着全体人类的共和理念，如今转变成了关乎某个国家或曰"种族"的、反对外来者的排他主义概念。因此，民族主义成了一种右翼价值观。1899年，由夏尔·莫拉斯领导的反对共和、民族主义与君主主义的"法兰西运动"（Action Française）就说明了这一点。

作为对"法兰西运动"及当年其他挑衅行为的回应，沙文主义作家、政治家保罗·戴鲁莱德领导了一场未遂的政变，另有人针对总统埃米勒·卢贝发起了身体攻击，还刺杀了德雷福斯的一位律师（以失败告终）。共和派进行了反击，为了阐明自己的目标，他们组建了单独的激进社会党与单独的法国社会党 —— 后者在让·饶勒斯的领导下，已开始远离马克思主义，朝着改革主义、人文主义的方向前进 —— 还组建了左翼集团政府以捍卫共和国。它关闭了圣母升天会及其报纸，并继续完成政教分离。

政府不再付给教会薪水，不论是天主教徒、新教徒，还是犹太人。教会将会失去对教育的控制权，公共区域将不再实行宗教教育。但是，宗教信仰是一种权利，信仰自由受到保护。相当保守的新教皇庇护十世认为，分离是"对上帝的严重污辱"。但是，直到 1905 年，仿佛是 1789 年大革命自然而然产生的结果般，法国变成了世俗共和国。

只有在灾难后回顾往事时，人们才怀旧地将第一次世界大战前的那些年称为"美好年代"（La Belle Époque）。通过马塞尔·普鲁斯特有关正在消失的上层阶级的作品《追忆似水年华》，美好年代被铭刻在了法国人的记忆之中。从表面上看，那些年确实是好时光。法国毕竟是当时世界两大帝国主义强国之一，其前进的脚步可见于路易·布莱里奥开创性地飞越英吉利海峡、巴黎—马德里汽车比赛、电话的日益普及，以及电影制片术的发明之中。即使来得有些晚，法国也正在进入工业革命后期。即使法国在其他科学领域被对手远远超越了，但皮埃尔·居里与玛丽·居里仍然赢得了诺贝尔奖。

最重要的是，由于巴黎是举世公认的世界文化与娱乐之都，它仍可自视为文明的典范。事实上，由于巴黎有轻歌剧、卡巴莱歌舞表演（cabarets）以及繁荣的高级时装店，它是世界娱乐之都。法国吸引着全欧洲的艺术家蜂拥而至，例如俄国画家马克·夏加尔（Marc Chagall）与意大利画家阿曼迪奥·莫迪里阿尼（Amedeo Modigliani）。即便装饰艺术中的新艺术风格持续时间不长，它仍种下了没那么明显却相当重要的文化变革的种子。与革命性的新思想步调一致，爱因斯坦、弗洛伊德等人提出的种种新思想正在悄然潜入，毕加索、乔治·布拉克 —— 正如毕加索所认为的，像是在岩壁上用绳子系在一起的攀岩者 —— 正试图通过他们的立体主义冒险，将艺术带入未知领域，超越现实所带来的幻觉。

自然，这只影响到了一小群精英分子。因为初等义务教育于 1881 年时才开始推行，而且并未在所有省份完全实施。约有 90% 的成年人是文盲，许多人仍只说他们当地的方言。更重要的是，法国面临人口统计上的问题。1789 年，法国人口占欧洲总人口的 1/4，如今占比不到 10%。尤其是在 1911 年，法国人口还不到 4000 万，与之相对，德国人口近乎 6500 万。这明显是件令人担忧的事，因为 1870 年法国的战败影响巨大，使德国已取代英国成了法国新的"世仇"。当然，欧洲依旧是个动荡且急躁不安的地方。

在爱慕虚荣、飘忽不定的威廉二世皇帝统治下，德国想加入到殖民争夺之中，然而组成奥匈帝国与土耳其帝国的不同民族要求独立的呼声给巴尔干半岛地区造成了压力。1905 年第一次摩洛哥危机后，殖民问题得到平复，当时德国支持摩洛哥对抗法国。在 1911 年的第二次摩洛哥危机中，法国割让了部分法属刚果领地给德国。但在当时，安全感的普遍缺失促使英国与法国在 1904 年签订《英法协约》，并与俄国结盟，合力对抗德国、奥地利与意大利三国联盟。在巴尔干半岛上，斯拉夫民族与日耳曼民族之间的深层次矛盾导致俄国与德国关系紧张。鉴于这样的同盟阵容再加上巴尔干半岛的动乱局势，什么事都有可能发生。

离奇的事确实发生了。一名信奉波斯尼亚民族主义的学生刺杀了奥匈帝国王位继承人弗朗茨·斐迪南大公。1914 年 7 月 28 日，奥匈帝国在德国支持下，对塞尔维亚宣战。一周后，俄国动员起来，支持塞尔维亚。德国向俄国、法国宣战，并取道中立国比利时进攻法国。英国不情愿地参战，站在了法国一方。各联盟的连锁反应支配了整体局势，2000万士兵被征召入伍。突然间，战火在欧洲烧了起来。就法国而言，尽管向德国复仇的呼声一直甚嚣尘上，尽管战争长期以来似乎近在咫尺，但大多数法国人并不主战，事态发展速度之快让他们措手不及。此时当然出现了政治宣传故事：男人们扛着装饰着花的步枪，笑着走上前线，他们迫不及待地要向残忍的德国兵复仇。德军都是胆小鬼，他们瞄不准目标。又或者，按照一位主教的说法，战争是能够净化人灵魂的体验。但是，大多数人只是觉得，由于德国是进攻方，自己除了抵抗外别无选择。社会党领袖让·饶勒斯被一名年轻的民族主义者刺杀，但这也没能阻止左派分享民族团结的本能反应。至少他们知道，团结将是短暂的。

这次团结并不短暂。因为，德国在 1905 年时制订的施里芬计划不到两个月就破产了，这基本上决定了战争的进程。之所以要制订施里芬计划，是因为德国担心自己被包围，不得不两线作战，因而他们想通过比利时进攻法国，在一个月内到达皮卡第，从西面攻下巴黎，这样就可以在对付俄国前迅速将法国淘汰出局。这个计划的效果只持续到了 9 月初，德军当时直接威胁到了巴黎。但在著名的马恩河战役中，约瑟夫·霞飞将军（General Joseph Joffre）发动了一场英勇的防御战。在这场战役中，为把军队运往前线，从巴士到出租车，所有交通工具都被征用了。由此，德国失去了速战速决的机会。

这是英雄主义的终结，是"战争不过是一场生动丰富的表演"这类观念的终结，顺便提一句，也是法国步兵时髦红裤子的终结。穿着红裤子的法军在德国机关枪面前就像砧板上的肉一样，极易受攻击。死亡正在变得不光彩且寂寂无名，或许是被某个看不见的炮手干掉了，而这个炮手可能永远不知道自己做了什么。战斗在海上与非洲继续进行，德国人被赶出他们的殖民地后，非洲成了他们前往的地方，西线在未来 3 年里变成了一场在荒凉景象中进行的奇怪斗争。人们在战壕里过着半地下式的生活。他们与死尸、老鼠为伍，还得忍受定期的轰炸。具有讽刺意味的是，尽管人们能看到机械进步的各类迹象，例如，1916年时，有卡车、侦察机及缓慢行进的坦克，但战争恍如陷入泥浆中的静态搏斗。

他们当然尝试过打破僵局。英法联军在1915年试过两次，但未能突围。在1916年凡尔登战役的10个多月里，德军发射了6000万枚炮弹。在此期间，协约国试图通过索姆河战役中同样失败且代价高昂的攻击分散德军的注意力。还有1917年罗贝尔·尼维尔将军（Gerenal Robert Nivelle）在埃纳省贵妇小径发动的灾难性攻击，这导致法军哗变。4000名士兵在军事法庭上受审，其中有49人被处决。事实上，它还导致左派政党退出了政府。

有"凡尔登英雄"之称的菲利浦·贝当将军（General Philippe Pétain）叫停了无意义的进攻，提高了军队配给量，平定了风波。然而，此时轮到某些事物登场了。美国人出现了。由于德国干预船只在大西洋上的自由航行，并击沉了搭载着128名美国人的未武装的英国"卢西塔尼亚"号客轮，他们愚蠢地激怒了美国人。从军事层面上讲，尽管有12万美国人战死，美国参战也并未产生直接性的重要影响。进一步而言，俄国在1917年革命后撤出战事，更是使战局得到了一定的平衡。但是，德国意识到，就中期阶段而言，美国参战使天平倒向了不利于自己的一方。而且，柏林如今也出现了革命骚动。德国在1918年做了最后一次大的努力，以期实现突破性进展。在他们的努力被抵挡下来后，德国主动求和。

讽刺的是，自然本身也嘲笑了人类在这场世界大战中的人员伤亡。因为战斗一缓和，就暴发了一场流行性感冒，它夺去了2000万人的生命。即便如此，单是西方列强的伤亡人数就令人深思。统计出的各方阵亡人数分别是法国 898100 人、英国 485000 人、德国 1483000 人，各方大体平衡。但是，如果我们加上在作战中消失的人，或是死于受伤、疾病的人，那么真正的伤亡人数就是：法国 1327000 人、英国 717000 人、德国 2037000 人。然而，这种统计没有考虑到，法国战争伤害了那些不能为民族生计做贡献的人，没有考虑到本已处于人口统计劣势的法国所要面对的难以避免的出生率下降 —— 法国之前需要在每千人中召集更多的男性入伍，也因此在人口比例上损失更大 —— 也没有考虑到与英国、德国相比，战争给法国造成了有形的破坏。除给寡妇与家庭带来的伤痛外，战争那极具破坏力的影响逐渐明晰，这些影响可见于法国每个村庄的战争纪念碑。而且，它将投下大片浓重的阴影。让 - 雅克·贝克尔（Jean-Jacques Becker）在关于国家对战争态度的研究中得出结论：截至 1918 年，法国已经穷途末路了。如果法国人在这场战争中忍耐到了极限，他们也许就再也不能忍受另一场战争了，即"在 1918 年还顽强抵抗的法国，预示着 1940 年战败的法国"。

第九章

战胜国的悲惨世界

世界的不稳定性正在被升级为一种体系。

在路易十四统治时期那段飘飘然的岁月里，镜厅是幻象与现实融合的地方。1919年6月28日，《凡尔赛条约》也在这个具有高度象征意义的场所签署。正是在镜厅，普法战争中让法国遭遇惨败的、刚刚统一的德意志帝国，于1871年1月18日宣告成立。具有讽刺意味的是，仿佛是上述事件所倒映出的镜射般，也是在镜厅，这次轮到德国受辱了——这次的屈辱更让人难以忍受。因为，德国被排斥在和谈之外，甚至没有来自战败国的代表出现在大厅熙熙攘攘的外交使节之中。阳光倾泻在室外激涌的喷泉上，欢聚一堂的人们希望一睹美国总统伍德罗·威尔逊、英国首相大卫·劳合·乔治或是他们自己的"胜利之父""法兰西之虎"乔治·克里孟梭的风采。当然，他们还想瞥一眼受到惩戒的德国代表。但是，活动几乎刚刚开始就结束了。代表们抵达后，头戴羽饰头盔、身着胸铠、神气活现的骑兵就把他们带到了楼上。代表们按指示来到桌子一头，在意味深长的、持续一两分钟的冷淡而傲慢的沉默后，他们获邀签约。伴随着鸣炮声，代表们被护送了出去。鸣炮声用自己战争般的语言宣布，欧洲已实现了长久和平。与此同时，克里孟梭对代表们的祝贺报以苦笑。

克里孟梭在之前的6个月内主持的和谈工作本身就是一场战争。虽然"四巨头"包括了意大利的维托里奥·埃曼努尔·奥兰多，但核心争论发生在威尔逊、劳合·乔治及克里孟梭之间，后者是唯一既说英语又说法语的人。观点碰撞主要发生在威尔逊与克里孟梭之间，劳合·乔治在某种程度上是二人的调解员。威尔逊的出现本身就代表着欧洲历史上的一个转折点。他带来的是来自宽广的大洋彼岸的方案。威尔逊倾向于从外部看待战争，将其置于世界格局之中。然而，克里孟梭与劳合·乔治二人都是精力充沛的战时领袖，他们都更加直接地见证过大屠杀的影响，自然趋向于从欧洲错综复杂的内部局势中看问题。当然，三个人都不得不考虑选民的情绪。克里孟梭与劳合·乔治清醒地意识到，战争释放出了人们对德国人的仇恨，而威尔逊面临着相反的问题，因为他将跳出自己国家的孤立主义，最终将被自己国家的参议院否决。当然，在某种程度上，谈判结果也依赖于三个主要参与者之间的化学反应。

威尔逊之前是名学者，曾担任普林斯顿大学校长。这位著名的民主党总统有着推动重要立法（例如妇女选举权）的履历。他出生于有着苏格兰－爱尔兰血统、信奉长老会的家庭。他是一位理想主义者与国际主义者。威尔逊想要建立国际联盟以保障集体安全，弘扬国际法，并推动各民族人民自决。正是为了实现这一愿景，威尔逊才带着他的"十四点原则"来到巴黎，解决争端，包括裁军、自由贸易、船只在公海上的自由航行权以及所有殖民地的民族自治。

高大、拘谨得有些刻板的威尔逊与矮小、丰满、年长但老于世故、威风凛凛的克里孟梭形成了鲜明对比。克里孟梭有着略带乡土气息的优雅，常戴一双灰色麂皮手套。他与威尔逊迥然不同的观点直接源于自己的生活。他是一名医生与热忱的共和党人。他还是发表了左拉《我控诉》文章的新闻记者。他是一个以带刺的机智著称的严厉的现实主义者——以法国人、英国人、美国人及所有人作为揶揄的对象。1870年，身为蒙马特尔市长的克里孟梭经历了普法战争。作为激进共和党领袖时，他被称为"政府毁灭者"。如今，克里孟梭亲自见证了德国入侵中立国比利时、炮轰平民的景象。接着，在他作为战时领袖亲临前线时，克里孟梭还目睹了大屠杀造成的人员伤亡。他想让德国为此付出代价，阻止德国发动第三次战争。克里孟梭觉得，威尔逊的方案太过天真且感情用事。

这些有着天壤之别的观点显然是无法调和的。聪明、直觉敏锐的劳合·乔治实在做不了什么来弥补分歧，这不过是因为他自己也很矛盾。劳合·乔治和克里孟梭一样，在论辩中比威尔逊要更加机敏。劳合·乔治乐于看到德国为战争付出代价，这正是英国舆论想要的结果。但是，他也不想让法国变得过于强大。而且，作为一个帝国主义强国的领袖，他对威尔逊的自治观并不感兴趣。他同意摧毁德国海军，但不愿分享船只在公海上的自由航行权。在这些条件限制下，结果只能是延误与妥协。笼统地说，威尔逊成立了他的国际联盟，并为奥匈帝国各族人民争取到了自治。如果协约国接管德国殖民地的话，那么奥匈帝国的这些民族如今就处于国际联盟的托管之下。法国获得了阿尔萨斯－洛林，协约国能够占领德国莱茵兰 15 年，而且萨尔河流域处于国际控制之下。德国海军将遭裁军，坦克、潜水艇与毒气制造将被禁止。最重要的是，协约国公开宣布，德国对战争负有责任，并要求德国支付赔款，补偿因战争导致的平民伤亡，首付款为 50 亿美元，余款在 30 年内结清。

许多关于《凡尔赛条约》的研究往往对此颇有微词。早在 1919 年时，经济学家约翰·梅纳德·凯恩斯便特别点名克里孟梭的做法，批评他试图用自己的赔款计划，"使时光倒流，恢复 1870 年时的情形"。凯恩斯代表英国财政部沮丧地签订了《凡尔赛条约》。同年，雅克·班维尔（Jacques Bainville）则认为，凯恩斯低估了法国的损失。他认为真正的问题在于德国。德国仍拥有欧洲人口最多、最为同质的区域，而从威尔逊的民族自决政策中诞生的弱小国家无法与之抗衡。他也许还补充说道，德国由于历史因素的共同作用，已成为具有潜在爆发力的国家：迟到的文化适应 —— 当法国正在享受它的伟大世纪时，日耳曼的土地正在被三十年战争蹂躏着 —— 之后是迟到的工业化、迟到的统一，以及迟来的对殖民竞赛的参与（带着其普鲁士军事传统）。如今，由于德国民众尚未见到战争带来的破坏，因此就有人可以虚构一种论调：德国并未被打败，而是遭到了背叛 —— 这种谎言与 1920 年左右的经济衰退一道，加深了纳粹主义的神秘魅力。

正如一位历史学家所指出的那样，《凡尔赛条约》未能调和对立双方的观点，以至于"维护和平的唯一保证就是胜利者保持团结"。但是，英国渐行渐远，美国在共和党主政后，没有认可条约，甚至都没加入国际联盟。因此，留给法国的是重重矛盾和努力后的失败。然而，指责某些人造成了这样的局面也是不现实的。克里孟梭也许过分执着于过去，而威尔逊则过分超前于自己的时代了。但是，他们都尝试过了。条约象征着遭遇创伤后的欧洲的矛盾。当时的欧洲在经历了令人震惊的第一次世界大战后，仍沉浸在以往的恐惧与仇恨之中。事实上，一开始选定凡尔赛宫镜厅作为条约签署地，在仪式上羞辱战败的德国，这种做法也许就注定了结局。具有讽刺意味的是，镜厅不仅映出了之前的一场战争，还映照着下一场战争。

随着战争结束，法国进入了"疯狂年代"（années folles）。巴黎恢复了文化之都与"同性恋巴黎"的双重身份。作家与艺术家们都从蒙马特尔搬到了蒙帕尔纳斯。可可·香奈尔展示着她的时尚，红磨坊与女神游乐厅打造了明星密斯丹格苔或是美国的约琴芬·贝克。而且，随着收音机与留声唱片机的普及，全国上下如今都能哼唱最新的爵士乐曲调，或是聆听吕西安娜·布瓦耶吟唱《对我细诉爱语》。人们试着去遗忘。

但是，也有些人无法忘却。单是 1919 年，即《凡尔赛条约》签订的那年，就有几件事值得一提。保罗·瓦勒里发表了关于欧洲危机的文章。自令人瞠目结舌的开篇第一句——"我们的文明如今知道自己是会死的"——开始，他就暗示道，欧洲大陆在道德与智力上进行了自我戕害。奥斯瓦尔德·斯宾格勒出版了《西方的没落》。这本书让年轻的安德烈·马尔罗发展出了与"人类的死亡"相关联的新观点，即"荒诞"。同样是在 1919 年，如果我们相信超现实主义运动领袖安德烈·布勒东所讲述的事，那么年轻作家菲利普·苏波会经常溜到公寓大楼，然后问门房，菲利普·苏波是否住在此地。布勒东告诉我们，如果门房回答，"菲利普·苏波确实住在这里"的话，"苏波也不会感到惊讶，而会跑去敲那位也叫苏波的人的门"。简言之，苏波是在切实贯彻身份感及意义缺失的感觉，这也是马尔罗的荒诞思想所暗示的内容。

恰如浪漫主义运动主要是对革命期动乱的回应一样，一种新的人文景观正在出现，它回应了战争给人带来的惊吓，回应了充满骚乱与技术进步的新世界。一场巨大的波动正在席卷而来：在哲学上，出现了法国的黑格尔，后来是马丁·海德格尔；在音乐上，从伊戈尔·菲德洛维奇·斯特拉文斯基到奥利维埃·梅西安；在造型艺术上，从立体主义到抽象艺术；在思想上，新的驱动力来自战前已为人知的人物，但他们在1918年后才得以施展才华，就像是登上一个精心准备的舞台一样。最具影响力的当数爱因斯坦与他的相对论，弗洛伊德及其对无意识的强调，还有亨利·柏格森及被他上升到比智力更重要层面的直觉。

这些因素渲染了当时的文学。路伊吉·皮兰德娄的戏剧刻画了摇摆不定的人物，它们暗示着人们个性的不连贯性，因此也就不存在前后一致的自我。经常缠绵病榻、在软木贴面的房间里写作的普鲁斯特，试图基于不由自主的记忆，构建个体灵魂的连续性：例如，简单到如一小块蛋糕的味道般的东西（著名的玛德琳蛋糕）就能让回忆如潮水般涌来。因此，我们可以生活在过去与现在的混合体中，超越时间。就好像普鲁斯特在不可知论渐趋流行的时代，正试图寻找基督教灵魂的世俗对等物一般。在另一个层面上，安德烈·纪德对"凭兴趣做事"的强调，以及他通过做出某些"无偿行为"以体现个人不受传统习俗约束的挑衅性观点，让一些读者感到不安。所有这些作家与思想家在破坏理性主义、推翻旧秩序上都起到了作用。世界的不稳定性正在被升级为一种体系。

这种新"世纪病"最显著的表现是超现实主义运动。它接替了达达主义。选择"达达主义"这一名字，是因为它毫无意义，也由此暗示了对概念定义的排斥——然而这与自相矛盾相差并不远。在系统上更加无序的超现实主义，标榜自己是对整个道德、政治、社会与智力秩序的攻击。它的目标是解放无意识——主要是通过自动书写（automatic writing）——因而使"真实的自我"从资产阶级社会假定的"不真实的人"所设置的囚笼中解放出来。这种说法理所当然有赖于两个靠不住的假设：一是存在所谓的"真实的自我"，二是可以实现不受控制的自动书写。此外，这些穿着考究的年轻人打算"震惊资产阶级"这件事听上去也十分滑稽，或者说安德烈·布勒东是可笑的，他成了这场运动名副其实的教皇，自以为是地将反对者驱逐出去。

但是，在运动进行过程中，人们总会开些无伤大雅的无政府主义玩笑。超现实主义者在公开信中严厉批评欧洲大学主管学术事务的校长们，说他们装模作样地传授知识；抨击精神病院院长，说他们没能认识到只有病人才是神志正常的人。更不要说法国地铁在驱逐了一个向漂亮姑娘暴露自己的男人后，收到了萨尔瓦多·达利的抗议，达利认为，自我暴露是那个男人"纯洁而慷慨的行为"。还有超现实的改善公共历史古迹的建议，以及大量其他的噱头。在此需要补充一点：公正地说，对许多诗人与画家而言，这种经验有助于他们的成长，而且当时的年轻作家就像浪漫主义者一样，对探索自身抱有严肃认真的态度——几位超现实主义者以自杀做了了结。但是，随着政治局势变得日益严峻，超现实主义运动逐渐消失了。此外，阿道夫·希特勒与其他人一道，更加凶猛地攻击着理性主义。

可以说明当时社会政治动荡的一条线索就是人事变动，不仅是政府的人员流动，还有要员的变动。1914 年，社会党领袖让·饶勒斯遇刺身亡；1932 年，保罗·杜美（Paul Doumer）总统也遭刺杀；更不要说在和平会议召开期间，克里孟梭受伤的事了。还有略带丑闻性质的丧命——1899 年，菲利·福尔总统心脏病发作致死，原因是他情妇的过度服侍。在此基础之上，人们还会想到 1920 年的一桩奇事。某天大清早，一个穿着睡衣、打着赤脚、心智失常的男人在铁路线上游荡，他宣称自己是共和国总统保罗·德沙内尔，这话听上去完全不像是真的，但实际上他的确是德沙内尔总统。

此外，关于未来之动荡的一个更加凶险的征兆同样出现在 1920 年：法国社会党党员在图尔市的会议上分裂成了两派。这种分裂同样发生在工会组织"法国总工会"（CGT）内部。法国内部的这种分歧时不时会带来巨大痛苦，事实表明，在 1939 年下一次大战开始前，这种分歧极具破坏性。

十足讽刺的是，战后国家集团政府严厉镇压四处蔓延的罢工，大大削弱了工人运动整体强度，而法国社会党的内部分裂仅发生在短短数月之后。基于战时组成的"神圣国家联盟"，右派与中间派政党联合组建了国家集团政府（National Bloc）。他们将民族主义的说辞与对布尔什维克革命所象征的"红色恐怖"的警示融合在一起，借此取得了政权。政府已扩大了自身与日益兴起的工人阶级之间的鸿沟，后者通过军工生产实现了工业化。如今，政府通过强化保守势力的尝试，加深了人们对左派的敌意。巩固保守势力的举措包括：在教会面前摆出一些姿态，恢复与梵蒂冈的外交关系，并且考虑到全国的低出生率，从法律上严格禁止堕胎与节育。但是，它不可避免地遭遇了两个基本且相互关联的问题——资金与德国。在重建费用方面，法国从德国那儿获取财政补偿时遇到了困难，迫使 1922—1924 年间的法国总理雷蒙·普恩加莱（Raymond

Poincaré）在 1923 年占领了德国鲁尔区以攫取原材料。但是，这导致当地发生了大罢工。普恩加莱未能获得来自英国与美国的支持 —— 他们觉得这也许会引发一场共产主义革命 —— 于是他被迫撤退，并接受仲裁。这次的挫折导致法郎急剧贬值，进而不仅致使国家集团政府垮台，还导致其继任者 —— 1924—1926 年执政的"左翼卡特尔"政府解体。

恰在此时，阿里斯蒂德·白里安（Aristide Briand）崭露了头角。他是一个在当时有着远见卓识的人。这个布列塔尼人曾以律师与新闻记者为业。他是工会运动的坚定支持者，而且在 1902 年加入议会之前，他也是社会党的领导人物。白里安以试点立法实现政教分离而为人所知，他几乎成了在人员快速流转的法国内阁中永远的常客，通常是担任外交大臣一职，他也当过不下 11 次的总理。他还是优秀的演说家，对政府机构了如指掌。白里安的出身及其早期经历让他能够体谅普通人，而且他具有稀缺的品质，那就是常识。白里安坚定地支持新组建的国际联盟，对战争怀有深深的厌恶 —— 他在 1915 年年末至 1917 年年初担任战时总理的经历加深了他对战争的厌恶 —— 他想要通过在国际联盟框架内的集体安全体系，与德国达成和解。在 1921 年的第一次尝试失败后，他成功与德国外交部长古斯塔夫·施特雷泽曼达成默契。最终促成了 1925 年《洛迦诺公约》的签署。这项公约也涉及了英国、意大利与比利时，它认可了《凡尔赛条约》划定的边界，规定莱茵兰的非军事化，并允许德国加入国际联盟。1928 年的《凯洛格—白里安公约》进一步巩固了《洛迦诺公约》的内容，美国也被邀请加入这个 15 国公约，共同宣布禁止战争。凯洛格和白里安两人因此项公约的签署而荣获诺贝尔和平奖[1]。截至 1930 年，白里安仍在提出组建欧洲联盟的议案。

_____

① 分别是 1929 年和 1926 年诺贝尔和平奖。——译者

但是，当时的国际舞台已经黯淡了下去。1929 年 10 月，美国股市崩盘。随后发生的美国经济大萧条已蔓延至欧洲，给德国造成了尤为严重的失业与苦难。法国本身的情况看似好一些。自 1926 年起担任总理满 3 年的普恩加莱，为应对经济危机，组建了一个由全国工会构成的联合政府。而且，事实上，他这招在很大程度上取得了成功。普恩加莱削减开支、提高税收，使法郎贬值以减少国债。因此，他能够用公共住房计划与社会福利体系推动法国的现代化。最初，法国没有像英国、德国那样遭受巨大损失。法国失业率没那么高，而且在 1930 年时诸如汽车工业、化学制品与电力这些部门依然在强势增长。但是，颇为讽刺的是，这正是因为法国在经济上没有那么发达，与其他国家相比，更加奉行贸易保护主义。于是，当法国在 1931 年受到经济危机冲击时，遭受的打击更大，法国也需要花更长时间才能恢复过来。工业产量急剧下降，银行系统各领域崩溃，购买力下降，失业率骤增。所有这一切开始带来严重的政治动荡，复刻了德国与新法西斯主义意大利的情况。

普恩加莱之后的两届政府也试图通过公共建设与财政补贴来应对危机，直到来自激进社会党的爱德华·赫里欧于 1932 年组建的左翼政府掌权。赫里欧将先后多次担任总理一职。但是，当激进派与社会党无法就一项政策达成共识时，人们的希望破灭了，赫里欧也未能在前人跌倒的地方爬起来。因此，公众的不满变得更甚。伴随着法国国内反议会情绪的高涨，希特勒升任德国总理后外在威胁的迫近，以及 1933 年时赫里欧脱离了国际联盟，法国 —— 随着人口老龄化与出生率的下降 —— 对未来不再满怀信心。人们已经觉得，克里孟梭与刚去世的白里安的辛苦付之东流了 —— 而且下一场战争的倒计时也已开始了。

在后法国大革命的法国社会中，内部分歧一触即发。快速更迭的政府未能解决经济危机，如今又与日益紧张的国际局势一道，激化了法国政府的两极分化。这倒不是说左派或是右派各自有多强的凝聚力。左派是相信小政府理论的共和派，这些激进派人士在教条上就与社会党人意见不合。在右派这边，学说不及传统与情感那般重要，承担管理一职的，与其说是政党，不如说是少量的组织机构。这些组织在大体上有着相同的武装反抗共和派的愿景，其中就包括夏尔·莫拉斯领导的"法兰西运动"。它倡导以暴力推翻共和国、复辟君主制。此外还有名为"国王的报贩"的青年运动。兜售该组织报纸的街头小贩成了大街上的步兵。尽管教皇在1926年时谴责了这场运动，但它仍然对传统主义观点产生了强烈影响。军事组织"火十字团"更加明确地捍卫欧洲基督教文明。"火十字团"的名称来自十字勋章，它是在敌军炮火前展现英勇气概的军人所获得的荣誉。德·拉·罗克上校领导了这个组织，而它的赞助人是香水商、《费加罗报》的所有者——弗朗索瓦·科蒂。其他多少具有一些准军事组织风格的团体包括：不那么年轻的"爱国青年"，赞助人是香槟公司百万富翁皮埃尔·泰亭哲；名为"弗朗西斯党"的公开的法西斯主义小政党；还有法国团结党。敌人通常把它们混为一谈，说它们是一个由共和党、社会党、共产党、移民，当然还有犹太人组成的巨大阴谋——成千上万的犹太人如今正逃离希特勒统治下的德国，作为难民来到法国。

在今天看来，在那个时期，制造神话的程度以及左派、右派之间的厌恶之情也许看似奇怪，不过并不像希特勒自己的幻想那样荒诞不经。希特勒觉得，犹太人既应为美国的资本主义负责，也要为俄国的共产主义负责。但实际上，正是随着法西斯德国的崛起，人们感受到争取民族身份的斗争已上升到了国际层面，由此才滋生出左、右两派彼此的仇恨，并进一步催生出了恐惧。如果说双方都倾向于用对方的极端主义派系来定义对方，那是因为他们认为，文明的未来正岌岌可危。而且，只需要一个恰当的象征性事件，例如 1934 年的斯达维斯基丑闻，就足以引发巴黎自 1871 年起闻所未闻的暴力。诈骗犯斯达维斯基是一名乌克兰裔犹太人，他之前是一家夜店里外表光鲜的歌手与经理，过去曾多次因诈骗罪被判刑，但自 1926 年起——据说通过政界的关系——他策划推迟了下一次审判，并使自己得以取保候审不下 19 次。他在最近一次骗局中，用假珠宝做抵押开办典当业务，还通过出售一文不值的债券赚大钱，并四处买通追根究底的记者与警察。斯达维斯基在他的帮凶——巴约讷市副市长被捕后，担心落网，于是逃跑了。据说，斯达维斯基遭到追捕并尝试自杀。当警察发现他的时候，他已经死了。

许多人听到这个消息都语带讥讽，表现出极大的怀疑。因为，他们认为，斯达维斯基是被杀人灭口了，目的是保护那些身居要职的人。而且，事实上，一位大臣、多位检察官与激进派议员，还有一些记者似乎都多多少少参与了这起丑闻。这使得右翼公然宣布，统治法国的是一伙骗子和犹太裔外国人。在 1934 年 1 月期间，右翼势力还让他们的军队走上街头，引发了一系列暴力冲突。在这种压力下，在位仅两个月的总理卡米耶·肖当（Camille Chautemps）被迫下野。随后，首相像走马灯似的换了一个又一个，老首相刚登台不久，就被许多新首相相继挤了下去。第一位是另一个激进派人士——爱德华·达拉第，他免去了巴黎警察总监让·恰普的职务。恰普即使看到自己手下的一些军官受伤，仍支持右翼示威者，因而被免职。然而，达拉第此举导致位于波旁宫的议会遭到攻击。在 2 月 6 日、7 日晚，步行或骑马的武装警察抗击着暴徒一次又一次的冲锋。暴徒人数至少有 20000 人，他们发起猛攻，试图进入大楼。到早晨时，多达 20 人遇害，大概有 1500 人受伤，包括许多警察。如果将这次事件当作一次失败的政变的话，那么这次政变显得非常业余，但这足以说服达拉第辞职，以缓和紧张局势，如今他已被自己的激进社会党中的一部分成员所抛弃 —— 这是法兰西第三共和国首次向暴民做出让步。

　　动荡继续着。甚至在 1934 年晚些时候，法国外交部长路易·巴尔杜与同车的南斯拉夫国王亚历山大一世在马赛遇刺身亡，他们死于克罗地亚民族主义者之手。接替达拉第掌权的加斯东·杜梅格总统试图通过邀请右翼分子进入自己的内阁以平定局势，但是左派对此充满敌意。杜梅格不到 11 月就下野了。随后是坚持了 7 个月的皮埃尔-亨利·弗朗丹。费迪南·比松在位仅 3 天，就为皮埃尔·赖伐尔（Pierre Laval）让路了。在 1935 年 6 月掌权的赖伐尔坚持了将近 8 个月。他试图用通货紧缩政策解决持续的经济萧条，却并没有赢得人心，不过真正导致他在 1936 年 1 月下台的原因是，人们认为他默许了墨索里尼在 1935 年入侵埃塞俄比亚，这一应对事实上毁掉了无能的国际联盟。

　　与此同时，根据人们所熟知的法国政治的曲折路径，斯达维斯基危机将会促成人民阵线（Popular Front）的诞生。这个广泛的左翼联盟始于 1936 年春。正如一项十分实用的研究所指出的，这是一件非凡之事，是强大的工人运动与左派联合政党选举胜利的结合。正是由于社会底层所施加的压力，以及一系列事件的驱动，激进派、社会党与共产党的领袖们才聚在一起，基于利害关系而实现了联合。共产党与社会党理所当然地互相争夺着左翼选票，而社会党在意识形态上也与激进派不合。激进派加入人民阵线，部分原因在于他们当时正失去选民支持。反法西斯知识分子组成的跨党派群体为左翼联盟的形成提供了最初契机。之后，一场盛大的游行将各党派、工会，以及各种反战与人权组织聚拢在一起，推动运动向前发展，并促使各党派达成了选举协议，它们同意在第二轮选举时退出并支持票数领先的左翼候选人，最终人民阵线取得了彻底的胜利。社会党赢得了 147 个席位，激进派获得 106 个席位，而共产党得到了 72 个席位。当然，在社会党领袖、著名知识分子莱昂·布鲁姆（Léon Blum）领导下，这个新成立的人民阵线政府于 1936 年 6 月至 1937 年 6 月执政期间，绝不会过得惬意舒适。布鲁姆是犹太裔。不论他在多大程度上不再信奉犹太教，迎接他的都是反犹左翼报刊异常恶毒的攻击 —— 他已经被"国王的报贩"运动的年轻激进分子从自己的车里拖出来暴打过一顿了。最重要的是，工人们已通过罢工与占领工厂的方式在欢庆胜利了，这是个棘手的问题。

布鲁姆决定采取严格的宪法手段。因为他明白自己没有多少回旋余地，所以准备快速行动起来。而就像人们常说的那样，占领工厂的工人们并不觉得自己是在发动一场革命。这些工人充分展现了审慎和务实的态度，他们只是试图预先制止厂主闭厂，预防工厂请非罢工者来取代自己的位置而已。布鲁姆通过《马提尼翁协议》结束了罢工。协议规定了加薪、更多的工会权利以及工作场所需履行的集体协议。他引进了每周 40 小时工作制，以及每年为期 2 周的带薪休假。这让许多工人第一次有机会去乡下走走，或是去看看大海。尽管女性仍然没有投票权，不过他在自己的内阁中任命了 3 名女性。他将学校毕业年龄提升到 14 岁，并委任了一位大臣专事体育运动。这位大臣资助了运动草场与游泳池的兴建。

人民阵线也带来了一些有限的国有化措施，设置了用于科研的中央基金，并成立了一整套机构，包括天体物理学与原子合成研究中心、现代艺术博物馆，以及人类学博物馆。人民阵线关于文化传播的倡议与当时社会上的乐观主义情绪结合在一起，影响了剧院、电影院，甚至是流行歌曲 —— 查尔斯·德内曾在法共年度大聚会上献唱此类歌曲。这真是一场绚丽盛大的表演。

当然，这种情况不会长久。人民阵线政府的经济措施过于野心勃勃。而且，在短期内，它限制产量的做法让情况变得更糟了。1936 年 7 月，当弗朗西斯科·佛朗哥将军开始发动武装暴动反抗西班牙第二共和国、促成了一场欧洲的代理人战争时，国际局势变得更加凶险了。在西班牙内战中，德国与意大利公开以飞机、武器这些战略物资支持佛朗哥，而苏联则为西班牙共和党送去了补给与资金援助。布鲁姆本想帮助西班牙共和党，他也确实通过帮助安德烈·马尔罗组建一支战斗机中队的方式，向西班牙政府提供了非正式的援助。但是，他无法把不牢靠的联盟团结在一起。无论如何，尽管英国外交大臣罗伯特·安东尼·艾登做出了努力——他在第一次世界大战中失去了哥哥约翰，即将在之后的世界大战中失去一个儿子——英国仍决意采取绥靖政策，并明确表示他们不会支持布鲁姆。因为未能支援西班牙共和党，法共收回了他们的支持，联盟因此瓦解了。

尽管如此，人民阵线依然代表着一段传奇岁月，尤其对于法国左派而言。就像一段论述所言，这并不仅仅是因为"1936年夏改革的规模之大以及人们情绪的高涨"。它还让数百万人开了眼界，给予工人们尊严，向人们宣扬了"他们是自己国家的共同所有人"这一观念。它是对更美好未来的惊鸿一瞥，是第二次世界大战后形成的新共和国之蓝图。

1938年《慕尼黑协定》的签署成了稳步走向战争的决定性时刻，因为它接受了希特勒对捷克斯洛伐克境内讲德语的地区，即苏台德地区的领土要求，这为他不久后入侵整个捷克斯洛伐克开辟了道路。如果说，英国首相威尔特·张伯伦天真而得意地挥舞着希特勒的和平保证书的话，那法国总理爱德华·达拉第——他在1938—1940年再度担任政府首脑——在回到巴黎，面对着欢呼喝彩的民众时，只感到羞耻，觉得他们是上当受骗的傻瓜。那些实业家打出了"宁要希特勒，不要布鲁姆"的座右铭，他们都很开心，而布鲁姆则声称感到了一种懦夫般的如释重负。

当时的一项民意调查显示，57%的人支持《慕尼黑协定》，37%的人反对。然而，随着欧洲"睁着眼睛"继续大踏步走向灾难，人们的悲观情绪加深了。1938年年末的法德互不侵犯条约为纳粹德国吞并波希米亚和摩拉维亚开辟了道路，同时，德国开始提出对波兰的所有权，并于1939年8月缔结了《苏德互不侵犯条约》。这项条约使得出现糟糕局面的可能性进一步增加，它甚至迫使法共的决策出现了180度大转变，再度认定对德作战是资本主义的一反常态，而非爱国之举。到这时，更多群众看出了其中的凶兆。进一步的民调显示，75%的人如今认为战争是不可避免的。因此，等待希特勒采取行动的是一个逆来顺受、严重分裂的国家。

知识分子与艺术家的态度一针见血地反映出意见分歧。他们中的许多人如今认为，民主政体的缺陷迫使他们在法西斯主义和共产主义两个阵营间做出干净利落的选择。巴勃罗·毕加索的巨型油画《格尔尼卡》讲述了它自己的故事。这幅画的灵感源自西班牙内战期间，巴斯克著名历史重镇的平民遭到德国飞机滥杀无辜式的轰炸这一史实。而马尔罗的小说《希望》（*L'Espoir*）则用饱含同情但最终落入悲观的笔调描述了西班牙内战。这场战争被看作一场新的世界大战的前奏。

另外，右翼作家与法西斯作家的作品很有市场。例如，皮耶尔·德希厄·拉·侯歇勒（Pierre Drieu la Rochelle）的《吉尔》（*Gilles*）就是与《希望》旗鼓相当的一部小说。还有路易-费迪南·塞利纳（Louis-Ferdinand Céline）与罗伯特·巴西拉奇（Robert Brasillach）——所有这些人都支持德国占领。即使在天主教内部，分歧也存在。尽管天主教会普遍支持佛朗哥的反叛，但作家弗朗索瓦·莫里亚克与乔治·贝尔纳诺斯（Georges Bernanos）最终都站出来反对动乱。被之前那场战争的记忆所助长、由让·雷诺阿的《大幻影》之类的电影所鼓噪起来的广泛存在的反战主义，似乎为战争增加了宿命论的色彩。这在戏剧中表现明显，作品主题频频涉及古代，好像希腊悲剧中无法逃避的命运切中了当下的要害一样。早在 1935 年，在让 - 皮埃尔·吉侯杜那戏谑的戏剧标题《特洛伊战争将不会发生》（*La Guerre de Troie n'aura pas lieu*）里，作为一名外交家的吉侯杜就已经知道，下一场战争极有可能发生。

法国并不像有时人们认为的那样，没有在军事上做好战争准备。除去飞机数量外，法国军力其实与德国军力相当。而且，事实上，自凡尔登战役后，法国自认为拥有"世界领先的军队"。毕竟，在整个 20 世纪 30 年代，法国都在法德边境上建造严密的防御工事 —— 马其诺防线。与此同时，莱昂·布鲁姆在 1936 年就开始脚踏实地地开展重整军备的庞大计划了。问题实际上出在其他地方，其中最根本的是法国外交方式与军事姿态之间的矛盾。法国与诸如波兰与俄国等远邦的联盟 —— 更不要说位于近海地区犹豫不决的英国了 —— 暗示着法国能够帮助它们，然而法国采取的防御姿态使这一暗示难以让人信服。另一个问题是马其诺防线。尽管前一场世界大战已经给人们带来了明白无误的教训，但这一防线仍然不仅不完整，还止于比利时边境处。人们认为，德军不可能穿过阿登高地森林茂密的山地发动攻击。事实上，将军们所做的准备全都是针对之前那场战争，而不是现在这场战争，他们对来自夏尔·戴高乐（当时他是隶属于国防委员会的陆军中校）的警告视若无睹，最终对新出现的德国闪电战束手无策。1939 年 9 月 1 日，德国基于空中部队与装甲部队的联合袭击，发动了攻打波兰的闪电战。此举终于激怒了法国与英国，两天后，达拉第与张伯伦对德宣战。简言之，法国在面对这个新矛盾时，在外交与策略上均处于劣势。再加上内部分歧与宿命论观点，结果基本在意料之中。在这场"伪战争"中，长期的不作为加剧了宿命论的感觉。

7 个月之后，当德军终于在 1940 年 5 月 10 日发动攻击时，效果是惊人的。他们只不过是绕过了马其诺防线，穿过阿登高地，进行了一次装甲突袭，从后方攻击了英法联军。5月底，联军落荒而逃，孤注一掷地撤退到英格兰，最后有将近25万英军与超过10万法军被保住了。嘲讽法国士兵胆小懦弱的言论既无知也不公平 —— 为保护装备不良、战绩不佳的英国远征军，使他们能够落荒而逃，法军英勇战斗，牺牲了很多人。但是，法国的战略位置是无可救药的。在德军的快速进攻前，法国民众已经开始了逃跑，政府也撤退到了波尔多。失败主义派系赢得了内阁支持，不抱幻想的老兵贝当元帅取代了总理保罗·雷诺。贝当请求停战。这只用了不到6周的时间。

如今已经当上将军的戴高乐，刚被任命为国防部副国务秘书。他未能影响内阁的决定，于是逃往伦敦，在英国广播公司发表了那篇著名的广播，呼吁法国人继续战斗。因为他在法国几乎没有听众，所以到那时为止，他的建议仍无人搭理。但是，他对这次世界大战在较长时期内发展情况的判断，有着惊人的先见之明 —— 他的时代终将来临。

第十章

几乎沦为德国的一个省

"凡尔登英雄"在一无所获的情况下，
把自己的国家变成了德国的卫星国。

"我们从未像在德国占领时期那般自由"，让－保罗·萨特如是写道。他的言下之意是，在那种情况下，人们被迫做出了重大决策。但是，萨特本人并未做出任何特别冒险的决定。而且，他的观察对于担心被俘的儿子或是要养活的一家人的法国同胞来说，听起来只是诡辩而已。当国家以骇人的速度被蹂躏，当日常生活一夜之间被改变时，你会做什么呢？当看到训练有素的德军在香榭丽舍大道上游行时，你会做什么呢？当地标性的建筑被征用，上面覆盖着得意地印着纳粹党徽的红旗时，你会做什么呢？当协和广场上为德国车辆竖起新路标时，当德军沿街巡逻或者乘坐法国地铁时，你会做什么呢？

当你担心食物短缺、被迫遵守宵禁、得到严重警告"暗中破坏将被处以死刑"时，当你得知有超过 150 万法军被囚禁在德国拘留营中时 —— 事实上这些现象让整个法国都沦为了俘虏，你也不会感到自由。因此，至少在最初时，法国人按照英国建议其公民在被占领的海峡群岛上的所作所为行事 —— 他们实行"消极合作"。但是，压力迅速迫使群岛上的英国警察积极合作，将犹太人赶到集中营中，而这种压力带给法国人的影响要大得多。因为，这次令人震惊的失败再次凸显了一个根本性矛盾，一个自 1789 年来就未解决的、天主教君主主义传统与共和民主传统之间的矛盾。正是在这种情况下，社会上可能会出现模棱两可的情况，忠诚行为可能变得危险，错误决定意味着某天将遭受灭顶之灾。

而且，停火协议的条款极大地增加了这种模棱两可性。从某个层面上说，这些条款非常严厉：德国强行征收造成严重损害的占领成本；吞并了阿尔萨斯－洛林；接管了人口更多、工业化程度更高的北方地区，以及整个大西洋沿海地区所有的港口，向南直到波尔多。法国获准拥有占国土面积 45%、全国人口 1/3、经济欠发达的南部，构成未被占领的"自由区"，尽管该区包括了里昂与马赛港。法国因此被一分为二，两部分之间有重兵把守的"分界线"。这项安排认可的事实是，法兰西帝国没有直接受到影响。因此，法国可以保有自己的海军，前提是它不处于服役状态。但是，这也合了德国人的心意。

1940年6月23日发生的著名历史事件是，希特勒来到法国，在夏悠宫外的海滨大道上做了些胜利庆祝，并留下了影像记录。德国政府部门迅速接管了位于巴黎中部地区的法国重要官方大楼、大饭店与营房。德军地区指挥官被舒舒服服地安顿在位于里沃利路的莫里斯酒店，而盖世太保则怡然地被安置在位于福煦大街与水泵路之间的位置。然而，希特勒急切地想将人力、物力集中起来，以应对即将到来的与英国和苏联之间的冲突，而不是分散资源，用于驻防像法国这样的大国，并维护那里的治安。而且，希特勒也不需要这么做，因为他已经掌握了法国的工业财富，并通过扣押囚犯而挟持了法国。因此，德国可以颇为省事地将大多数维持治安的工作交给法国人自己。德国也把法国当作放纵自我的度假胜地。德国士兵能在休假时到法国，体验巴黎暧昧的乐事。所有这一切无疑提出了一些问题，即这个较小的"自由区"到底有多自由？它能在多大程度上代表法兰西这个国家？稀奇古怪、各不相同、即将成为维希政权首领的菲利浦·贝当（Philippe Pétain）元帅与皮埃尔·赖伐尔所采取的方式，也没能减轻这种含糊不清。

无子无女、84岁的贝当如今是个祖父般的人物。他留着花白小胡子，微弱的声音像长笛一般，走路时拄拐杖。但是，他那双清澈的蓝眼睛很有名。也许连他自己都没料到他后来的职业生涯。因为在1914年擢升将军的提名遭拒后，他就是个即将退休的58岁步兵上校了。当然，1916年，他成了"凡尔登英雄"。在关键性的凡尔登战役中，贝当使用大炮，最大限度地调动人员与物资，采取防御策略坚守陆地，抵挡持续的攻击。克里孟梭与一些总参谋部的人当时觉得他过于注重防守，但恰是防守策略本身让贝当在部队里受人爱戴，因为士兵们觉得，贝当比那些一门心思进攻的狂热将军要脚踏实地，也更关心他们的安危——正如他在1917年军队哗变后所展示的那样。

贝当虽不是虔诚的天主教徒，但守旧的天主教出身让他有着传统主义思想。而且，与城里人持有的世界主义不同，他喜欢把"土地不会说谎"这句话放在嘴边。贝当虽不是共和国的仰慕者，却也不会大肆宣扬自己的政见。他在1934年担任陆军部长，在1939—1940年出任法国驻（佛朗哥统治下的）西班牙大使时也做得顺风顺水。贝当清楚地知道，被人民阵线激怒的右翼群体已经说了好几年，想由他担任国家元首，以至于法国战败后，当这些右翼群体要求贝当组建政府时，他能马上从口袋里掏出一份大臣名单来。

与身体虚弱，但衣装整洁、体形修长的老兵形成对比的是53岁的赖伐尔。他看起来像个稀奇古怪、邋邋遢遢、着装风格颇为浮夸的服务员领班。他有着黝黑的面庞、黑色的眼睛与深色的头发，其中有一缕还垂在前额上。赖伐尔穿深色西服、乳白色衬衫，还系着标志性的白领带，永远叼着他的巴尔托牌香烟。这个形象对他没什么帮助，因为老元帅似乎能让人肃然起敬，而人们会很轻易地讨厌赖伐尔，把他看作是个令人毛骨悚然、像癞蛤蟆一样的野心家。他就像他名字中的回文"Laval"一样，两面三刀。事实上，赖伐尔在英国报纸上被人画入了讽刺漫画。理所当然，赖伐尔是个更加复杂的人物——他曾说自己有许多分裂的部分——但是，他更加聪明，他的政治生涯也更充实。这位来自奥弗涅的寒门才子，同样自称是个"热爱土地的人"。而且，他确实买下了一个大农场，但是他是通过担任律师而发迹，后来则靠大量的房地产交易与对一家报纸的收购，变得特别富裕。

农村的出身依然在赖伐尔的身上留下了痕迹——他花钱吝啬、迷信，言行粗俗，而且会实实在在地把烟吹到老领导的蓝眼睛里。但是，他也能魅力四射。他有着白手起家者的信念，觉得自己能不打官腔，免去外交上的繁文缛节，就把事儿办好。毕竟，他的职业生涯几乎就是第三帝国动荡不安的例证。赖伐尔担任过各种各样的政府部长职务，并在1931—1935年两次出任总理一职，之后他就被人民阵线发配到荒无人烟的地方去了。因此，赖伐尔在建立维希政权时，将贝当视为合宜的傀儡，而他自己则是策略家。

尽管赖伐尔是个务实解决问题的人，但他有着强大的指导思想。他因静脉曲张在第一次世界大战时免服兵役，他始终厌恶战争，在投奔右翼阵营前一直是反战派。他与白里安一样，希望建立基于法德和解的统一欧洲。而且，他在1939年时就反对战争。但是，既然战败了，他认为法国就得接受纳粹统治欧洲的现实，并试图在这样的背景下保护法国的地位。他强烈反对共产主义与苏联的立场，使这位白手起家的个人主义者与土地所有者的观点得到了强化。当然，他想当然地认为，英国将被打败，德国会赢得战争的胜利。贝当也是这么想的，不过，与赖伐尔的现实政治相对，贝当对于光复法国有着更加梦幻的想法。正如一位贝当的狂热崇拜者在1985年时所说的那样，贝当元帅眼中的法国"直接来自中世纪伟大的天主教保皇传统：这个由独立成员组成的国家，不仅在精神上相亲相爱，而且不同职业之间的人还通力合作"。对赖伐尔来说，这是一个天真的幻想。两人观点上的差异会时不时地造成摩擦。

但是，在停火与废除共和国的问题上，他们的观点是高度一致的。由于赖伐尔的煽动，想要前往法属北非继续战斗的国会议员被阻截了。赖伐尔继续组织将权力移交到贝当手中。1940年7月1日，政府在维希被建立起来。在时髦的温泉小镇维希，人们可以用拴在喷泉上的破烂锡镴杯，喝到微温、无味的水。政府成立勉强刚过一周，受创的国民议会议员与参议员就在维希赌场里以绝大多数投票结果，选举贝当为政府首脑了。尽管元帅被指控创制了新宪法，但他立马就颁布法令使自己成为新"法兰西政府"首脑，得以大权总揽。议会的参众两院完全失效了，最终被一个由重要人物组成的仅有咨询功能的团体所取代。一个独裁主义、家长作风的政权突然出现了。正如赖伐尔戏谑地对贝当所说的，贝当获得了比路易十四更多的权力。而且，事实上，就像贝当在6月17日电台演讲中所说的那样，他已经"给了法国一个礼物以减轻不幸，那个礼物就是他本人"。他把自己描绘成没有个人野心的老兵形象，他还是为国家作自我牺牲的民族偶像，是还没完全丧失的法国荣耀的担保人。

在未来几年里，可以比肩对路易十四之赞颂的政府政治宣传攻势，将向民众反复灌输这一思想。政治宣传途径包括收音机上的演讲、刊登在政府控制的报纸上的照片，还有前往城镇与学校的参观活动。元帅无处不在：他以半身像的形式出现在公共建筑物中，或是以图像形式出现在各处，从墙贴、日历、硬币到邮票、镇纸与烟灰缸。而且，他忙于厘清1789年法国大革命，目的是为他的"民族革命"打造"新道德秩序"。共和国的国训"自由、平等、博爱"如今被火十字团（Croix-de-Feu）的三重奏——"工作、家庭与祖国"所取代，还必须遵循这个具有救赎意义的顺序。工作意味着健康的农业劳作，与远离城市的堕落相一致，童子军活动与其他青年运动也推进了这项举措。罢工权被取消，工会也不复存在，取而代之的是由管理层与工人共同组成的企业工会。这么安排是为了打消人们心中任何阶级斗争的想法。相应地，家庭暗指传统的农民单元。这种观念如今因家庭津贴、离婚限制、堕胎非法化，以及对女主内思想的强调而得到了巩固。所有这一切因免费的中等教育及国家教师培训学院的取消，还有重新授予宗教团体教育权，并向天主教学校发放补贴的措施，而被进一步强化了——其中不可避免地包括改写学校教科书以祛除任何共和偏见。

至于"祖国"，因为有必要"还法国于法国人民"，那就意味着采取措施排除吉卜赛人、共产主义者、共济会会员，最重要的是排除犹太人。因此，1940 年 10 月与 1941 年 6 月颁布的两项法令禁止犹太人担任公职，从事政府工作，参与诸如银行业务、房地产交易之类的商业活动。1927年后获得法国国籍的人，被撤销了公民身份。贝当之前的门生戴高乐将军也因逃离法国，以擅离职守罪被判死刑。此外，部分法国军舰在靠近阿尔及利亚的米尔斯克比尔港时被击沉的悲惨事件，让法国人的仇英情绪死灰复燃。英国担心，法国军舰也许是受德国之命前来，于是命令法舰驶向法国殖民地或是中立国港口。当法舰指挥官拒绝了英国要求时，英国海军击沉了法舰，或者让大部分法国船只瘫痪，结果导致近 1300 人丧生。所有这些均致使法国闭关自守，并促成了贝当在战败后一段时期内非比寻常的受欢迎程度。

为什么元帅扭转法国历史前进方向的大胆尝试，获得了如此广泛的支持呢？正如一位作家所言，为什么会存在这种对"上层家长领导"的"倒退性依赖"？因为，贝当的改革措施不仅得到了里昂大主教之类的传统主义者的支持，还得到了许多理想幻灭的共和党人的拥护。里昂大主教认为，元帅的领导是天命使然，而理想幻灭的共和党人感觉，自己被困于民族灾难之中，唯一还屹立不倒的似乎就是这个身体虚弱、胸有成竹的老人了 —— 维希政权的赞歌《元帅，我们在这里！》时刻传递着这则信息，它做出了一句令人头脑发木的断言："贝当即法国，法国即贝当！"但是，如果说贝当就是法国，法国就是贝当的话，这还是真正的法国吗？又或是说，它只是一个怀旧主题公园 —— 建在保留地上？

1940 年 6 月 17 日，当戴高乐抵达伦敦时，他遭到了法国大使馆的冷遇。戴高乐感觉"形单影只、完全孤苦无依，就像一个站在海岸上，冒昧要游过大海的人一样"。而且，当丘吉尔使他得以在次日通过电台，发出了他那具有远见卓识的呼吁时——戴高乐在讲话中说，法兰西帝国还在，而且能够与大英帝国形成合力，而英国又有着美国工业力量的支持——他觉得事情进展得并不顺利。他先后向两名高级将领韦安德（Weygand）与诺格斯（Noguès）发出呼吁，但遭到断然回绝。在敦刻尔克大撤退之后来到英格兰的法国军人中，很少有人支持戴高乐，而伦敦的那些永久性法国居民则满腹狐疑地看着他。这个稀奇古怪、特立独行的高个子，戴着他的洛林十字架徽号，不知道从哪儿冒出来，却要擅自代表法国发言。他究竟是谁？他是什么幻想家、军事冒险家？或是如罗斯福所认为的，是想要成为独裁者的人？美国驻维希大使莱希（Leahy）在罗斯福面前说了不少戴高乐的坏话。如果说，丘吉尔仰慕戴高乐的浪漫姿态，而为他组建起了临时总部的话，此举像英国政府中的一些人或是外交部所认为的那样，是个大错吗？这难道不会损害他们向维希政权施压的能力，至少能够保证法国不会动用海军与殖民力量对付英国？而且，不管怎么说，要是这个不爱交际的人物只是个让人受不了的讨厌鬼呢？

事实上，戴高乐可不是好惹的。他从未去过英格兰，而且尽管他懂英语，却从不愿意说这种语言；他难对付、傲慢且易怒。此外，他也保有法国人对英国的一贯看法，觉得英国是唯利是图的帝国主义强国——这个不可靠的盟友对法国的灾难负有极大责任。如今，戴高乐在很大程度上依靠英国，他对英国人的真实意图持怀疑态度。因此，不管戴高乐的盟友们觉得他多么讨人厌，不论他们如何存心刁难，他那趾高气扬的派头不仅仅是性情使然，这也是他为打好自己手中的一手烂牌所采取的战术。如果说，他经常惹得潜在的同情者反感的话，那是因为他过于急切地保护自己的独立，以及他所担任的复兴法国之领袖这一身份。这显然令戴高乐在伦敦处境奇特。难怪经常用有趣的英式法语与戴高乐争吵的丘吉尔居然说，他在战时背负的最重的十字架就是洛林十字架。同样不足为奇的是，英国外交部与美国人居然四下找寻更加意气相投、更有资历的法国名人来取代戴高乐。

戴高乐自己心知肚明，他与盟友之间确实存在着多重利益冲突。他渴望成为整个法兰西帝国的领导人，而丘吉尔则要保卫自己的帝国，并且丘吉尔为实现赢得这场世界大战的首要目标，会毫不心慈手软地将法国在北非或叙利亚的利益挪至次要地位。如果说戴高乐依附丘吉尔，那么丘吉尔则倚靠罗斯福。罗斯福嘲笑丘吉尔对这位假将军的赞助，因其名下并无一兵半卒。事实上，罗斯福不仅疑心戴高乐的帝国主义野心，还怀疑丘吉尔本人的野心。罗斯福希望通过美国驻维希大使馆使维希政府中立，但他对法国人的整体印象不佳，觉得战后和解没有维希政府与戴高乐插足的份儿。罗斯福认为，做决定的 4 个大国将是美国、英国、苏联与中国。总体情况就是，戴高乐 —— 最初仅仅有着象征性价值，甚至对丘吉尔来说也是如此 —— 就是一条尾巴，却要摇动一只很大的狗。他要以某种方式让自己和他那受辱的国家得到这些重要大国的认真对待。

戴高乐关心的第一件事就是确保所有志愿者都是在独立的法国国旗下行动，而不是被分配到英国军团中。因此，在他抵达伦敦 10 日内，戴高乐便说服丘吉尔认可他为"自由法国"的领导人。他在离摩尔街不远的卡尔顿花园安顿好之后，接着将为数不多可以为己所用的军队组织了起来，其中包括仍在英格兰的法国军队、英国当地法国人群体中的志愿者，还有一些海军部队。戴高乐的下一步棋就是限制对伦敦的依赖，让他作为法兰西帝国领导人的身份得到认可，并在海外法国领土上建立司令部。尽管法属北非以纪念米尔斯克比尔港为理由之一，依然支持着维希政府，但是像乍得、喀麦隆与法属赤道非洲这样的中非殖民地都支持戴高乐。于是戴高乐与丘吉尔在 1940 年 9 月发动了一场联合远征，以接管法属西非的重要港口达喀尔港。

丘吉尔想阻止德国将达喀尔港作为大西洋战役的基地，戴高乐则认为接管达喀尔港将在整个法属非洲领地上引发多米诺骨牌效应，并为他提供一个新司令部。然而，结果却是一场惨败。尽管最终计划是由丘吉尔提出的，挨批评的却是戴高乐。因为，"自由法国"一方口风不严，让维希政府及时派出了海军增援部队。丘吉尔力挺戴高乐，但是在罗斯福看来，这场灾难毁了戴高乐。维希政府据此大做文章，将自己描绘成保卫法兰西帝国、对抗叛徒戴高乐的政权。据戴高乐的一位同事所言，戴高乐看到法国人自相残杀的场景，受到了极深的影响，以至于"他再也不是他自己了，再也没有高兴过"。

尽管如此，战争的方向与法国国内局势的发展都渐渐开始以有利于戴高乐的方式运作。对德国的反抗慢慢展开了，最终将有超过 200 个种类各异的反抗群体，不论它们是受独立思想或戴高乐主义影响，还是来自社会党或是共产党 —— 在希特勒于 1941 年 6 月入侵苏联后，信奉共产主义的反抗者就登场了。"抵抗运动"（La Résistance）涵盖了形形色色的人所开展的各式各样的活动 —— 从在墙上写下宣传标语、办小报纸，到向伦敦传递情报，或是进行地下活动。此外，具有相当规模的有组织的团体也在逐渐形成。例如，"社会党行动委员会"（Comité d'Action Socialiste）、"自由射击者"（Francs-Tireurs）、"解放者"（Libération）、"战斗"（Combat）与"国际共产者阵线"（the Communist Front National）。虽然这一变化令人振奋，但也给戴高乐制造了一些麻烦。其中之一就是，这些团体从英国特别行动委员会（SOE）那里获得了资金与武器支持，因此戴高乐本人就被排除在外了。他通过建立起属于自己的类似情报机关与援助服务机构来进行反击，但要对付这些独立且具有政治多样性的群体就困难得多。他一直以来都把重点放在建立一支身处法国之外的"独立法国"军队上，希望这支军队可以与同盟国并肩作战。可是，戴高乐并没有制订战后时期的政治计划。

1942 年 1 月，戴高乐派让·穆兰（Jean Moulin）回法国，协调几个非共产主义团体。穆兰之前是沙特尔市所在的厄尔 - 卢瓦尔省省长[1]，是抵抗运动中一个响当当的人物。但是，当社会党的工会会员克里斯蒂安·皮诺在 3 月出现，要求戴高乐声明战后目标时，戴高乐相当茫然。如果说戴高乐鄙视维希政府的话，那他也并不赞赏动荡的第三共和国。在数周的争论不休之后，戴高乐发表了一份宣言，许诺恢复民主自由，实行社会保障制度与中央经济规划，并赋予妇女选举权。当宣言在地下报刊上发表时，它赢得了如潮的好评。这也表明，戴高乐不是什么独裁者，因此增强了让·穆兰的影响力。

由于上述原因，以及"自由法国"军队在 1942 年 6 月利比亚的哈肯井之战（the defence of Bir Hakeim）中备受瞩目的表现，英国第八军团得以重组并在北非的阿拉曼打败德军司令埃尔温·隆美尔，情况开始好转。因此，当戴高乐发现自己对同盟国军队于 1942 年 11 月入侵法属北非毫不知情时，就更加震惊了。罗斯福已决定扶植自己人 —— 亨利·吉罗（Henri Giraud）将军，以取代戴高乐。吉罗反对德国，但却拥有维希政府的支持。因此，吉罗被美国人从直布罗陀偷运出了法国，德怀特·戴维·艾森豪威尔将军给他的代号是"关键人物"。吉罗还被安排担

---

① 原书作沙特尔市行政长官，疑误。据考证，让·穆兰应为沙特尔市所属的厄尔 - 卢瓦尔省省长。——译者

任北非法军总司令，这支军队的人数是戴高乐5万兵力的近5倍。

这对戴高乐是个沉重打击。对此，他以其特有的干劲予以反抗。他展示了自己对其他支持自己的法属领土的广泛吸引力；他向俄国示好；他反对吉罗的政治路线，使自己的政治路线激进化。由于德国在1942年11月占领了自由区作为对同盟国军队登陆的回应，维希政府看起来越来越无足轻重了。而且，法国国内的反抗日增。由此，戴高乐能够轻易表明，吉罗不像自己一样，在抵抗运动内部有群众基础。尽管后来让·穆兰遭到抓捕并被折磨致死，但他最终成功创建了统一的"全国抵抗运动委员会"，助戴高乐一臂之力。对戴高乐更加有利的是，吉罗是个呆板的人，在政治上十分迟钝，以至于他把美国人也得罪了。戴高乐将自己的司令部迁至阿尔及尔，或多或少地迫使罗斯福与丘吉尔让他与吉罗共同主持全国抵抗运动委员会——1943年6月，在卡萨布兰卡会议上，他们请求戴高乐看在合影的份儿上，至少与吉罗握握手。但是，戴高乐已经开始排挤吉罗了。很显然，到1943年年底，戴高乐已经是"自由法国"的绝对领袖了。他凭借着巨大的决心与日益娴熟的技巧，拿着手中的弱牌与大玩家对阵。但是，游戏还没有结束。

对于维希政府的领导人来说，事情也还没结束，尽管自由区在他们脚下已经消失了，尽管由此产生了法国的真空状态，但维希政府依然正式存在着，而德国也加强了控制。如今，对犹太人的系统性驱逐及其他措施正在紧锣密鼓地进行着。继驱逐4000名犹太人之后的，是发生在1942年7月，令人震惊的"春风行动"（Spring Breeze Operation）。在这次行动中，法国警察参与围捕12884名犹太人，其中包括妇女、儿童在内的将近7500人被关押在闷热的冬赛馆长达5天之久。冬赛馆是一个带顶棚的自行车赛车场，里面没有洗手间，只有一个水龙头。有些人被逼得自杀，而那些试图逃跑的人则遭射杀。在新黑衫军"法兰西民兵"（Vichy Milice）的协助下，驱逐出境的工作还在继续。"法兰西民兵"是一个成立于 1943 年 1 月的民兵组织，他们与盖世太保狼狈为奸，二者几乎无异。

与此同时，各行各业都在为德国战争而投入地工作。结果截至 1944 年，包括战俘与被征用的劳力在内的 400 万法国人——占到了男性劳动力的 37%——直接为德国效力。但是，维希政府在 1943 年 2 月，针对 20 岁的法国男青年颁布的《义务劳动服务法》让人们对其日益增加的敌意急剧增长，并导致许多年轻人逃到丛林之中，以逃避征募。虽然人们讨厌赖伐尔，因为他曾公开宣布，希望德国赢得战争胜利，但许多人仍视贝当为民族英雄，觉得他为了自己的人民而勇敢地自我牺牲。事实上，战后维护贝当的那些评价极大地反映了上述观点。贝当的拥护者视其为"盾牌"，这正是贝当的自我标榜，保护法国免受来自敌人的更大折磨。如果说他偶尔犯错的话，那往往是狡猾的职业政客赖伐尔对他的影响。

然而，如今很难再将元帅看作一个被刻意打造成的、超脱于政治之上的人物了。因为，他最初将民族革命强加在了一个被奴役的国家，强加在一个没有议会来表达民意、没有出版自由的国家，这种行为完全就是令人作呕的政治机会主义。由于停火协议的条款不需要修改宪法，所以正如其他被希特勒占领的国家一样，法国政府只能维持基本功能，将任何政治改革推迟至国家光复之时。然而与此相反，正如罗伯特·帕克斯顿（Robert Paxton）所言，维希政府"发起了政治报复与排除异己的党派倡议"。1940 年 10 月 24 日，贝当在蒙图瓦尔的元首专列上再一次与希特勒会晤，以使他的合作承诺正式化，这也是一项高度政治性的决定。之后，贝当向全国人民宣告："为了在新欧洲秩序框架下维护法国统一，我十分荣幸地在今天走上了合作的道路。"

但这是一项愚蠢的交易。贝当以为，他能够通过成为希特勒新欧洲秩序的合作伙伴，而为被打败的祖国重新赢得地位，让法国重新回到历史的一边。"就像在两个军人之间那样"，贝当向德国元首做出这项提议，希望德国能释放囚犯，允许自由区与占领区重新统一，使法国再度成为一体。作为一个诱因，他也提议派遣人数减少了的法军参加在非洲的法德对英联合作战。但希特勒更愿意进攻英国，接着是苏联，因此对与他所鄙视的手下败将法国抛出的合伙关系并不感兴趣。他只想通过囚犯挟持法国，与此同时，从法国榨取经济利益。如果他能依靠维希政府抵抗"自由法国"在北非的任何举动的话，那就更好了。所以，他欣然接受了老元帅的合作请求，但并未做出实质性让步。相反地，他向法国施压。戴高乐机智地打着他的一手差牌，而贝当却在一开始就天真地丢掉了手中的王牌，从而失去了讨价还价的能力。"凡尔登英雄"在一无所获的情况下，把自己的国家变成了德国的卫星国。在蒙图瓦尔之后，往好里说，贝当与赖伐尔已陷入了玩一场不可能取胜的比赛的境地。他们在毫无尊严的依赖中，试图寻找一些独立余地。

贝当与赖伐尔之间，依然剑拔弩张。赖伐尔倾向于走更强硬、更具意识形态意味的合作路线。这类合作团体的代表是像作家罗伯特·巴西拉奇（Robert Brasillach）与德里尤·拉·罗歇尔（Drieu La Rochelle）这样公开的法西斯主义者、报纸《我无处不在》（*Je suis partout*）以及具有影响力的巴黎电台。这些人觉得，维希政府的民族革命过于软弱、保守，赖伐尔自己也是这么认为的——这导致他在1940年12月时被免职。在短暂的间歇后，反犹、仇英的海军上将弗朗索瓦·达尔朗（François Darlan）取代了他的位置。达尔朗更加支持元帅的观点，他还实行了更具创意的规划方式。正是在达尔朗任内，贝当试图通过"作秀审判"使维希政权合法化。这场被操控的作秀审判将证明第三共和国领袖对法国战败负有责任。希特勒同意了，他想要通过审判证明法国自己对战争负责。但是，它成了一场彻底的失败，因为，莱昂·布鲁姆把审判倒了过来，他抽丝剥茧地说明，法国的失败应归咎于总参谋部人员，而非政治领袖们。盛怒的希特勒中止了审判。布鲁姆与达拉第被移交给德国人，最后被送往了布痕瓦尔德集中营。应希特勒的要求，赖伐尔回来参与战争的最后阶段，完成"犹太问题的最终解决方案"。

据说，贝当的"盾牌"至少保护了许多法国犹太人。但是，当然，他一开始就自行采取了一些针对犹太人的压制性措施。而且，应德国要求，他成立了处理犹太事务的部门，即"犹太事务委员会"（Commissariat Général aux Questions Juives），并为此雇了 2500 人。最终，这成了所有行动中最具破坏性的一项。维希政府建立了一套完整的数据库，这本是德军分内的事，德国人如果不投入巨大人力花费的话，原本不可能完成这项任务，而维希政府却根据警务合作的协议，自愿为德军做这件事。截至 1944 年 7 月，将近有 8 万犹太人被遣返。赖伐尔与贝当都不关心这些犹太人身上到底发生了什么，尽管一些民众对此感到不安。劳伦·乔利（Laurent Joly）[①]确实是对的，他在详尽地研究了委员会之后，得出的结论是："继罗马尼亚之后，维希政府统治下的法国无疑相当自愿地在纳粹的种族灭绝政策中，扮演了最不道德的卫星国角色。"

1944 年春，随着解放的迫近，美国人在大多数情况下仍将戴高乐排除在外，而戴高乐本人能够感觉到，前面有更大的挑战在等着自己。

---

① 法国历史学家，主要研究领域是维希法国史。——编者

尽管"自由法国"军队人数在 1943 年的意大利战役中已上升至 12 万人，而到 1944 年进入法国时已超过 30 万，但相对来说，他们依然微不足道。那么，戴高乐要怎么做才能取得某种与同盟国平起平坐的地位，以确保法国将直接恢复独立统治，而不是处于同盟国的占领之下呢？随着同盟国在西欧的登陆日逼近，他如何才能向美国人表明，法国人民的选择是自己，而不是维希政府呢？而且，也许最大的挑战是，他如何才能让法国国内抵抗运动在重获和平后放下武器，尊重政府权威呢？

德国人自己就解决了维希政府的问题。虽然贝当可悲地尝试进行仲裁，赖伐尔试图通过在紧急关头拼凑起共和政府来预先制止戴高乐接管，但他们在 1944 年 8 月 20 日被俘后又被挟持到了德国，这让他们进一步名誉扫地。与此同时，让·德·拉特尔·德·塔西尼将军率领的一支自由法国军队在南部入侵时表现突出，菲利普·勒克莱尔将军领导的装甲师在诺曼底强攻中与盟军并肩作战，而马里-皮埃尔·柯尼希将军在布列塔尼十分活跃——显而易见地，他们受到了人民的热烈欢迎。此外，法国国内抵抗组织正在暗中破坏德国的交通运输系统，不断袭击德国纵队，并打了一些实实在在、代价高昂的仗。当盟军最高司令艾森豪威尔说，诺曼底的抵抗运动相当于 15 个师的时候，这些军队的集体贡献得到了认可。戴高乐仍然无法进入法国，但他成功地在 6 月中旬对法国进行了短暂访问。他在巴约受到的热情接待反映了他的受欢迎程度。如今，他应邀前往华盛顿。在那里，无论罗斯福有多不情愿，他还是非正式地承认了戴高乐的临时政府"有资格管理法国"。

但是，当戴高乐在 8 月 20 日返回法国时，巴黎反对德国人的起义已经开始了，他发现艾森豪威尔仍然想要绕过巴黎，向莱茵河全速进军。在戴高乐看来，艾森豪威尔的辩解"绕道去法国首都会丧失宝贵时间"

有些尴尬。但是，戴高乐决意获得法军夺回巴黎的象征性价值，他还考虑到法军可能被溃退的德军摧毁，而且巴黎提前的起义使人们再度担心被共和党人接管。于是，戴高乐说服艾森豪威尔派遣勒克莱尔将军的装甲师前往巴黎。由此，法军夺回了城市。1944 年 8 月 26 日，戴高乐沿着香榭丽舍大道凯旋前进。当戴高乐明白无误地表明，抵抗运动如今服从于重组的政府时，他庄严地在巴黎市政厅宣布，首都的解放是由法国人自己实现的，而且只由法国人实现。任何人都有可能对此存在误解，但法国人不会。

这场盛大的欺骗将真实的抵抗运动转变为一种对民族神话的支配，并使得戴高乐能够大胆地夺取控制权。它也使法国在丘吉尔的些许帮助下，于 1945 年 2 月召开的雅尔塔会议上以获胜的同盟国成员身份得到认可，并因此享有共同占有德国的权利。这个骄傲、难以相处的男人让一个经历了惨败、受辱的国家奋发自救。或者，正如马尔罗更加鲜明地指出的，戴高乐"将法国的尸体举起来，说服全世界它还活着"。这是一项令人钦佩的成就。

之后就是清算。赖伐尔在一次糟糕的审判后被判死刑，在自杀未遂后被射杀。贝当的死刑被戴高乐减刑为终身监禁，因为戴高乐觉得元帅是老糊涂了。至于通敌叛国的作家们，罗伯特·巴西拉奇被处决了，而德里尤·拉·罗歇尔选择自杀。舞台上的明星，例如萨沙·吉特里、阿尔莱蒂，或是像莫里斯·切瓦力亚这样的歌手，事业都受到了冲击，而路易斯·雷诺的汽车公司则被国有化了。有些人藏匿在法国境内，或是逃往西班牙。将近 10 万人被判处各种刑罚，从剥夺公民权利到死刑，但不足 800 人被处决。理所当然地，法国已经开始对纳粹"合作者"进行不受控制的、非正式的清洗。抵抗运动战士向法兰西民兵组织成员开火，地方团体对明显是叛徒的人处以私刑，并将与德国士兵发生过性关系的女人的头发剪掉，也有些人出于个人原因报复邻居。情况十分不妙。

接着，法国忘却了这一切。对戴高乐而言，他身为执政者，有这么做的理由：他想加快法国的复兴进程。正如弗朗索瓦·密特朗总统后来所持的观点那样，戴高乐官方的观点是，共和国本身并未参与遣返活动或非法维希政权的其他行动，所以，法国没有留存任何关于德国占领历史的官方记录。这样说是因为，德国占领时期的官方记录会削弱一则有益的神话，即法国举国上下都支持抵抗运动，通敌叛国的只是无论如何迫于德国压力而不得不那么做的反常个体。

这种令人放松的否认状态直到 25 年后才开始受到罗伯特·帕克斯顿（Robert Paxton）等外国历史学家与影视作品的质疑，例如，影片《悲哀与怜悯》（*Le Chagrin et la pitié*，马塞尔·奥菲尔斯 1971 年的电视纪录片），以及路易斯·马勒 1974 年的电影《拉孔布·吕西安》。《悲哀与怜悯》只获准在影院进行有限放映，路易斯·马勒则一直感觉，由于他展示了法奸相对平凡的一面，法国人从未原谅过他。官方对前维希政府要员的宽容，意味着勒内·布斯凯（René Bousquet）、莫里斯·帕庞（Maurice Papon）与保罗·图维耶（Paul Touvier）直到 20 世纪 90 年代才需要面对掺假的、几乎是死后才到来的正义审判。当时身为警察局长的布斯凯对 1942 年的大围捕负有责任，帕庞也参与了对犹太人的遣返，而图维耶作为法兰西民兵组织领袖，犯下了谋杀平民的罪行。图维耶被教会的一个派系藏匿多年，而布斯凯与密特朗、帕庞交好，做过巴黎警察局长，也当过部长。

1995 年，希拉克总统确实就政府遣返犹太人道歉，教会也就支持维希政府的行为表示歉意。但是，2007 年帕庞去世之际，争端再起。直到

2009 年 2 月，政府的直接责任才最终得到法国最高法院 ——法国最高行政法院的认可。法国否认历史的状态居然持续了半个多世纪，这一点说明了国民心理创伤之深。

第十一章

冷战中的第四共和国

人们一直担心，仅仅某个外交上的失误便会引爆一场热战。

在戴高乐担任总统的战后临时政府之后，法兰西第四共和国于1947年1月成立。它的名声并不好。事实上，当时它是许多令人厌烦的玩笑所嘲讽的对象。那么，为什么会这样呢？

原因之一就是战后实行的按比例投票制度。这一制度分裂了选民，并将联合政府强制性地加之于多个政党身上，而这些政党彼此又觉得实在难以共事。结果自解放后开始，直到这种体制崩溃的1958年，法国出现了不少于26届政府。这种体制走向分崩离析，以致被第五共和国取代，是由于它未能处理好阿尔及利亚危机。这些联合政府在国民议会中定期失败，取而代之的则是人们过于熟悉的另一个联合政府班底。由此引发了断断续续的危机与民众普遍的冷嘲热讽。国家可能整整一个月没有政府，人事一变再变。人们过于熟悉的候选人尝试组建新政府，却未能取得国民议会的同意。这一例行的抢椅子游戏，启发人们创造了一套相当滑稽可笑的专有词汇。每个想要成为总理的人都要依序咨询国民议会，"绕着惯例跑"（tour de piste），却相继失败，因为危机"尚未足够成熟"（la crise n'est pas mûre）——直到最终东拼西凑地达成某种妥协。这并不是最优秀的一种议会民主制。

然而，这仅仅给出了战后法国的一个片面、虚假的画片。首先，它没有考虑到国家在被战争毁灭后再度站起来的困难。不管第一次世界大战带来的损害有多大，它只影响了法国北部、东部地区。但是，在第二次世界大战中，由于战斗本身、盟军数年轰炸、德国复仇、抵抗运动暗中破坏，当然还有战争在1940年开始时造成的破坏，如今损害延伸到了更加广阔的区域。同时，尽管这次战争带来的58万总伤亡人数相对较低，但近半数为平民。卡昂与海峡港口之类的城市被毁，铁路网处于一片废墟之中，工厂彻底废掉，数百万人无家可归。1938年的工业产量已经够低了，而1944年的数据只有它的一半。农产量也低，国家财政受到严重影响，配给制持续到了 1949 年。此外，在这次全球性冲突之后，法国的虚弱也在法兰西帝国内泛起涟漪。在法属印度支那半岛，胡志明当时正试图建立越南共和国，而阿尔及利亚、摩洛哥与突尼斯也发生了相似的独立骚动。事实上，虚弱的法国如今发现，战后世界已与 1939 年的情形大不相同。

一个根本性的差别就是苏联崛起，在东欧占据了支配地位，与此相应，法共发展成法国第一大党。由于之前右翼政党支持维希政府，如今已是名誉扫地。激进党因为让公众联想到第三共和国的屡次失败，也陷入了衰退，戴高乐被迫与从抵抗运动中成长起来的三批人马组建联合政府。这三个团体也是 1945 年 10 月选举中明显的优胜者：共产党获得 159个席位、人民共和运动（MRP）得到 150 个席位，而社会党争取到 146个席位。虽然教会统治集团之前支持贝当，但许多开明的天主教徒渐渐参与到抵抗运动中，而且人民共和运动——尽管有着相当难以置信的口号"通过法律手段革命"——在接下来的几年间，将发展成颇有影响力的政党。当然，戴高乐心知肚明，这三个政党是极不相称的。不仅因为共产党与社会党之间的竞争关系，也不仅因为这两个党相信世俗教育，而人民共和运动则再次提出了恼人的支持天主教学校的问题，还因为共产党的政策，然而包括共产党领导人莫里斯·多列士（Maurice Thorez）在内的几名法共成员，如今已揽下了重要的部长职务。

从来不知道自己的亲生父亲是谁的多列士，1900 年出生在加来海峡省。按照当时的习俗，他从 12 岁时就开始工作了。他做过各种各样的工作，包括在煤矿上打短工，之后他成了共产党官员。这个聪明又任劳任怨的工人在 1925 年当上了政务首长。也就是在这一年，他初次访问苏联。1930 年，他已经成了共产党秘书长了。他为人聪明，做事有条不紊，工作勤奋努力，还博览群书。多列士在担任部长时，得到过戴高乐的高度评价，部分原因在于他们二人均以自己的方式看到了议会政治之外的东西。而多列士的问题更多地在于他被囚禁在自己的形象里，以至于享受起了与之相伴而生的奢华生活。但是，在战争刚结束的那段时间里，多列士的形象与纪律严明的政党机器都不是缺点，而是优势。

新政府实行了一套完整措施，这将从根本上塑造战后的法国社会。如之前许诺的那般，法国引入了社会保障制度并赋予妇女选举权，成立了法国电力公司、法国燃气与法国航空。并且，政府将法兰西银行、法国商业信贷银行、法国兴业银行，以及 30 多家保险公司与贝利埃汽车公司收归国有，加上之前已实现国有化的雷诺汽车，法国控制了经济领域的大部分。戴高乐在 1946 年 1 月任命让·莫内（Jean Monnet）为国家经济规划委员会负责人，如此一来，法国未来繁荣昌盛的基本机制已经就位。只不过，法国局势中三个急剧的变化开始让管理这个新共和国变得异常困难。

第一个变化就是，戴高乐与以人民共和运动及社会党为首的党派就新宪法所发生的冲突。身为总统的戴高乐为避免社会动荡，想要建立强大的行政部门，而以人民共和运动及社会党为首的党派，则希望有一个强大的议会来保障民主。当戴高乐意识到，他很可能在针对该问题举行的全民公投中失利时，便突然在 1946 年 1 月辞职——他孤注一掷地认为，这一惊世之举会迫使人们重新思考，并将他召回。但是，当他真正被召回时，已过去了 12 年。第二个，也是更根本性的变化，即 1947 年 4 月冷战的开始。冷战毒化了社会氛围，并导致共产党部长纷纷被解职，因为他们拒绝支持由社会党人保尔·拉马迪埃（Paul Ramadier）领导的政府。这个政府于同年 11 月垮台。

第三个变化是 1947 年 11 月由戴高乐创办的法兰西人民联盟（RPR）——这个"法国人民的集会"并不单纯是个政党，而是一场"运动"。因此，正是戴高乐本人加重了社会动荡，因为事到如今，法国的领导者们不得不由一群被挤压成中间派别的人民共和运动、社会党、激进党，加上攻击它们的左派的共产党以及来自右派、日益具有右翼倾向的戴高乐主义者构成。1948—1952 年，法国政府更迭了 10 次，却主要在同一群人中流动，这几乎没有提高政府身为权威的形象。法国是冷战的主战场，而冷战基本上是美国与苏联在 20 世纪 40 年代末至 50 年代时通过代理在欧洲打的一场仗，后来战场又转到亚洲，演变成朝鲜战争与越南战争。由于双方如今都拥有并可以使用核武器，若在欧洲挑起直接的军事冲突，会唤醒两败俱伤的恐怖幽灵，所以战争主要是以意识形态、政治及经济的形式展开。但是，人们一直担心，仅仅某个外交上的失误便会引爆一场热战。所以，欧洲局势剑拔弩张。法国尤其如此 —— 这种担心让巴黎的一些知识分子一直保持着整装待发的状态。在欧洲，斗争的焦点是分裂的德国，以及德国是否能够获准重新武装的问题，后者对法国来说是个痛苦的问题。

德国占领、抵抗运动、冷战与持续的政治冲突让人应接不暇，更别提集中营的种种惊骇之处了。它们无疑使作家、艺术家，甚至当时流行歌手们的作品变得更加丰富多彩。事实上，紧承战后年代的一个标志性形象正是位于巴黎圣日尔曼德佩区的"禁忌"夜总会的歌手 ——"存在主义的缪斯"朱丽特·格蕾科（Juliette Gréco）。她衣着得体而简朴，穿着黑色紧身毛衣、宽松长裤，吟唱着让 - 保罗·萨特那首关于行刑者的、令人胆寒的小曲《白色长袍的街道》。包括作家与词典作者雅克·普莱维尔及雷蒙·格诺在内的知识分子们对此喜闻乐见。

与平·克劳斯贝（Bing Crosby）时代的英美流行歌曲相比，法国香颂当然要成熟、复杂得多。而且，它反映了当时更深层次的焦虑与政治冲突。格蕾科曾目睹母亲与姐姐被驱逐出境，她被法兰西民兵组织殴打后，扔到了大街上，当时她只有 15 岁。诚然，在当时激昂的社会氛围中，存在主义变成了一种别致时尚的东西——鲍里斯·维昂在《岁月的泡沫》（*L'Écume des jours*）中，将萨特滑稽地刻画成大师"让－索尔·帕特雷"——但是，那是因为那个时代的所遭受的考验已将哲学带入了广阔的世界之中，而且如萨特与阿尔贝·加缪这样的重要人物也创作小说和剧本。这两人以惊人的努力——就像西蒙娜·德·波伏娃写作关于妇女从属地位的具有里程碑意义的研究《第二性》一样——尝试解决世界范围内明显的意识形态冲突，这正是日丹诺夫之前定义过的意识形态冲突。

尽管法国当下正在接收美国马歇尔援助的资金，也在吸纳美国的爵士乐、电影，当然还包括口香糖［广为人知的叫法是"施万古姆"（schwangum）］，但马克思主义已在知识分子与大学中日益流行起来。一方面是因为共产党具有明显的优势；另一方面，更深刻的原因是，战争进一步抛出了关于欧洲文明的问题，而且人们通常渴望着社会大变革，希望出现一种新型的、更具包容性的社会。因此，马克思主义成了一些人的精神家园，成了另一些人迷恋的对象。此前，萨特的《现代杂志》刊登了一篇针对加缪的作品《反抗者》所写的评论文章。二人以各不相同的方式反映了严肃作家在处理 20 世纪 50 年代核心问题时的困难。

在某种程度上，萨特的应对方式有些奇特。他的长篇战时作品《存在与虚无》的内容比其标题有趣得多，其中描绘了一个凄凉的存在主义场景：人生活在一个没有神的世界里，失去了生存目标。他可以通过"背信弃义"来隐瞒这一事实，也可以试着给自己的生命以意义，因为他在某种程度上被迫获得了自由。但是，他的情况更具悲剧意味——他既无法完全理解自己，也不能完全理解别人——萨特往往将人际关系形容成完全无法忍受的，正如他在戏剧《禁闭》中所表现的那样。

显然，从这个极端主观的起点发展到强调历史与社会决定论的马克思主义，要经历一个漫长的过程，但萨特觉得，自己在道义上必须处理当时社会上紧迫的问题。他通过两条不寻常的捷径试图实现转变。第一，萨特认为，在争取个人自由时，他也在含蓄地争取着所有人的自由。第二，当萨特称工人阶级为"马克思主义的现实"，他们"活在马克思主义之中，践行着马克思主义"时，萨特奇怪地将观念与历史事实混为一谈。由于他断言，马克思主义是时代所必需的哲学，他又变成了一个忧心忡忡还有些耽于幻想的旅伴。最终他断言，这一切只是一场梦。

　　由于各种各样的原因，加缪从没做过这种梦，尽管他最初也在小说《局外人》中用荒诞主义的笔触描绘了疏离感。作为《战斗报》主编，加缪在抵抗运动中更活跃。他出身法属阿尔及利亚的一个工人阶级家庭，更了解普通人的生活。可以说，他的战争寓言《鼠疫》没能抓住重点，因为战争并不是像鼠疫那样客观的存在；他也一直没澄清自己在殖民问题上的立场；而且，他在《反抗者》中坚持反叛而非革命的主张也缺少详细论证。但是，加缪在1960年死于车祸时，已经能察觉到，自己的观念是合理的。

　　第四共和国呈现出的极大讽刺在于，政治的动荡几乎无关国家重建的宏旨，它也没有阻碍一个相当具有创见的外交政策出现。而且，在这两个领域内均颇有感召力的这位人物是来自科尼亚克白兰地生产商世家的一位落选者——让·莫内。他早早地离开了学校，既没成为伟大作家，也没变成演说家，但是根据一个不算夸大其词的说法，他"比世界上任何一个人都要成功地""变成了无数国家与政府首脑的至交"。尽管他与戴高乐年龄、出身相仿，尽管他的成就至少也同等重要，二人却有着天壤之别。让·莫内对历史或民族国家的霸主地位一点都不感兴趣。

他关心的是以务实的方式把不同民族的人聚集到一起，避免发生毁灭性战争。他与戴高乐旗鼓相当的另一个原因是，这位游历广泛的世界主义者能与"盎格鲁－撒克逊人"合得来。光是这一点，就足以让戴高乐对他起疑心了。所以，在1946年1月辞职前，任命莫内负责主持法国重建规划的戴高乐将军，在这件事上的所作所为值得人称赞。

莫内非凡的职业生涯也为自己做了代言。在少年生涯末期，他在英格兰学习了两年商业经营方式后，把自己的科尼亚克白兰地卖到了从苏联到美国的世界各地。在第一次世界大战期间，作为法国驻伦敦盟军内部海事委员会代表，他创造出具有战略重要性的进口商品联营制。1919年，莫内在31岁时成为国际联盟副秘书长。1923年，他离开国际联盟，重组家族产业。在第二次世界大战前几年，他参与了各种各样的活动，包括在旧金山办银行，协助几个东欧国家恢复经济，还应邀在中国用两年时间重组铁路网。"二战"爆发时，他成了英法委员会领袖，负责协调战争补给，并与丘吉尔亲密无间地合作。在最后时刻，为避免法国投降，莫内向丘吉尔提议组建英法联合。但是，当停火协议签署时，莫内告诉戴高乐他们会产生意见分歧，于是没有加入戴高乐阵营，而是去了华盛顿。在那里，他成了与罗斯福关系密切的顾问。他成功说服罗斯福在《胜利计划》下供应军火。经济学家约翰·凯恩斯称，此举将战争缩短了一年。1943年，罗斯福派莫内前往阿尔及尔，与"自由法国"政府共事，培养吉罗，并让吉罗与戴高乐和平共处。

1945年秋的国有化为莫内的经济计划提供了有利背景，但是，他急于避免官僚主义与政府各部委间的地盘争夺战，因此，他将重建任务包装为一项行政工作，并使他的委员会获准以一个由专家组成的独立机构形式存在，这些专家直接向总理汇报工作。他在轻松友好的氛围下，与一小队忠于职守的专家一道，定期与雇主、工会磋商，最终提出了一份五年经济复苏计划。事实上，由于国家破产了，该计划需要 1947 年的马歇尔计划提供生命线。马歇尔计划附加了具有挑战性的经济条件，但这些条件最终是有益的。美国不仅要求法国保持收支平衡，控制通货膨胀，还坚持让法国实行自由贸易。这实际上是迫使一个相当落后、受保护的经济为美国商品敞开大门。这使得美式生活方式以可口可乐与好莱坞电影等形式被引入，法国遂感受到巨大的文化冲击。虽然如此，一直以来作为法国与乔治·马歇尔之间联络人的莫内有头脑地吸收了美国资金，将其灵活地融入自己的计划之中，并优先考虑了基础产业与基础设施。如果说，最初的成绩有好有坏的话，那么 1947—1952 年的第一个五年计划将产量提高到了战前水平，而 1952—1957 年的第二个五年计划则开始了经济扩张，这将使战后 30 年被冠以"黄金三十年"的美名。

但是，德国问题再次崭露头角，一部分原因是，德国与法国就萨尔与鲁尔地区钢铁产量所有权产生了争端，再度唤起了战争的幽灵；另一部分原因是，德国之前被排除在北约组织之外。成立于 1949 年的北约是为实现西方联盟军队的统一指挥而建。随着人们越来越多地对一个可能的欧洲问题解决方案做出猜测，1948 年海牙大会号召建立一个"欧洲的合众国"——这个术语正是整整 100 年前维克多·雨果在一个类似的会议上所使用的——动机是立即实现法、德和解，并在美、苏两个超级大国之间打造一个繁荣、自强的欧洲。

莫内的行事方式有他的典型作风，他决定立刻将抽象的观念化为具体的现实，自下而上地一举解决两个问题。他觉得法国外交部长罗伯特·舒曼（Robert Schuman）是理想的合伙人。舒曼之前生活在德国，在那里有亲戚。1950 年，莫内与舒曼提出了后来被称之为"舒曼计划"的欧洲煤钢共同市场方案。在当时，煤与钢是经济的两大基础资源。它们将由一个独立的权威机构控制。6 个国家（法国、德国、意大利、荷兰、比利时与卢森堡）加入了这个欧洲煤钢共同体，由莫内担任主席。

　　杰出的莫内推动了欧洲进一步的融合。正如他的传记作家提醒我们的那样，多年来，无论政府的政治面貌如何，对莫内总是言听计从。随着 1950 年朝鲜战争的爆发，冷战蔓延开来。美国向西欧施加了越来越多的压力，要求西欧为自卫做出更多努力。这就提出了不受欢迎的德国重整军备的问题，更棘手的是，它提出的不仅是两个国家之间的战争问题，还是东方与西方交战的问题。舒曼本人反对德国加入北约并在其庇护下重整军备。但是，莫内再次试图将问题置于更大的背景下加以解决。他提议组建欧洲防卫共同体，如此一来就能够管理一支包括德国军队在内的欧洲联军。这是一项别出心裁的折中方案，它强调了欧洲独立于美国而存在 —— 为此，莫内不得不安抚美国人。安托万·比内（Antoine Pinay）领导下的 1952—1953 年间的法国政府，于 1952 年如期签署了条约。比内是个不同寻常的人物，因为这位传统的保守主义者之前曾投票支持贝当获得全权。但是，提出这项计划的法国却在让自己的议会批准条约时遇到了麻烦。

　　这某种程度上是由于政治上的缺陷。尽管比内抑制住了通货膨胀，但限制了小店主获得的利润，他们如今在右翼煽动者皮埃尔·布热德（Pierre Poujade）的领导下，组织了一场强大的政治运动。平民主义者布热德时常威胁比内，要"脱掉他的外衣"。法国也存在暴力示威，反抗美国让德国重整军备的施压。政府如此缺乏权威，以至于比内及未来两年间他的两位继任者都不敢冒险将批准条约的议案摆在国民议会面前。1953 年的法国总统选举把政府缺乏权威的事实暴露在一片嘲笑声中。因为，当衣着华丽的共和国卫队需要在寒冷的日子里集结在圣克卢桥边，护送新总统进入巴黎时，卫队不得不日复一日地重复这个动作，直到第 13 次投票选举出了平淡无奇的勒内·科蒂。无论如何，欧洲军队这一议题具有极高的象征意义，它释放出了近乎宗教狂热般的激情。虽然该提案得到了人民共和运动的基督教民主党支持，但戴高乐主义者持反对意见，理由是法国如果没有自己的国家军队，就不再是一个独立主权国家了。其他党派也存在分歧，许多议员担心，一支欧洲军队势必导致欧洲统一。

雪上加霜的是，该争端与同样具有争议性的殖民问题产生了矛盾。在此之前，1954 年 5 月，法国在奠边府战役中惨败于越南独立同盟。人们对法国能否被视为帝国主义大国的讨论如今被纳入了对其欧洲地位的质疑之中。法国在印度支那半岛表现不佳。而且，随着殖民冲突与冷战的融合，法国战争投入中由美国支援的比例高达 80%。[①]《世界报》刊出了长长的法国被俘者名单，使得越盟带来的这场屈辱的军事失败变得更加令人尴尬。名单上有许多有着德国名字的外国军团士兵。事实上，当时的情形如此严峻，以至于科蒂总统不得不请皮埃尔·孟戴斯－弗朗斯（Pierre Mndès-France）出任总理。对此，雷蒙德·亚伦（Raymond Aron）给出了尖酸评价：鉴于体制已经如此瘫痪，"使孟戴斯成为一名好总理的种种品质，恰恰让他不太可能成为一名好总理"。这位相当具有个人魅力的不俗角色在抵抗运动中有着杰出表现。他曾任戴高乐政府的部长，并获得了有影响力的《快报》杂志的支持。但是，他来自小党派激进党，而且被视为卡珊德拉式的灾祸预言家 —— 过于独立，聪明过头，还是犹太人。

孟戴斯以惊人的方式处理着印度支那半岛的问题。他宣布说，如果不能在一个月内解决这个问题的话，他就辞职。孟戴斯以十足的干劲、耐心与技巧同越盟、苏联和中国谈判，同时继续获取英国与美国的支持。

---

①　参见：Gilles Férier, *Les Trois guerres d'Indochine* (Lyon: Presses Universitaires, 1993), p. 22。

谈判直到最后一刻才能见分晓 —— 不过在这"最后一刻"，时钟不得不被暂停了 3 个小时 —— 但是，他成功获得了一份可以接受的越南分割方案，从而避免了一场迫在眉睫的军事灾难。即便如此，一些基督教民主党党员还是批评他抛弃了信奉天主教的法国人民；而极右分子则怒斥法兰西帝国被一个犹太人给出卖了；无论如何，民众同意了他的方案。当他继续以同样的方式为突尼斯争取内部自主权时，他在国内的地位变得相当高。但是，这就遗留下了欧洲防卫共同体的问题。仅此一次，他犹豫了。他认为，将批准提案放在国民议会面前争议太大，于是试图修订这个方案，但却失败了。最终，在没有政府大力支持的情况下，他提出了欧洲防卫共同体方案 —— 在令人欢欣鼓舞的《马赛曲》中，他见证了提案被否决的时刻。

方案的反对者做出这个决定，无异于搬起石头砸自己的脚，因为西德在 1955 年加入了北约，横竖都开始重整军备了。即便提案遭到了否决，在很大程度上，由于德国人自己的推动，这个问题仍将再度被纳入更大规模的组织融合中。在 1957 年的《罗马条约》中，欧洲煤钢共同体被合并到更加复杂的欧洲经济共同体之中。居伊·摩勒（Guy Mollet）的社会党政府不顾法共、戴高乐主义者与布热德主义者的反对，批准了这项条约。因此，通过迂回路线，让·莫内的梦想开始成形。

1956 年在很多方面都是一个转折点。对于新成立的、由社会党领袖居伊·摩勒领导的共和阵线联合政府来说，这是表现不佳的一年。该联合政府组建于 1956 年 1 月，即使它将一年一度的带薪休假提高至 3 周，政权也仅持续了 18 个月。至于法国与英国试图共同阻止埃及的贾迈勒·纳赛尔上校将苏伊士运河收归国有，则以令人屈辱的惨败告终。从中得到的残酷教训是，英、法已不再是帝国主义超级大国了，它们不能再倚靠以往的炮舰外交了。

新组建的法国政府也许能在阿尔及利亚问题上，更有效地将这个教训为己所用。在巨幅墙贴"反对肮脏的殖民战争，投票支持社会党"的帮助下，法国新政府上台了。阿尔及利亚对独立的要求的确是个棘手问题。与突尼斯、摩洛哥不同，阿尔及利亚自 1881 年起，就正式成为法国本土的一部分。它有 3 个外省处于内政部长管辖之下。在将近 1000 万的阿尔及利亚人口中，100 万人是大多有着南欧血统的"法裔阿尔及利亚人"——或曰"黑脚"，因为早期定居者穿黑靴——他们觉得自己与本土法国人一样都是法国公民。

讽刺的是，正是在法国本土更加自由的氛围中，自 20 世纪 20 年代起，阿尔及利亚的民族主义才开始被认真地组织起来。阿尔及利亚的少数族裔在第一次世界大战中为法国而战，他们中成千上万的人前往法国工作，并且在某种程度上因 20 世纪 30 年代艰苦的经济状况而被政治化了。法国出现了两种倾向，一种是在工人领袖梅萨利·哈吉（Messali Hadj）领导下的激进倾向，另一种是在费尔哈特·阿巴斯（Ferhat Abbas）领导下的温和倾向。阿巴斯来自主张消除种族隔离的富有家族。但是，1942 年，法军崩溃、美军进入阿尔及利亚，开启了新的局面。1943 年，费尔哈特·阿巴斯发表《阿尔及利亚人民宣言》，提出阿尔及利亚应获得完全的内部自治权。这导致他很快就被拘禁了。虽然法国做出了一些让步，但为时过晚，力度过小。1945 年，阿尔及利亚爆发了一场偏自发性的起义，结果动乱被残酷地镇压了下去，80 多名欧洲裔阿尔及利亚人死亡。这成了一种惯例，1947 年法国再次重申了同化原则后，不满情绪加深，并最终在 1954 年爆发了由新组织起来的民族解放阵线（FLN）发动的大规模游击战。

今天看来也许有些奇怪：在其他时候四分五裂的法国政党，在阿尔及利亚问题上，居然达成了普遍共识。对法国政治家来说，失去阿尔及利亚就像失去阿尔萨斯－洛林一样，是难以接受的。而且，孟戴斯－弗朗斯与未来的总统弗朗索瓦·密特朗总统都没有严肃认真地对待阿尔及利亚的独立意图，他们认为，问题其实出在经济落后上。当摩勒总理写下如下内容时，他唤起了法国"开化的任务"：

> 退出对法国来说是无法接受的，因为这将会剥夺法国作为世界大国的地位，将法国贬为一个二流、三流国家。而且，对一个社会主义者来说，退出更是无法接受的。因为，这些国家依靠我们来巩固他们的民主制度、保障其基础设施与经济扩张、发展其教育体系，并培训他们的公职人员。[①]

他接着说，如果法国离开了，美国或是苏联就会介入。这种根深蒂固的看法意味着，这场战争被视为了一场伪内战。由于参战的征召部队总数会达到 50 万人，所以事实上，这就涉及了整个国家，并把筹码加得过高，以至政府输不起了。

这是悲剧的源头，因为它意味着法国无法在政治上包容民族解放阵线。作为对欧洲人被攻击的回应，1955 年 2 月，孟戴斯－弗朗斯派雅克·苏斯戴尔（Jacques Soustelle）出任阿尔及利亚总督。但是，苏斯戴尔下令即刻处决持有武器的被捕叛军，导致局势恶化。莫内通情达理，他许诺举行自由选举，随后由被选出的阿尔及利亚民意代表来决定阿尔及利亚的未来，但是，这必须是在法兰西联盟的框架之内，而且只有在当地秩序恢复后才能进行。莫内的提案没怎么考虑到当地的现实情况。

---

① 参见：Michel Winock, *L'Agonie de la IVe République* (Paris: Gallimard, 2006), p. 90。——作者

当他于 1956 年 2 月前往阿尔及尔时，他自己就发现了这个问题。那里的法裔阿尔及利亚人群朝他扔西红柿，因为这些人对必然会有利于大多数阿拉伯人的选举不感兴趣。如今，莫内因为看似屈服于暴民而削弱了自己的地位。他虽然已经任命乔治·卡特鲁将军为常驻公使，但他如今接受了这位与"黑脚"并不投机的温和派人士递交的辞呈。他随后任命社会党议员罗伯特·拉科斯特（Robert Lacoste）取代了卡特鲁将军的位置，并授予拉科斯特全权。

来自多尔多涅的拉科斯特外粗内秀。在议会上，他与海外部长加斯东·德费尔彼此恶语相向的唇枪舌剑，让体面的科蒂总统感到震惊。拉科斯特一上任就宣布，他将"搞死"革命军。尽管他确实提出了社会与经济方案，并试图将政府阿尔及利亚化，但他当下关心的是平定骚乱。为实现这一目标，1957 年 1 月，拉科斯特让雅克·马絮将军全权负责，调遣他的 8000 名伞兵参加一场残酷的战役，以根除持不同政见者，平定持续了 8 个月的骚乱。吉洛·彭特克洛以此为主题，拍摄了著名电影《阿尔及利亚之战》。但是，法国人试图将这场战争描绘成仅是一场对抗胡作非为歹徒的内斗，这就显得自相矛盾了，因为人们日益清楚地看到，大众基本上都是支持民族解放阵线的。法国只有通过威逼胁迫，才能取得必要的情报。这使得系统地使用电刑 —— 据说是一种"清洁"的严刑拷打方式，女人和男人一样，也会被施以电刑 —— 成了战争继续的核心。无论是在道义还是在军事上，严刑拷打都疏远了大众，其目的因手段不当而变得无效。

自 1957 年起，阿尔及利亚危机已演变成一场政权危机，因此政治代价也变高了。描述当地的法国反对者及反抗军遭受拷问折磨的内容一经出版，就引发了左派日益加深的沮丧情绪，导致支持民族解放阵线的秘密团体增加，让人们普遍认为也许无法赢得此次战争。这接着又使军队与右派担心被政府出卖。为了先发制人，反抗军军官以及右翼分子在 1958 年 5 月发动大规模罢工，使阿尔及尔停摆。他们占领了总督的宅邸，并建立了由马絮将军领导的公共安全委员会 —— 这便是被称作"复活"的军事行动之初期。这个计划旨在推翻巴黎的政权，并让戴高乐重新掌权。

有人时刻向戴高乐将军汇报密谋，但将军并未直接参与其中，因为他想通过合法手段接管。所以，他的立场尽管可能有些模棱两可，但在官方层面上来说是正确的。而且，无论如何，他不需要等太久。由于法国政府已失去对部队的控制权，同时又面临着入侵威胁，科蒂总统除了向戴高乐求助外，别无他法。

第十二章

戴高乐谱写的黄金十年

不仅戴高乐变成了法国，而且法国也变成了戴高乐。

戴高乐同意用自己的名字命名位于鲁瓦西的巴黎机场，以及位于香榭丽舍大街西端、耸立着凯旋门的、威风凛凛的环岛，并不是没来由的。自1970年戴高乐去世后，时光荏苒，围绕着他周围的争议逐渐散去，戴高乐以20世纪法国最重要政治家的身份出现在公众视野中。在人们看来，戴高乐是与路易十四、拿破仑比肩的人物，而且他仍然影响着法国当下政治论战话语。如果说，这明显是他作为一名政治家取得的成就使然，那么也许其中最重要的因素便是戴高乐这一概念以及他象征的法国之概念。尽管他看起来可能十分固执、傲慢且独裁，但他也大胆、有远见，而且最重要的——他置身于争斗之外。他并不是一个纯粹追逐权力、孤注一掷的男人；相反，如果他无法在可接受的条件下行使权力的话，他就会做好准备放弃权力。如果说他是一个传统的社会保守主义者，那他也是共和派的，是一个对奖励以及与要职相关的不必要的昂贵饰品不感兴趣的人，之前戴高乐选择只领取上校，而非前总统级别的退休金，所以他去世时一点也不富有。尽管他并不是什么圣人，但他确实给人们留下了孤独、高尚、清廉的形象，甚至有些悲剧色彩。他一直都将国家利益置于个人利益之上。

　　尽管如此，在1958年5月狂热的社会氛围中，他通过冷静的深思熟虑与精心安排的模棱两可态度，排除困难、重新掌权。尽管在面对阿尔及尔起义者发出"戴高乐万岁"的呼喊时，他宣布自己已经准备好接管局面了，但当人们对他决意实行独裁表示担忧时，他又宣称自己只会在现政府邀请下掌权。最初，戴高乐担任了总理一职，但他坚持拥有6个月的紧急权力，并举行全民公投以制定一部新宪法。法共、社会党的一个党派，以及由孟戴斯－弗朗斯与弗朗索瓦·密特朗建立的一个具有社会主义倾向的新团体对此表示反对。但是，由于政府未能解决阿尔及利亚危机，如今法国面临着一场由军队主导的内战威胁，人们普遍认为，唯有组建一个在全国享有广泛支持的强大新政府，才能解决这个问题。戴高乐宣布，那将是他的首要任务，但是他一直以来的心头大事就是获得强大的中央权力，不受他所认为的徒劳无益的党派争端限制。而且，考虑到之前自己试图控制这些党派未果的教训，他不想错失这第二次大好机会。他的新宪法旨在改变游戏规则。

戴高乐的观点是：

> 政府需要一个首脑，一个领袖。国家需要在这个人身上看到，到底是谁在处理国家的重要事务、指引它的命运。这样一位为全民服务的行政首长，不应来自议会，因为议会是有着各式各样特殊利益的地方。[1]

有人说这段话听起来有点像路易十四的口吻，但客观而言，戴高乐当时是在提出，他权力的合法性直接来自人民，而不是通过他的家族而来自上帝。因此，他应该由作为一个整体的国家来任命，而不仅仅被执政党所任命；他应该有权通过全民公投或是广泛的总统选举团，来问询民意；他应该自由地任命自己认为合适的部长；而且，他有权在法国陷入危险时便宜行事。

遵循上述策略，由米歇尔·德勃雷（Michel Debré）仓促起草的宪法一点也不清晰易懂，尤其是在关于总统与总理的相对权力方面，而且自此开始，这部宪法引发了许多问题。但是，它与戴高乐非同寻常的地位相契合，也与议会制的突然崩溃相称，议会制之前就因舆论普遍的两极分化与选举的分裂而陷入瘫痪了。因此，当一个抱有敌意的评论员说，

---

[1] 参见：Charles de Gaulle, *Mémoires*（Paris: Gallimard, La Pléiade, 2000), pp. 825-826。——作者

"戴高乐只有在他输掉1969年全民公投辞职那天，才实现了民主的合法性"时，这种说法失之偏颇，不仅因为当时不存在看似合理的选择，还因为戴高乐尽管出身传统主义，却自愿成了共和派。

最终，将近80%的投票支持宪法，支持由戴高乐出任总统。如今，戴高乐的职权远远凌驾于议会之上。议会修改立法的权力受到了极大削减。总统具有任命总理、解散议会的权力，遂能够总揽大权。虽然戴高乐确实任了许多政党领袖出任部长，但他开始大力地使政府去政治化，以至于任命了许多技术官僚与其他未经选举的人担任公职，其中就包括总理。这种做法将成为第五共和国的一项传统。毋庸置疑，戴高乐被人指责为波拿巴主义，但他依然在民主框架内行事，具体做法是获得由新成立的戴高乐党——共和国民主人士联盟（UDR）——领导的议会支持。共和国民主人士联盟在新一轮选举中成为最大群体，使左翼政党遭受惨重打击。戴高乐有了这种程度的合法性，就更像是某种共和君主而非独裁者了，不过后来几年间他权势日隆，以致情况有时看起来颇为诡谲，怪诞之处在于，不仅戴高乐变成了法国，而且法国也变成了戴高乐。

最初，戴高乐对阿尔及利亚危机束手无策。他知道，从上一届政府那里继承来的这个"拖累"不仅正把国家搞得四分五裂，还给国家的经济造成了沉重负担，同时让法国在外交上名誉扫地。然而，即使在戴高乐主义者内部，人们也意见不一——如果说，安德烈·马尔罗或者埃德蒙·米什莱预见到了独立兴许是必然结果，那么戴高乐自己的总理米歇尔·德勃雷、信息部长雅克·苏斯戴尔则强烈反对独立。因此，戴高乐一再拖延时间。他先是访问了阿尔及利亚，在总督府阳台上对一大片欢呼的人群说，他理解他们的处境——那句德尔斐神谕式的、模棱两可的名言是"我理解你们"（je vous ai compris），它使台下欢呼的"黑脚"们嘴中只留下了苦涩的余味。

戴高乐接着遍访法属非洲，并将新宪法中殖民地自决的条款纳入全民公投，以此试图将问题背景扩大化。新宪法条款规定，殖民地将投票决定究竟是分离出去，还是留在类似于英联邦的法兰西共同体内。因为除几内亚外的所有法属非洲殖民地均决定留在法兰西共同体内，这就为最终解决方案提供了一个框架。与此同时，他授予阿尔及利亚的少数族裔以法国国籍，并在君士坦丁宣布，将对现有方案进行优化，为他们提供更好的服务与工作。但是，这一切都太迟了，且与当地采取的严厉绥靖措施几乎不相容。民族解放阵线开始在法国国内发动恐怖主义袭击。而且，战争不仅导致国内出现分裂，还影响了法国在海外的地位。因此，1959年9月，他向阿尔及利亚提供了之前他给其他法属领地的选择。

可以预见的是，这让人们呼喊着遭到了背叛，并由此引发了一场为期2年的暴力政治斗争。1960年1月，阿尔及尔爆发"街垒周事件"（week of the barricades）。这是"黑脚"针对将煽动骚乱的马絮将军召回巴黎一事发起的抗议。在电视上日益具有影响力的戴高乐已将他的讲话稿背得滚瓜烂熟，穿着军装上镜了，给人留下了深刻印象。9天后，抗议就瓦解了。但是，随着战斗的延宕，以及诸如乔治·皮杜尔与雅克·苏斯戴尔这些老战友的倒戈，戴高乐被迫快刀斩乱麻。11月，戴高乐当众承认阿尔及利亚共和国的合法地位，以了结此事。

1961年1月，因这一立场，戴高乐在全民公投中赢得了76%的票数。但是，这激怒了高级军官，他们于4月试图在阿尔及尔发动政变。这场政变由4位将军领导，其中包括曾任部队监察长的拉乌尔·萨朗（Raoul Salan）将军。由于巴黎本身处于伞投的威胁之中，戴高乐再次登上电视解读暴乱，最终通过情绪渲染来呼吁人们帮助他，以此结束了讲话。政变在数日内就失败了。5月，和谈开启，但将断断续续地再持续一年，而且法国本身的暴力事件也没有缓解。因为，秘密军队组织（OAS）如今已经形成，他们的首领是已经成为亡命之徒的萨朗将军与戴高乐之前的亲密同事雅克·苏斯戴尔、乔治·皮杜尔。具有讽刺意味的是，皮杜尔成立了"全国抵抗委员会"。这是一个模仿战时抵抗运动的组织。次年，秘密军队组织在炸弹暴力事件中杀死了近 2000 人。与此同时，巴黎警察也粗暴地对待阿尔及利亚示威活动，1961 年 10 月，在惊人的大屠杀中，至少有 70 名示威者在死后或是活着时从桥上被扔进塞纳河。

但是，1962 年 3 月，双方最终在依云镇签署和约，并得到了绝大多数阿尔及利亚人民的支持。这并未阻止秘密军队组织分子刺杀戴高乐及其夫人的企图。他们在巴黎近郊的佩蒂特·克拉马尔特环岛用机关枪向戴高乐的车扫射。这是戴高乐职业生涯中近 30 次遇刺经历中的一次。和约也未阻止民族解放阵线战士对那些之前被吸纳进法军部队的阿尔及利亚人施加残忍的复仇。再加上许多"黑脚"被迫撤退回法国时愤愤不平，阿尔及利亚即将到来的独立遭遇了难产。正如一段生动有趣的描述所言："这是基于摇摆不定的现实政治路径，所采取的血腥产钳式分娩。"但是，这个长期分裂的国家所能做到的就只有这些了。只有戴高乐才能做到，至少他获得了追求更大计划的自由。

或者说几乎获得了自由。使用"几乎"这个词，是因为戴高乐一直表示，阿尔及利亚危机一旦尘埃落定，这些政党便会立即试图除掉他。如今，他不得不面对另一场实力的较量，这场较量在很大程度上是由他自己引发的。他忠实的总理米歇尔·德勃雷以支持维持阿尔及利亚为法国所有而著名。德勃雷为戴高乐计划的第一阶段提供了便利的政治掩护，但戴高乐如今却让银行家乔治·蓬皮杜取代了德勃雷。戴高乐没按照规定与国民议会及蓬皮杜本人商议此事。蓬皮杜在任何情况下都不是一名被选定的政治家，他只是勉强通过了认可自己的选举而已。刚刚过去的佩蒂特·克拉马尔特环岛机关枪刺杀事件在戴高乐脑海中依然鲜活。当他决定通过全国人民，而不是按照规定由广大选举团来选出他最终的继任者们，以巩固自己的总统职位时，戴高乐又引起了争端。这再一次违背了宪法的规定。蓬皮杜因在不信任投票中失利而被迫下野。

戴高乐并未因此而感到烦恼，他解散了国民议会，在全民公投中彻底击败了反对派。在议会中，戴高乐主义者最终赢得了相当可观的大多数席位。戴高乐再度展示了自己的威望与受欢迎度。

"发号施令的不再是莫内先生了。"一天，戴高乐尖锐地对莫内的旧僚艾蒂安·赫希（Étienne Hirsch）如是说道。颇为讽刺的是，狂热的民族主义者戴高乐之前将多国组织斥为"清谈会"。可他掌权时居然恰逢莫内的旧梦——欧洲经济共同体（EEC）在1958年开始生效。而今，戴高乐意识到，宏大的国家政策需要坚实的经济作为基础。而且，他也认识到了莫内及其规划委员会给法国留下的经济遗产之价值。戴高乐将军自己并不是什么经济学家，但他倾向于夸大其词地认为，总理蓬皮杜与财政部长安托万·比内是在管理"军需部长的部门"。戴高乐除了就黄金储备与"黄金的普遍性"发表了一些法国重商主义之父科尔伯特式的言论外，也任命了有才能的人，让他们能够大展拳脚。在当时国际经济繁荣的有利背景下，他们确实颇有作为。

尽管戴高乐政权确实为经济政策的实施提供了宝贵的政治稳定性，但它在通向繁荣昌盛时，基本上都是走的第四共和国的老路。即使戴高乐满腔热情地接受了的法国核威慑力量，也仅是延续了之前的一项为期五年的核研究计划，以及孟戴斯－弗朗斯扶持的原子弹建造项目。在资本主义经济中，统制经济强调政府进行中央规划的职能没有改变。这种方式造就了许多野心勃勃，有时野心过大的典型"大工程"。快帆客机与英、法合作制造的协和式飞机便是例证。但是，法国此时却坚决提出实行严格的财务控制，其标志就是用"坚挺的法郎"取代贬值的法郎，新法郎价值 100 旧法郎。此举是为了向世界宣布，复兴的法国如今有一支纪律严明的财务团队。

复兴的法国确实在这"黄金三十年"的黄金期里出现了。让·富拉斯蒂埃将 1946—1975 年取名为"黄金三十年"，他宣称："没有哪个国家像法国一样，如此迅速、干净利落地摆脱了传统的贫困与苦难。"法国的复兴体现在最基础的层面上：人口从 4050 万增长到 5260 万，增幅近 30%；婴儿死亡率急剧下降，从 84.4‰下降到 13.8‰。而且，男性生命周期也从 61.9 岁增长至 69.1 岁，女性则从 67.4 岁增长至 77 岁。这些人口统计学变化主要表明了一波婴儿潮，即一代人口的激增。改善过的医疗设施与慷慨的家庭津贴也对此起到了推动作用。即使 55—70 岁的一代（third-age generation）如今活得更久了，法国似乎还是突然变成了一个年轻的国家。

诚然，所有这一切依赖于新经济创造的繁荣。这种基本全新的经济基于高生产率。通过将生产从只聘用不足 20 名工人的旧式半手工艺性质的企业，转向更大、更高效的公司，政府打算从中获取更高的机械化、标准化程度与规模经济所带来的好处，以实现工业的现代化。它鼓励诸如化工、纺织品等领域的公司合并成大集团，从而能够参与国际竞争，提高出口额。同时，政府也发起了"蓝天研究"，并开始推动国防、航空与核能等关键领域的生产。尽管戴高乐对"清谈会"满腹狐疑，但是面对欧洲经济共同体提出的竞争性挑战，法国经济表现良好。因此，法国在对欧洲其他地区出口额增长 5 倍的同时，依然保持了与最近解放的殖民地之间有利的贸易关系。投资飞速增长，而且经济也每年增长约 5%。虽然没有达到日本与西德在其"奇迹年"中的增长率，但却超过了美国，而且几乎是英国的 2 倍。在国内生产总值上，如今法国得意扬扬地超过了海峡对岸的老对头。

迅猛的经济变化自然而然影响了人们的生活方式。农业机械化的成功意味着所需劳动力减少。随着法国变成一个更加工业化、城市化的社会，大批人口离开了农村地区。在就业领域，人员日益明显地转向扩大的服务业，例如，银行、保险、公共管理、交通与旅游等领域。服务业也向女性提供了更好的工作机会，促进了新管理阶层的发展，培养出了更有经验的劳动力。这一现状，结合创下新高的年轻人数量，暗示了教育供给的增加。这既体现在中等教育阶段，也表现在高中毕业会考证书数量的增长，以及大学阶段教育上。高中毕业会考证书数量从 1950 年的 32000 份增加到 1970 年的 139500 份，而大学生人数则从 1960 年的 20 万人增加到 1968 年的 50 万人。但是，由于成长中的一代要么太年轻，还无法工作，要么仍在接受教育，所以这个新工业社会不断增长的用工需求只有通过移民才能得到满足。在战后至 20 世纪 60 年代末，近 400 万移民来到了法国。他们大多来自意大利、西班牙，以及非洲北部、中部地区。人口的涌入极大地打开了住房缺口。如今，巴黎与其他城市开始被郊外住宅区（"郊区"）包围，这一区域由没有人情味的高层住宅大厦组成，造就了一个新颖独特的通勤群体。在不到 10 年的时间里，尤其是随着电视机的普及与大众文化的日益美国化，法国社会在很大程度上发生了翻天覆地的变化。

这种经济转型在 20 世纪 60 年代为戴高乐提供了需要的跳板。有了这块跳板，戴高乐就可以追求自己野心勃勃的外交政策目标了。由于他之前使 1940 年战败受辱的法国重新振奋起来，所以他如今的目标就是抹去法国在印度支那半岛、苏伊士运河冒险与阿尔及利亚危机这一连串事件上所遭受的屈辱，以恢复法国在列强中应有的地位。"法国人需要为法国感到自豪，" 1963 年，他对知己阿兰·佩雷菲特（Alain Peyrefitte）说道，"否则他们将沉湎于平庸与争吵之中。如果法国不再是一个大国，并且展现不出大国风范，那法国将一无是处。"对戴高乐而言，这意味着挑战现存的冷战秩序。作为一名民族主义者，他对联合国评价不高 ——"那玩意儿"是他对联合国的称呼。戴高乐自视为一名现实主义者，能看清冷战的世界中权力归于何方，他决定改变这种格局。

戴高乐坚持认为，政策必须基于现实，而非表象。他接着对佩雷菲特说道，当下存在着三种国际现实。第一种是扩张主义的美国，它想要保持自己的世界领导地位，并强化在欧洲的霸主地位。第二种是苏联。那么戴高乐眼中的第三种现实又是什么呢？它并不是英国。英国只不过是"盎格鲁-撒克逊人"——戴高乐实际上指的是美国人——的特洛伊木马而已。"盎格鲁-撒克逊人"试图通过英国打入欧洲共同体，然后根据自己的利益来管理欧共体。对戴高乐而言，第三种现实应该是法国，因为：

> ……如今，我们是除美国、苏联外，唯一有国家雄心、能坚持到底，并且有勇气将它公之于众的人。在这三种现实之外，只剩下形形色色、你争我夺、犹豫不决、永远都在模仿别人的国家。①

因此，20世纪60年代时，戴高乐在外交政策上的决定不仅是"盎格鲁-撒克逊人"通常所认为的那种任性姿态——尽管戴高乐明显乐于激怒他们——还是在经过深思熟虑地计划后采取一系列措施。戴高乐并不打算靠美国来保卫法国，而且他也相信如今真正的实力来自独立拥有核武器这一事实。所以，戴高乐加速推进已有的核计划，并很快骄傲地拥

---

① 参见：Alain Peyrefitte, *C'était de Gaulle* (Paris: Gallimard, 2002), Vol. 1, p. 279。——作者

有自己的打击力量了。这导致法国与美国之间出现了大量争执，法国也退出了北约组织，但仍是更广泛的大西洋联盟的政治成员国。1967 年 4 月，所有美国、加拿大驻法国军事基地都被关闭了。结果是，法国将它新造的导弹尖锐地指向了"各个方位"，指向了世界各地，当然也就指向了冷战双方。戴高乐通过承认共产党领导的中国，并于 1966 年对莫斯科进行国事访问，强化了法国的中间地位。在莫斯科时，他表示支持建立一个没有对立集团的欧洲。对于戴高乐构建"从大西洋到乌拉尔的欧洲"的祈愿，美国人并不高兴。而且，由于戴高乐批评了他们在越南的战争，法国给他们留下了有害的遗赠，所以美国人更不高兴了。

自然，由于戴高乐只能接受一个"民族国家的欧洲"，他不得不想办法解决欧洲经济共同体的问题。他能够看到共同体为法国商品提供了有用的出口市场，而且，如果法国能与当时在外交上弱得多的德国组成联盟，主宰欧洲经济共同体的话，它确实可以作为法国已失去的帝国之替代。戴高乐起先试图通过富歇计划，用简单的政府间组织取代欧洲经济共同体的多国结构。计划失败后，他将责任归于"盎格鲁－撒克逊人"，还阻止了英国在 1963 年与 1967 年加入该组织的两次尝试 —— 这也是保护法国落后农业的方便之举。而且，他就农业关税问题威胁说要离开欧洲经济共同体，以试图进一步保护法国农业。再后来，在 1965—1966 年间，他发起了联合抵制，反对欧洲集会的职责扩大化，这一举动威胁到了个别国家的否决权。他顽固地反对着，因为他觉得只有让法国成为欧洲的主导力量，法国才能成为"第三种现实"，才能成为世界事务的潜在仲裁者。

我们当然可以说，戴高乐很努力地让华丽辞藻变成现实。值得注意的是，不论他的举止多么具有挑衅性，他确实指出了一条有用的、超越了冷战中东、西方冲突的道路。但是，随着他步入古稀之年晚期，戴高乐也许变得相当任性妄为。例如在1967年访问加拿大时，他用那句著名的"自由魁北克万岁"表示对法国分裂分子的支持——他的部长认识到这是重大外交错误。戴高乐立即就被赶出了加拿大。

在1968年的新年致辞中，戴高乐看上去还掌握着相当大的指挥权。他向全国人民保证，法国将通过政府冷静、沉着、高效的运行，继续树立标杆。他一点儿也没有觉察到，由他成功的全民动员所带来的社会与经济变革将迎来一场挑战。仅数月后，这场挑战就会让他和他的政府陷入极度震惊之中。

戴高乐政权的文化政策是经过深思熟虑而制定出的，担任该政权第一任文化部部长的是著名作家安德烈·马尔罗。他在许多方面都很活跃，包括将政府委托工作交给马克·夏加尔之类的艺术家、清洗公共建筑——例如，将冷灰色的协和广场恢复成本来的赭色——以及最重要的，复兴20世纪30年代的左翼思想，并在全国建造许多文化宫。政府通过刺激剧院演出与其他文化活动，丰富了外省生活。与此同时，马尔罗也采取措施确保人们能够负担得起这些文化活动，从而参与其中。他还通过减免遗产税，增加国家的艺术珍品储备。他带来的影响是巨大的。

然而，这项用意良好的政策依然是自上而下的。它并未真正与社会变化发生联系，尤其是与那批截然不同的年轻60后产生关联。这个群体受到了可怕且严重的"盎格鲁-撒克逊"影响。法国的60后个子更高、身体更健康，有钱购买色彩鲜艳的衣服。他们有自己的亚文化、杂志、广播、电话及语言。当然，还有他们自己的摇滚乐与耶耶风格音乐（yéyé music）。1962年的明星并不是某个伊迪丝·琵雅芙（Édith Piaf）或是吉尔伯特·贝乔（Gilbert Bécaud）式的人物，而是十几岁的弗朗索瓦·哈蒂（Françoise Hardy），她为所有青少年吟唱着《男孩和女孩》

（*Tous les garçons et les filles*）。在这个新城市社会中，他们不再受旧有家庭关系与机会缺乏的限制。他们想要拥有道德上的自由，他们想要迷你裙与避孕药 ——"我们不能用社会保障制度来负担，"戴高乐说道，"他们接下来会向我们要什么？一辆免费的汽车？！"他们只听说过战争，并不惧怕德国人与苏联人。他们仅仅把住房与卫生方面来之不易的改善看作理所当然，尽管这些东西彻底改变了他们父母的生活。他们渴望个性，但自身正生活在市场操纵使个性变得标准化的新社会里。如果说，有些评论家将他们看作是外来物种的话，另一些人则在他们身上觉察到了富贵病，因自由而生的不确定性。

社会上让人感到不确定的事很多，因为法国正在经历自己的文化革命。人们在电影与小说领域都掀起了新浪潮，它们普遍反映了"世界上不存在等待转录的现成客观现实"这一观点。反之，电影与小说是对现实的探寻。像弗朗索瓦·特吕弗、克劳德·夏布洛与让-吕克·戈达尔这样的新浪潮派年轻电影导演认为，电影是导演的个人陈述。他们抵制电影公司通过蒙太奇、无缝编辑与连接手段摄制影片。他们赞同使用手提摄影机进行户外场地拍摄，并在使用长镜头的同时，变化跳格剪接编辑。长镜头聚焦于人们所看到的东西，而不是"故事"。这些导演很想把传统电影全盘推翻，以展示电影是怎么运作的，他们试图阐明这不是生活，而是电影，认为电影就是对意义的结构性探寻。1959 年，他们突然冲上了戛纳电影节舞台：弗朗索瓦·特吕弗的《四百击》讲述了一个小男孩叛逆的故事；在戈达尔的《筋疲力尽》开头，有幸灾乐祸式的傲慢无视；还有阿伦·雷乃创作的让人久久难以忘怀的《广岛之恋》。虽然戈达尔后来爱好某种学究式的社论风格，但这个群体的作品，与夏布洛、阿涅斯·瓦尔达以及其他人的作品一道，标志着国际电影史上的一个转折点。

类似的关注点甚至更强烈地反映在新小说派当中。阿兰·罗布-格里耶与玛格丽特·杜拉斯这两位新小说派作家也活跃在电影界。这些"新小说家"尽管在方法侧重上有所不同，但他们都旨在创作一种剥离了传统小说特征的反小说。例如，他们的小说没有社会、政治场景设置，也没有人物刻画与线性叙事。因此，这些小说没有将常见的叙述者融入社交界之中，以理解并反映正在发生的事，而是在小说中创设了一个隐含的叙述者或曰视角。例如，在米歇尔·布托尔的《变》（*La Modification*）中，主人公叫"你"，因此，他也许是在对自己讲话，也许不是。这位隐含的叙述者或者说是存在物，好像初遇人类文明般，茫茫然不知所措。面对异质世界，他要么长篇累牍地发表着中立见解，还常将事物表述成几何形状，要么反复与世界展开激烈交锋，像着了魔一般。

读者经常被要求参与到这时常令人感到不安的现象学活动中来。这场现象学的活动可能变成一出本体论的悲剧，即人无法向除自身外的任何事妥协。重要的是，为福楼拜那创作"关于虚无的小说"的旧梦而着迷的罗布-格里耶，遭遇了萨特之前遇到过的同一个问题：客观与主观的冲突。他对一片西红柿或是别物的描述越是细致客观，它看起来越是极度主观。而且，他越是试图将人物心理排除于小说之外，人物心理就会越多地转由潜在的叙述者道出。潜在的叙述者，即叙述者的叙述者——罗布-格里耶。

不消说，电影与小说以更加系统的形式反映着其他领域也在探讨的观点。20 世纪 60 年代的新结构主义学家强化了新小说派作品中一些更加悲观的主题。新结构主义学家之前已经开始将语言学理论运用于不同学科之中。精神分析学家雅克·拉康对弗洛伊德的解读，暗示了理性与自知之明是根本无法获得的。结构主义人类学家克劳德·列维-斯特劳斯寻找存在于所有神话之下的社会等级制度。但是，举例来说，就算他绝妙地展现了一个印第安部落的身体彩绘是如何与社会等级制度相对应的，这种深层结构也并不被彩绘画家与被画者所理解。认识论学者米歇尔·福柯认为，历史没有连续性。因为，人们把自己紧紧锁在自己的时期内，以至于不存在真正的跨时间交流。这样说来，真正意义上的人类已经死了。

至少对于一些结构主义者来说，他们仍然认为具有决定性的深层结构能够被揭示出来。但是，在20世纪70年代占支配地位的所谓后结构主义者们更进了一步。自罗兰·巴特起，后结构主义者转向了"作者已死"的观点，意即作者无法控制其作品的意义 —— 事实上，是书写作者，而不是作者写书。至于像吉尔·德勒兹、雅克·德里达与让-弗朗索瓦·利奥塔这些人，他们认为除文本之外别无他物，没有待发现的深层现实与确定真理。这种通过否定理性与左翼政治视为传统根基的已知外部现实，从而跃进后现代相对主义的做法，不可避免地招致了批评 —— 原因不仅在于他们的作品通常看似不必要的难懂。为了将数学或是自然科学的晦涩难懂融入社会科学之中，拉康、德勒兹与其他人大量使用了有时他们自己都不理解的概念。尽管一些批评也许失之偏颇，但显而易见的是，他们的影响已经衰退了。而且，社会逐渐从对宏大理论的普遍追求转向了更加经验主义的方式。然而，这些现象发生在知识上让人感到既兴奋又不安的一段时期。

20世纪60年代的左翼分子更热衷于当时存在的马克思主义的各种变体与重新包装。法共内部存在着亨利·列斐伏尔一派与路易·阿尔都塞这样的纯粹主义者之间的理论斗争。列斐伏尔等人基于马克思的早期作品，试图将后者重塑成宽泛的人文主义者。阿尔都塞在对马克思的"科学"解读中，试图捍卫正统学说。但是，那些理想主义的年轻人越来越意识到，自己属于一个国际群体，未来属于中国革命，属于古巴的菲德尔·卡斯特罗、切·格瓦拉与越南的抵抗运动。

1968 年 5 月爆发了那场惊人的"五月风暴"，之所以叫"风暴"，是因为没人知道还可以怎么命名，它看似完全是突如其来的，人们并没有看到明显的政治危机。诚然，法国仍时不时地爆发罢工，因为进步没有平等地善待每个领域，但这些纷争都被解决了。3 年前，社会党人弗朗索瓦·密特朗在总统选举中的表现比预期要好，但这主要是因为戴高乐没打算参选。正是当年 3 月中旬《世界报》上的一篇社论，反映出了总统选举中缺乏正经的反对派这一问题。社论宣称，"法国人厌倦了"。尤其是法国的年轻人，他们觉得自己被排除在世界革命潮流之外 —— 社论还辛辣地补充说，学生们提出的南泰尔新郊区校区的男生能自由出入女生宿舍的要求，显示出他们对男性权利的认识相当有限。

然而，那确实是 5 天后男学生占领女生宿舍事件爆发的导火索。大学当局反应强烈，而学生们则挑衅地扩大了他们的占领区。"五月风暴"开始变得不可避免。南泰尔校区被关闭，但这导致索邦大学被占领，随后全国上下的大学与高中被占领。学术权威感到困惑不解，因为学生的狂欢喧闹让索邦大学部分被捣毁，直到更有组织性的托洛茨基与无政府主义分子登场时，他们才真正对学生抗议做出反应。警察被派来抓人，但是他们的粗暴战术只是增加了人们对学生们的同情而已。巴黎的拉丁区变成了路障林立、铺路石横飞的战场 —— 这给全法国乃至法国以外的地区提供了一场电视盛宴。法共与社会党不情愿地被拖了进来，试图将通常偏于乌托邦式的志向融入工会的要求之中。一场涉及 1000 万雇员的大罢工开始了，他们占领了工厂，导致法国停摆、政府震惊。

那么，"怎么会这样？"颇具影响力的社会学家兼政治评论员雷蒙德·亚伦问道，"在没有任何政党或群众运动领袖真正想要掌权的情况下，一场小范围内的学生抗议怎么会转变成一场让政权为之震颤的民族危机呢？"正如他指出的那样，革命如今往往只发生在欠发达的社会里。工会在发达的工业国中已变成一股保守势力。无论如何，法共领袖惊诧于这些解放了的年轻"中产阶级"所持有的漫不经心的态度 —— 左翼家庭内部存在着激烈的代际冲突 —— 不过对戴高乐的反美立场感到相当满意。此外，许多学生抗议者对日常政治嗤之以鼻，斥其为不真实。因此，以早已提出、如今被复兴的超现实主义标语 ——"禁止是被禁止的"或"梦境即现实"—— 为口号的这场"革命"，只是针对 1789 年、1830 年、1848 年、1871 年、1936 年与 1944 年真正的全国骚乱的一出心理戏剧、一场单纯狂欢与一种夸张姿态吗？又或者，它更加宏大，正如安德烈·马尔罗与蓬皮杜总理所说的，它是一场"文明危机"？

无论它是什么，政府似乎都对它束手无策。蓬皮杜试图通过大幅加薪离间工会与学生，但总统的一些官员当时正在退出，法国社会党领袖密特朗愚蠢地在电视上提议由自己代替戴高乐 —— 而戴高乐将军却似乎神秘地消失了。他已经逃离法国了吗？事实上，正如他后来对蓬皮杜说的那样，他在人生中第一次感到完全失去了勇气。不过，他重拾了勇气，并为自己安排了一些表演。他秘密访问德国，与马絮将军进行磋商，并测试军队的忠诚度。戴高乐感到安心了，3 日后返回法国，并带着他那一贯的权威作风宣布，他不会辞职，而且法国将举行新一轮选举。一切似乎只是一场夏季风暴，全国人民都松了一口气。支持戴高乐的大规模示威活动在香榭丽舍大街上举行。将军在选举中大获全胜，然后一切都神奇地恢复到旧日模样，甚至更严重 —— 与其说这场运动印证着路易十五的不祥预言"我死之后，洪水滔天"，不如说是："洪水之后……唯我存留！"

但不完全是这样。诚然，学生们没有后续政治计划，他们自己本身正是他们所批判的社会趋势的典型表现。而且，鉴于如今社会学专业的学生找不到工作这一事实，他们的"革命"某种程度上成了一种奢侈品。"黄金三十年"消逝的微弱迹象已经初现，最终石油危机将为其画上句点。但是，《世界报》没能看到的是，这场枯燥无味的南泰尔校区人口泛滥并不像表面上那般琐碎。相反，这个新问题象征着学生对脆弱的大学体制的厌倦。这个极其专制的体制有着非常令人不快的师生比率，以至于极少有，甚至完全没有师生互动。而且，男女分隔的寝室把学生当成孩子一般对待。他们那不适宜居住的新校区，被抛在城市边缘的一个令人沮丧的贫民窟正中央。新校区本身暗示着快速转型的压力，暗示着普遍而言，世界上存在着贫富鸿沟。

学生们取得了丰硕的成果。由于他们轻而易举地使国家陷入瘫痪之中，他们凸显了这个过于依赖戴高乐本人的家长式总统政权有多么空洞。他们展示了该政权并不能使这群新生代融入国家生活。他们暴露出了教育领域，以及工作场所中的独裁组织的致命要害。他们彰显出，除了对媒体旧有的僵化控制外，国家对电视的实际垄断导致了大部分民意与政府相疏离。他们提出了一些新主题，例如环境、个人生活平衡等。不管他们的尝试有多业余，他们都企图更接近共和国"自由、平等、博爱"的理想，哪怕只有一点点。

刚刚获胜的右翼总统多数派（Gaullist majority）中很大一部分人想让戴高乐压制反对派，而戴高乐也确实视这场风暴为一次变革危机。社会正在从一个阶段过渡到另一个阶段。他如今提及了改革"狭隘、过时的组织"之必要，而且他试图实行"参与"政策。能力突出的埃德加·富尔（Edgar Faure）很快赋予大学一些自主权并引进代表委员会组织，开始让教育分权并实现民主化。戴高乐推动了这项改革，使之从心不甘、情不愿的议会那里获得了通过。他试图复制这项改革，来给予地方更大选举权，但却出了错，部分原因在于该提案是附加在参议院改革之上的，而后者冒犯了其中一些群体；还有部分原因是戴高乐似乎坚持发动全民公投来表决这个不太紧急的提案，遂带来了一场没必要的较量。他当然意识到了这并不是个成败在此一举的问题，意识到了他是在赌博。那么，他为什么要这么做呢？

原因在于，他觉得蓬皮杜对"五月风暴"的处理让他相形见绌。而且，他觉得有必要来验证一下自己的权威。他这么做也是因为他觉得自己又衰老又疲惫 —— 横幅上最残酷的暗示是把他做成标本放进博物馆。正如一位观察家精明地注意到的，在戴高乐身上，永远存在着悲观、禁欲的传统主义者与果敢的行动派之间的矛盾。这就解释了他性格中的冲突，还有他那反复出现的一阵阵沮丧与绝望。现实主义者戴高乐对于人民不抱任何幻想，对于管理他那有着"246 种不同奶酪的国家"的难度，他也洞若观火。但是，在这个充斥着药片与迷你裙的新社会里，他越来越感到无所适从。即便他为自己的名声所累，在这个不断变化的戴高乐政权中，还有他自己的一席之地吗？

正如他隐隐料到的那样，他输掉了全民公投。之后就立即辞职了，并在次年去世。

第十三章

从蓬皮杜到希拉克

没有哪个西方民主国家的领导像第五共和国的总统们那样，

被赋予了如此多的政治权力。

戴高乐可不容易模仿。显然，在没有另一次世界大战，也不存在堪比阿尔及利亚的戏剧性事件造成的民族危机时，没有哪个法国总统能够自称拥有戴高乐那样的历史合法性与威望。这个事实本身更加清楚地揭示了仓促起草的 1958 年宪法所存在的尖锐矛盾——它不仅是为一场特别的紧急事件而制定，更是为某个人量身定做的——自那以后，如何解读该宪法成了一大问题。

诚然，戴高乐自己在许多方面逾越了他这部宪法所规定的条款。尽管总理应该"决定并实施国家政策"，而总统扮演着仲裁者的角色，但戴高乐在 1964 年时宣布"国家不可分割的权力完全由总统负责"，被法国社会党领袖弗朗索瓦·密特朗斥之为一场"永久政变"。根据宪法规定，总理"负责国防"，于是戴高乐直接下令说，外交政策与国防是总统的"专属领域"。最终的结果是，议会被"去势"了。议会既无法选择由全国选举产生的总统，也无法选择政府总理或是议会以外的部长。如果议会拒不通过总统提案，它还面临着解体的威胁。简言之，在民主的权力平衡上，法国这种混合的共和宪法存在着确确实实的问题。

事实上，没有哪个西方民主国家的领导像第五共和国的总统们那样，被赋予了如此多的政治权力。共和国总统既不需要对议会负责，也不遵从当地法律。总统具有广泛权力，有着近 500 个职位的任命权。只要戴高乐掌权，尤其是在国家处于危难之时，这些问题似乎都是次要的。但是，对于戴高乐不太杰出的继承人来说，他的消失让这些问题浮出了水面。一位有着强大政党基础的总理会甘于这种从属位置吗？总统的绝对权力能够保持吗？7 年的总统任期难道不是过长了吗？如果一位不受欢迎的总统在 5 年后的立法选举中看到他的议会支持者被打败，会发生什么呢？戴高乐遇到这样的情况肯定会辞职，但如果一位总统坚持走完他的任期该怎么办呢？甚至于是否存在这样一种奇怪的可能，即大权在握的行政总统不得不任命一位充满敌意的总理呢？可以公平地说，鉴于第四共和国未能集全国之力应对一场重要危机，所以法国现行政治体制的出现有其必然性。它将展现出明显的优点，但也有自己的缺陷。

戴高乐的继承者们必须在这样的体制内尽其所能地治国理政。而且，他们不得不面对世界经济的不同阶段。这些阶段不仅经历了全球化演变所带来的影响，还被诸如中东战争、石油危机与苏联解体等事件所打断。地位显赫的法国在 20 世纪 60 年代基本成功地在国际事务中保持了独立，甚至充当了中立的仲裁者。如今，它在追求这些目标时，不得不受扩大的欧洲共同体这样的多国组织与国民经济日益互联互通的现实共同施加的种种限制。

乔治·蓬皮杜自 1969 年起出任法国总统，直至他 1974 年去世。他的父亲是一名小学教师。蓬皮杜毕业于享有盛誉的巴黎高等师范学校，这位趣味高雅的总统有着高深的文学兴趣。在第二次世界大战结束时，他是戴高乐的随从人员。尽管他不是一名职业政客——20 世纪 50 年代，他在罗斯柴尔德银行工作过几年——但是，他保持了与戴高乐的密切联系，以至于在阿尔及利亚战争期间作为他的秘密和平使者与民族解放阵线交涉。由于蓬皮杜也做了戴高乐 6 年的总理——这算是一个纪录了——他当然掌握了管理这个新共和国的门道。事实上，他也许太懂这些诀窍了，因为他在处理 1968 年"五月风暴"时，比戴高乐还要泰然自若，并因这种"大逆不道"而被免职。他的目标是继续走戴高乐路线，但要满足 1968 年"五月风暴"提出的对包容性的需求。

至于他的总理雅克·沙邦－戴尔马（Jacques Chaban-Delmas），他是一位帅气的前抵抗运动将军与波尔多市市长。他提出了"新社会"计划，也确实采取措施使政权现代化、自由化。随着国家放松了对电视、电台的控制，如今出现了听众来电直播节目以及更加均衡的政治辩论。劳工改革包括在职培训、最低工资标准与经济增长挂钩，以及雷诺汽车公司的分红制。与此同时，为回应新兴的女权运动要求，政府出台了法律，赋予女性同等的家长权威。法国还首次建立了环境部，并成立了区域议会。此外，这一时期艺术活动激增，尤其是左翼剧院，讽刺的是，1981年社会党总统上后，左翼剧院就不复存在了。蓬皮杜与其继任者一样，将为世人留下纪念他的一座座丰碑，那就是由内而外焕然一新、五彩斑斓的乔治·蓬皮杜国家艺术文化中心，以及因打破了传统天际线而不太受巴黎人欢迎的建筑物——蒙帕尔纳斯大厦。

蓬皮杜在外交政策上最惊人的改变是同意让大英帝国加入扩大的欧洲共同体。像戴高乐一样，他不太相信多国组织。但是，他对西德总理维利·勃兰特的"向东德开放"表示担忧。而且，他预测，英国的加入将使焦点转向欧洲而非美国，重新平衡欧洲大陆政治并防止法国被孤立。但是，他也采取了更加鲜明的措施，以实现成为独立世界大国的戴高乐主义志向。他与苏联保持着友好关系，曾与勃列日涅夫会晤。在1973年第四次中东战争爆发时，他进一步坚定了戴高乐的亲阿拉伯路线，而不是美国的亲以色列政策。法国通过利比亚间接将武器提供给埃及人，并试图与石油输出国组织达成单独协议，获得石油供给。

但是，1973年的石油危机不仅标志着"黄金三十年"的结束，还预示着世界经济新动乱期的开始，其标志是失败的汇率协调以及肆虐的通货膨胀。油价上涨给法国造成的打击尤为巨大，因为法国超过70%的能源需求都依靠进口石油。与英国或德国不同，法国并未参与北海新油田开发。当结果表明法国不可能获得单独的石油供给政策时，人们清楚地看到，如果没有可替代能源，法国想要成为世界上一股独立力量的这种戴高乐式雄心，实现起来希望渺茫。

法国想使戴高乐的半总统、半议会式混合宪法如过去那样明确，这并非易事。蓬皮杜自己在《难题》（*Le Noeud gordien*）中——就书名的意思而言，第五共和国的总统们名下几乎都该有一两本属于自己的书——"快刀斩乱麻"的尝试颇有些尴尬。"恰好因为我们的体制是混杂的，"他说道，"所以它也许比符合逻辑的体制更灵活。"可能确实如此，但为什么这种体制是必要的呢？这是因为，"你只需要看看法国人的所作所为，就能意识到他们极不服管教的本能"。然而，人的行为也是由其存身的结构所决定的。事实上，蓬皮杜确实通过改善与议会的联系，以及给他的总理沙邦－戴尔马喘息的空间，来试图恢复平衡。但讽刺的是，由此带来的困难会令他备感熟悉。

这是因为，沙邦－戴尔马自身正成为一个问题，令人尴尬的爆料[①]显示，无论沙邦－戴尔马的方式多么合法，他都没有交税。沙邦－戴尔马显然在国民议会中有多数派支持，而且他的自由化"新社会"计划在法国很受欢迎。但是，更具右翼倾向的戴高乐主义者对这些想法表示怀疑。他们感到，沙邦－戴尔马的立场开始变得和总统本人的一样，因为蓬皮杜同样坚信，政府领导不能搞双头政治。问题出现后，蓬皮杜免了沙邦－戴尔马的职，就像当初戴高乐对他所做的那样。蓬皮杜也向总统的神秘光环俯首称臣了——总统被这宗教职责般的重担彻底改变了，他必须独自承担这种责任——以至于他整整一年隐瞒了全国人民一件事：自己当下正罹患一种罕见的淋巴癌，身体日渐衰弱。1974 年 4 月，他因这种淋巴癌死在任上。虽然《世界报》将这称颂为对国家的最大牺牲，但人们也许要质疑，这种行为是否是负责任的。或者，吉斯卡尔·德斯坦的观

[①] 1972 年，《鸭鸣报》（*Le Canard enchaîné*）爆料称，沙邦－戴尔马在其国民议会主席及总理任期内，没有缴纳过个人所得税。该爆料直接导致戴尔马的民意支持率一落千丈。——编者

点是不是更加明智 —— 他说，换作自己，在这种情况下，他会"当场辞职"。

瓦莱里·吉斯卡尔·德斯坦（Valéry Giscard d'Estaing）在 1974—1981 年担任法国总统。他是一名独立的共和党人，身后只有议会中人数不多的一群人支持。他之所以能赢得总统职位，是因为戴高乐主义者内部产生了分歧，导致他们的正式候选人 —— 沙邦 - 戴尔马被更加信奉原旨主义的雅克·希拉克的一群支持者削弱了。在政界外号"推土机"的希拉克只有 42 岁，他的动作几乎将选举拱手让给了自己真正的对手们：弗朗索瓦·密特朗已经让社会党起死回生，与法国社会党及左翼激进党组成共同阵线。而且，密特朗在第二轮选举中仅落后于吉斯卡尔·德斯坦 1.6% 的选票。因此，吉斯卡尔·德斯坦的当选可以说是个偶然事件，他打破了戴高乐的谱系，成了一个意外。

吉斯卡尔·德斯坦是查理曼大帝的旁系后裔与顶级税务专家。48 岁的他看起来很年轻，精力充沛且聪明智慧，他是名优秀的"网球手"，十分健康。虽然身为贵族，德斯坦却想要引入一种不那么呆板的政治风格与"英式"礼节，替代令人不快的伙伴关系。即使他自己的不拘礼节可能看似有些虚情假意，但他确实试图定下基调。具体做法是：在爱丽舍宫设置开放日，偶尔与被选中的家族聚餐，以及同清扫马路的环卫工共进早餐。虽然他想走中间路线管理国家，以创造一种新型"进步的自由社会"，但是除了要面对人们对他想法的某些抵制外，他的问题还在于，议会中没有来自多数党的天然支持。为了讨好戴高乐主义者，吉斯卡尔·德斯坦任命雅克·希拉克为总理，并充满干劲地着手完成他的任务。

此时，法国实行了许多国内改革，以回应国内不断变化的民意。政府对电视广播完全统一的控制被打破，出现了互相竞争的广播电台与电视频道。法定成年年龄从 21 岁下降至 18 岁，这使得将近 250 万年轻人成为选民并被登记在册。法国实行协议离婚，并使某些情况下的堕胎合法化。为了让所有儿童机会均等，学校实现了标准化。在外交事务上，虽然吉斯卡尔·德斯坦在非洲继续贯彻着法国的新殖民主义政策——他将被指责从中非共和国皇帝博卡萨一世那里收受了许多贵重钻石，但这种指责不合情理——但是，他坚决支持采取措施，强化欧洲共同体。

然而，所有这一切都没有有意地讨好戴高乐主义者。当德斯坦只邀请了 4 名戴高乐主义者加入他的内阁，并倾向于任命无政党背景的专家时，戴高乐主义者最初感到大吃一惊。德斯坦也许是想达成更多政治共识，但他在行使总统职权方面堪比戴高乐，即使他认为行使总统职权是非个人的机构行为。他领导的是不对外开放的核心内阁，在不知会希拉克的情况下就任命部长，甚至 1976 年重组政府时，他也没有与希拉克磋商。因此，某项研究得出了这样的结论：他"如今行使的权力超过了自拿破仑三世起的任何一位法国国家元首"。希拉克忍受了两年被排挤的生活，然后以非常公开的方式辞职并宣称，他的确"没有被给予完成总理工作的手段"。他接着将戴高乐党重塑成以自己为领导的政党。他通过当选巴黎市市长，获得了新的权力基础。而且，他让自己成为吉斯卡尔·德斯坦的对手，看着他在经济问题上遇到麻烦。

无论是在法国还是在其他地区，经济问题确实都是个关键的挑战。20 世纪 70 年代初，国民生产每年增速约为 7%，每年新增就业岗位有近10 万个，但是 10 年后，国民生产下降，每年消失的岗位有 20 万。起初，财政部部长让-皮埃尔·富尔卡德（Jean-Pierre Fourcade）试图通过提高税收与利息率平衡经济，与此同时，他还通过提高救济金来缓和政策对穷人的影响。自 1976 年起，他的继任者雷蒙·巴尔（Raymond Barre）虽然在推动核工业建设时继续采取了统制经济的方式，但使用更加强劲的新自由主义经济政策来降低财政赤字、平抑通货膨胀，撤除了对落后企业实施补贴的缓冲保护，并创造了具有竞争力的现代经济。然而，由此导致的中小企业破产却加重了失业问题。而且，由1979年伊朗革命引发的第二次石油危机使情况严重恶化。

当吉斯卡尔·德斯坦在1981年总统任期临近尾声之际，法国的通货膨胀率接近14%，失业人数达到了150万，全国人民情绪低落。虽然他做了各种努力以促成现代化，但是政治评论员、播音员阿兰·杜哈梅尔（Alain Duhamel）仍抱怨道，尽管法国现在是一个先进的工业国家，但它那过时、虚伪且半发达的政治体制正在遭受过度中央集权与缺乏权力制衡的侵害。由于左派内部四分五裂，人们认为吉斯卡尔·德斯坦将赢得即将来临的总统选举。

但是，人们忽略了希拉克。他在第一轮选举中表现不佳，排在第一名吉斯卡尔·德斯坦与第二名社会党的弗朗索瓦·密特朗之后，位居第三。即使希拉克曾公开批评德斯坦，但人们依然希望希拉克能忠心耿耿地敦促自己的戴高乐党选民在决胜选举中支持德斯坦，以免左翼政党获胜。希拉克没有做到这一点，结果，让右翼恐慌、左翼欢喜、证券交易所崩溃的是，他将总统职位拱手让给了密特朗。

密特朗在1981—1995年担任总统。人们通常觉得他是个神秘人物。这位明显羞涩的年轻人来自信奉天主教的外省中产阶级家族。在第二次世界大战爆发时，他刚结束法学学习。被俘后他逃跑了，开始为维希政权工作，但是渐渐转向抵抗运动。他抵达伦敦，遇到了戴高乐，但是回到了法国参与国内抵抗运动——如果说，他后来看似有些讳莫如深，甚至可以说是个幻想家的话，或许部分是因为他当时的经历使然。战后，他效力于第四共和国中的11届政府，但在1958年时失去了自己的职位，并于次年登上了报纸头条。这是因为他宣称，由于自己的殖民主义观点，他遭到了法属阿尔及利亚戴高乐主义支持者的刺杀，幸而躲过了一劫。当时，人们普遍认为，这奇异的尴尬局面就是一场作秀，而且，一位警察部门资深知情人最近的回忆录倾向于支持这种观点。[①]密特朗在随后一段时间里，在政治荒原中对总统政权进行了尖刻的攻击，并一路密谋重新掌权。

他是"真正的"社会党人吗？当他在1971年登上领导岗位时，像居伊·摩勒一样的人认为，他只是学会了开空头支票而已。诚然，他没多少时间学习社会主义理论，也并不真正理解经济学。但是，他确实支持人们提出的创建一个更加公平社会的需求。而且，他坚持取缔死刑，并为此做好了选举失败的准备。最重要的是，他了解权力并自认为知道夺权的方式。如果他真如戴维·贝尔（David Bell）所言，"是个精于权谋、强硬且一心一意的专业人士，被力比多统治所驱使"的话，这在成功政客中并不鲜见。

密特朗之"谜"并不是他从右派变成左派，不是他对自己有一个成年私生女的事实秘而不宣，也不是他最后很享受总统权力以至于养成了国王般不带现金的习惯。密特朗之"谜"在于他不擅与人亲近、不愿从事团队工作的个性。他不仅对自己的计划守口如瓶，还一人手中同时拿好几副牌，对抗彼此基本不认识的人；密特朗之"谜"在于他像某个不可思议的文艺复兴时期的王子一样，通过复杂的侍臣网络来行使权力，离间这些人，让他们互相猜忌；密特朗之"谜"在于当他明显因癌症而身体衰弱时，仍拒绝下野，因为他认为行使权力使他得以保命。

但是，对左派来说，密特朗在1981年完全掀起了一场"哥白尼式的

---

① 参见：Claude Cancès, *Histoire du 36 Quai des Orfèvres* (Paris: Éditions Jacob-Duvernet, 2010)。——作者

革命"。这是他的一位部长皮埃尔·若克斯（Pierre Joxe）起的名字，因为"在密特朗之前，法国左派正如他们自称的那样，只知罕见且短暂的'实验'，最后也没得到什么好下场"。如今，在密特朗面前清清楚楚地摆着 7 年任期，他似乎已经打破了近乎永久性的保守主义统治之魔咒，特别是在他立即解散了国民议会并使左派占据了绝大多数席位之后。开始启动的整整一系列措施完全改变了社会氛围——改革监狱体制，分权给地方，对接高等教育与国家的社会、经济需求。最立竿见影的是在全国传播文化与欢乐。新上任的文化部部长是精力充沛的贾克·朗（Jack Lang）。在接下来的 12 年间，他获得的预算将增加 5 倍。他同意办独立电台，采取措施支持图书交易，举办一年一度的全国音乐节。在每年的 6 月 21 日，户外音乐都会让巴黎生机勃勃。诚然，密特朗在总统任职期间无疑会兴建更多"大工程"，包括卢浮宫玻璃金字塔、引人入胜的阿拉伯世界文化中心以及考虑不周的密特朗国家图书馆，还有纪念性建筑，也许还有些"多风的建筑"，比如拉德芳斯区大拱门。

然而，真正的挑战是经济。在皮埃尔·莫鲁瓦总理的领导下，法国的经济方式发生了戏剧性的变化。当时做的每件事都是为了让国家而非市场来控制经济。新计划强调工业与公共事业的现代化。政府为解决失业问题，提高家庭补贴与政府退休金以增加需求，并通过将年假延长至 5 周，把周工作时间从 40 小时减至 39 小时，试图分配可获得的工作。周工作时间缩减 1 小时只是第一步而已，最终要将其减至 35 小时，并将领取退休金的年龄变成 60 岁。事实上，这个大胆的尝试改变了社会，"改变了生活"。

人们认识到，只有法国采取了这项政策。但是，人们以为，当这些变化的效果完全显露出来，当世界经济再度好转时，任何暂时的困难都将被解决。然而，购买力的提高使通货膨胀加剧，而且主要指向了进口商品。因此，赤字变大，政府不得不使法郎贬值，而失业率则继续攀升。企业抱怨政府强行收税让它们为增加的社会福利埋单，失业问题导致人们产生反移民情绪，以及拥护极右翼的国民阵线党人数的增加。政府被迫撤回一项教育提案，因为该提案被视为对天主教学校的攻击。1984年，密特朗改变策略，任命洛朗·法比尤斯为总理。其实，在这之前很久，人们就已清楚地看到"一国建成社会主义"这一尝试在法国失败了。

这是一个意义重大的时刻，因为它强调了法国如今称之为全球化的东西已经是既定生活事实，而且一个西方国家不能将自己与世界经济的起起落落分离开来。对于法国来说更是如此。因为，不管是通过国防、能源、银行业，还是奢侈品产业，法国如今都已牢牢地并入了欧洲乃至全球经济之中。因此，这对法国的社会党来说是一个关键性时刻，它质疑了社会党的官方理念并强化了社会民主倾向的影响。让社会党左派与共产党错愕的是，38岁的洛朗·法比尤斯此时牢牢抓住平衡预算与经济现代化不放。这需要削减补助，而且政府扶持将逐渐从衰退的煤、钢等产业转向化工、信息技术等较新的领域。这类措施将使社会感到阵痛。

法比尤斯确实降低了通货膨胀，但失业问题看起来药石无灵了，任何方案对它都不起作用。显而易见，左派将输掉1986年的议会选举。密特朗通过调整比例代表制的诡计，提前减少了伤害——意料之外的结果是，国民阵线党获得了35个席位——但是，左派仍然失掉了选举。这就再一次提出了一个关于宪法的大问题。

密特朗没有像人们预料的那样辞职，而是任命希拉克为总理，因而将第五共和国带入了"同居"时代。在接下来的两年间，他和希拉克用宪法来对付彼此。希拉克援引宪法中他作为总理的权力，让自己的措施得以表决通过，而密特朗则利用自己的总统特权尽可能地阻挠希拉克，同时自身始终做与世无争状。希拉克热衷于罗纳德·里根与撒切尔夫人的政策，如今允诺将践行高效干练的新自由主义。这将涉及 60 多家公司与银行的私有化和撤销管制，以及取消价格控制、外汇管制与社会党的财产税。他也引入了对移民的控制，以化解国民阵线党带来的威胁，并撤销了密特朗的选举改革。但是，温和的右派觉得他的做法有些极端。1986 年，希拉克遭遇了一股罢工抗议潮。接着，1987 年 10 月，股票交易崩溃。在此期间，密特朗精明地打败了希拉克，把自己刻画成危难时刻的国家保护者形象。因此，1988 年，密特朗再度登上总统宝座。权力的过山车得以再度开动。

然而，情况已经发生了逆转。密特朗为得到基本够用的多数票，解散了议会。选举只产生了在中间党派分子支持下的少数派社会党政府。鉴于此，密特朗任命了相当能干的规划师米歇尔·罗卡尔担任总理，罗卡尔作为社会党的社会民主领袖，能够促成共识。同时，密特朗也觉得，把自己的头号敌人放在具有挑战性的位置上是省时又省力的做法 —— 他确实将在罗卡尔任职期间暗中破坏。罗卡尔恢复了财产税，为那些打算重新就业的人提供津贴，并严肃认真地试图解决社会保障亏空问题。他也从人们因柏林墙倒塌而出现的情绪变化，以及因第一次海湾战争带来的民族团结中受益。但是，随着经济再度下滑，以及党内就政策问题发生的冲突，密特朗在 1991 年时草率地将罗卡尔免职并任命了埃迪特·克勒松。

作为法国第一位女总理，聪明、坚强的克勒松有着新奇的价值观。虽然她对罗卡尔持批评态度，但她也提供了一个更加左翼的选择。克勒松是有着人口统计学博士学位的高素质人才，之前她担任过几个部长职务，但是，她遭遇了相当程度的厌女症。因为克勒松是在关系亲密的顾问团的建议下执政，加之她肆意践踏行政机构并且过早下断言，所以她遭受的厌女症就严重了。1992 年地方选举一失利，密特朗就免去了她的

职位 —— 到那时为止，法国总理的更迭已经开始让人回想起第四共和国的境况了。

权力的旋转木马继续转动着，接下来上台的是作风完全不同的皮埃尔·贝雷戈瓦。这位老牌工人阶级社会党人在 15 岁时就离开了学校。他之前在爱丽舍宫总统府担任密特朗的秘书长。在 1993 年议会选举前的短暂间歇，他担任了总理一职。即使没有世界经济的又一次危机与一连串的贪腐丑闻（其中一件丑闻导致贝雷戈瓦自杀），厄运也早已显而易见。密特朗早就把注意力转到在欧盟内建立与德国的强大联盟上去了，如今年老体衰，明显正在对此失去兴趣。而且，社会党领袖中的现代化主义者与传统主义者之间有着公开的冲突。因此，毫无疑问，当社会党选举失利，只获得了不到 20% 的选票时，密特朗别无他法，只得再度转向右派。

由于希拉克着眼于总统竞选而想远离风口浪尖，最后由中右翼的爱德华·巴拉迪尔担任总理。这位有着工业背景的人物与戴高乐主义的神秘毫不沾边。他是个让人放心、冷静且有礼貌的人。同时，他也是位精明的谋略家 —— 在这方面，密特朗曾满怀敬意地说他"甚于我"。巴拉迪尔带来了削减预算及国企私有化这些新自由主义强效疗法，其中包括法国巴黎银行与埃尔夫 - 阿奎坦石油公司的私有化。但是，他利用国家贷款缓解失业问题以安抚工会，最终由于涉及裁员的重组计划，而引发了大规模罢工。而且，1994 年末，失业率仍有 12.6%。然而，他已让自己成为右派在总统选举中明显的不二之选。但是，人们将再一次忽视雅克·希拉克的存在。

希拉克即将在 1995—2007 年担任法国总统。他猛烈攻击巴拉迪尔对法郎的支持，平衡了开支，并发出了一种左翼戴高乐主义的呼吁，号召政府大胆采取行动降低税赋，解决失业问题，并弥合破碎的社会。这些论调抓住了选民的心，因此，希拉克在总统选举中击败了社会党的利昂内尔·若斯潘。他旋即任命新自由主义技术官僚阿兰·朱佩为总理。就希拉克而言，他愤世嫉俗吗？外号"推土机"的希拉克也有着"风向标"的称号。是的，但并不是高贵的马基亚维利式的愤世嫉俗。因为事实正如一位传记作家所言："他没有先入为主的意识形态，也没有连贯的政治计划。"吉斯卡尔·德斯坦觉得希拉克是"一个天生快乐、热情的人"，但对自己的政治角色感到不自在，只有在竞选过程中亲密地拍着选民后背时，他才是他自己。萨科齐对希拉克的看法也与此类似，觉得他"恐惧游行"，因此倾向于顺其自然，保持事物原状。这位平民主义的机会主义者胃口很好，爱喝啤酒。他总是一个被动反应型的谋略家，而非战略家。

即便如此，希拉克也有过自己的光辉岁月，尤其是在1995年7月，他做了一场值得称道的演讲，纪念1942年在巴黎对犹太人那场臭名昭著的围捕。由此，希拉克成了法国历史上第一个承认法兰西政府对犹太人的遣返负有责任的总统。然而，数月内，他的总统生涯就遇到了麻烦。为了能在1999年时在欧盟全境范围内使用欧元，法国需要达到趋同标准的要求。为此，阿兰·朱佩开始对政府财务实行广泛重组。但是，由于这危及工资、津贴与养老金，法国爆发了自1968年以来最大的一场总罢工，国家陷入停摆状态。这对朱佩的受欢迎度可没多少助益。人们觉得他傲慢无礼，怀疑他从住户津贴中不正当地谋利。因此，为了让朱佩获得更坚实的多数派支持以实行改革，希拉克被说服后解散了国民议会——这导致他在接下来5年里都要面对左翼议会与一名社会党总理，具体来说就是严厉的利昂内尔·若斯潘。

1997年，幸运的若斯潘来得正是时候，因为世界经济正在转入增长期，而且将持续到 2001 年。这不仅使若斯潘在没有使用朱佩开出的猛药的情况下，就使法国达到了趋同标准，从而风头盖过了希拉克，还允许他采取了大量独特的社会主义措施，其中包括每周 35 小时工作制，以及为年轻失业者制订的创造就业机会的计划。这项计划使失业率降至 10% 以下。若斯潘还采取了意义重大的现代化措施，例如，男女同性恋情侣的民事结合，以及推动男女平等的立法。该法律旨在提高被选入政治团体的比例微小的女性人数。

然而到 2001 年，整体经济将再度下滑。随着企业破产、工作机会转向低工资国家，以及失业问题的再度抬头，希拉克有了迅速在 2002 年总统选举中攻击若斯潘的机会。但是，公众的希望破灭与适得其反的选举体制共同将这次选举变成了一场令人不安的闹剧。第一轮选举中 28.4% 的弃权率达到了有史以来的最高值，而候选人来自不下 16 个政党，其中大多数政党又很小。这些政党包括 3 个独立的托洛茨基党派，即左派、中间派与信奉基督教的仇视同性恋论坛。其中还有一个叫作"狩猎、捕鱼、自然和传统"的政党，他们狩猎、射击、垂钓。即便是极右派也不团结，因为如今出现了从让-玛丽·勒庞的国民阵线党中脱离出去的一个分支。由于所有这些党派分裂的影响，希拉克只获得了 19.88% 的选票，而若斯潘的得票率则更低，只有 16.18%。得票率滑进第二名、得以进入决胜投票阶段的候选人是勒庞，他取得了 16.7% 的选票——这使全国人民感到震惊，并迫使成千上万的抗议者走上街头。放弃投票权的人也大批返场，咬牙切齿地进行第二轮投票。他们反复叫喊着"宁肯把选票投给骗子，也不投给法西斯"。于是希拉克以创纪录的 82% 的得票率赢得了选举。

与此同时，希拉克再度更改宪法。他觉得，在决定要不要给他另一届 7 年任期时，选民也许会犹豫不决，毕竟第二届任期结束时自己将达到 77 岁高龄。所以，为了提高选举胜算，希拉克通过全民公投让总统任期向国民议会期限看齐，实行 5 年制。此外，他通过取得豁免权、不负法律责任，提高了现任总统的权力。这些变化能够缓和人们对第五共和国政治机构有效性的持续担忧吗？

诚然，人们可能会夸大这个问题的重要性。在一个不断变化的世界中，宪法与组织安排永远不会是完美的 —— 英国用了一个世纪来改革它那中世纪时代的上议院，而美国则在总统与国会陷入僵局时遭殃。而且，如今的国家由城市组成，而非边境社会，美国却囿于保留持枪的权利。此外，英、美这两个国家遭遇了相似的国际、国内问题，同样需要在日益全球化的经济形势下，直面自由市场与社会保护之间的张力。它们也因此展露出了相似的左派与右派间的波动 —— 而不是像法国一样，在两个极端间急速跳转。事实上，对于有着几乎相同挑战的西方民主政体而言，它们所采取的方法很有可能也十分相似。即使第五共和国的政治体制是紧急状况下的产物，它也存在了半个世纪。讲究逻辑的法国人也许有着不太符合逻辑的宪法，但强大的行政领导确实有它的优势。尤其是，它符合法国长期以来的统制经济政策，且允许领导层迅速做出决策 —— 不管是关于建设核工业，还是实施类似于欧洲之星高铁工程这样的项目。

即便如此，宪法看起来似乎功过相抵了。它制造的问题和它解决的麻烦一样多。一个明显的问题就是，由普选制选出的总统与经国民议会批准任命的总理之间存在着"正统性的冲突"，而国民议会也是由普选选出的。这种说法来自希拉克的传记作家。正是这种矛盾而非简单的个性不和，直接导致蓬皮杜与沙邦－戴尔马、吉斯卡尔·德斯坦与希拉克之间存在着破坏性的矛盾。在"同居"体制下，这种局面显得既荒唐又有害。密特朗暗中拆他的总理希拉克的台，而希拉克又对自己的总理若斯潘做着同样的事。

再者，如果说当初设计体制是为了聚焦民意并减少独立政党数量的话，那它基本上从未达成目的。事实上，考虑到冷战的结束、法共的解体，考虑到左派与右派日益认识到，即使两派侧重有所不同，它们也在同样的全球限制下管理着相同的市场经济这一现实情况，问题往往会自我纠正。但是，正如2002年那场闹剧般的总统选举所展示的那样，二轮选举制产生了过多的、令人难以置信的候选人。他们参选是为了获得免费的媒体曝光，打造自己的政党形象，为较小规模的比例选举造势。同时，他们也是为了获得讨价还价的能力。即使他们在第二轮选举中追随着两个主要候选人——有些人的追随与党派利益无关——也不存在严格意义上联结为一体的左翼多数派或是右翼多数派。这个体制加深了分裂，也加深了公众的怀疑。

此外，总统职位具备的特殊权力引起了人们的另一个担忧。虽然政治腐败不仅限于法国，但这些年间一连串前所未有的丑闻让体制名誉扫地。许多丑闻涉及戴高乐党，其他的则是关于法国社会党的。有些丑闻是关于政党的大规模非法资金——这个问题也见于其他民主国家——解决措施是为选举经费设置上限。另一些丑闻则是关于政府的秘密行动。正如在绿色和平组织的旗舰"彩虹勇士"沉没事件中，法国情报部门将船弄沉以阻止其干预在穆鲁罗瓦环礁的核试验。又如，法国向安哥拉秘密出售武器以换取石油开采权，而密特朗的儿子让－克里斯托弗就牵涉其中。许多丑闻源于个人贪欲，尤其是在统制经济下，许多部长与大公司过从甚密。伯纳德·塔皮（Bernard Tapie）的有趣案件就是一例。塔皮还被指控为他的球队马赛足球俱乐部操纵比赛。此外还有罗兰·杜马斯（Roland Dumas）一案，他的情人是一名游说者，也是埃尔夫－阿奎坦石油公司的回扣中转人，以让杜马斯穿贵得离谱的伯尔鲁帝手工鞋而闻名。勇敢的地方法官在调查中遇到了阻挠与恐吓。吉斯卡尔·德斯坦、密特朗等人的名誉都被丑闻玷污了，还有两名部长因丑闻自杀。而且，讽刺周报《鸭鸣报》每期都会爆料。人们只能用让-玛丽·科隆巴尼（Jean-Marie Colombani）与雨果·波特利（Hugues Portelli）的观点来做总结：这一系列的丑闻是由"这种行使权力的方式以及缺乏充足的组织、政治与社会制衡，最重要的是道德上的制衡"所造成的。

自 2002 年起，总统任期减至 5 年，且自此以后，总统选举结束后将立即举行立法选举，这两项举措使政府有效地摆脱了"同居"的种种混乱状况。但是，这种简化让总统的权力更大了，当然只是加剧了关于总理职责与选举产生的议会所负的责任这一老问题。

第十四章

经济衰退下的法国去向何方

法国人普遍感到"愁闷","衰落主义者"或曰
"衰落学家"大谈特谈民族衰落。

法国人常评价本国人是"爱发牢骚者"，或者说是不可救药的抱怨者。无疑，他们这么说的时候当然没把自己算在内。继2002年那场选举发生之后，人们不大可能错失发牢骚的机会。据说，法国人普遍感到"愁闷"。这个术语使用范围如此之广，以至于它都有了近乎临床的特征。"衰落主义者"或曰"衰落学家"大谈特谈民族衰落。这个带有污辱性的外号是颇有派头的外交部部长多米尼克·德·维尔潘（Dominique de Villepin）发明的。诚然，在一个变化的世界中，他们的一些担忧的确摆在了同类国家的面前。但是，另一些问题更具针对性。上升的犯罪率是当务之急，明显无法解决的失业问题一直困扰着人们。而且，政府内部关系紧张。希拉克不仅发现自己与内政部长、精神饱满的行动派尼古拉·萨科齐之间争来斗去，而且萨科齐与维尔潘之间也存在着严重内斗。在2002年法国国庆日时，一个慌张的右翼分子刺杀希拉克未遂，再加上伊拉克问题在联合国已经到了一触即发的程度，这将是个有趣的时期。

2002年6月，希拉克任命让－皮埃尔·拉法兰（Jean-Pierre Raffarin）为总理。这个谦逊的人更精于省级政治。萨科齐通过更多的资金与警力，还有对少年犯罪更为严厉的惩罚，继续精力充沛地打击着犯罪。拉法兰与他的劳工部长、亲英派的弗朗索瓦·菲永一道，再度尝试解决失业问题，降低赤字以达到欧元区要求。这意味着极尽政治之可能，撤销若斯潘的劳工保护措施，不替换公共事业领域中的工作岗位，并进一步实行私有化，尤其是法国燃气与法国航空的私有化。虽然他们没有冒险撤销一周35小时工作制，但通过允许延长加班时间并免除小企业的责任，慢慢蚕食着这一制度。

接着，他们试图遏制开支失控的两个主要领域：公共部门的退休金与医疗保健。面对公共部门退休金问题，他们将私营部门服务标准限制性条件提升到了 40 年的服务标准；在医疗保健问题上，他们提高了保险金分担额，强行征收小额诊疗费 —— 法国人是全世界使用药物最多的人之一 —— 以期限制过多的处方。可以预见的是，所有这些措施均遭到了工会与大多数民众的抵制。与此同时，人们怀疑政府分散更多权力的尝试只是一个花招而已，真实目的是将政府迄今为止征收的一些税赋的负担分摊到地区头上。这些措施本身见效慢，因此，同样都在 2004 年举行的地区选举与欧洲议会选举对政府而言都是灾难。

与此同时，希拉克一直忙于确保在国际舞台上法国雄风不减。2001年世贸双子塔遇袭后，他立马表明自己对美国的支持。但是，当美国政府进一步采取行动要攻打伊拉克时，他宣称自己对此事并不信服。诚然，表示反对的不止法国而已 —— 还有德国、俄罗斯与中国。但是，美国人以及部分英国媒体尤其憎恨法国要在联合国安全理事会上否决美国军事行动的威胁。在美国，法式薯条被重新命名为"自由薯条"，像杰·雷诺这样的深夜喜剧演员拿"吃奶酪的投降猴子"开玩笑。在英国，平民主义通俗小报《太阳报》刊登了一幅漫画，画中沿路缘缓慢行驶的萨达姆·侯赛因正在招妓，对象就是头戴金色假发、穿着高跟鞋的希拉克。

甚至自觉严肃的《旁观者》杂志也以同样的思路刊登了一幅漫画。为什么会有如此深的怨恨？为什么会如此不敬，因而招致法国人的抗议？当然，法国与美国长期以来都将彼此视为互相竞争的文明模式，而且美国人往往认为法国人自视过高，他们的这种看法并不总是错误的。但是，根本原因是美国人觉得，这位一直以来的盟友居然如此忘恩负义，让他们感到了深深的失望。因此，大多数美国民众认为，这还是法国那老一套的戴高乐式故作姿态，想要在世界事务中以小搏大，并以给"盎格鲁－撒克逊人"惹麻烦为乐。

希拉克不仅提前宣布要在安理会上行使他的否决权 —— 在会上，

维尔潘颇有格调的演讲让人拍手称快，也让人们明白了它要传达的道理 —— 事实上，他还协调了反对力量。据说，这并不单纯是外交上的机会主义，更是出于保护法国在伊拉克的利益这一动机。诚然，作为帝国的一项遗产，法国在世界范围内的巨大外交影响确实保持了下来，而且在中东地区有着长期的战略利益。同样地，戴高乐主义的法国有着亲阿拉伯，而非亲以色列的立场。并且，它还为未来的伊朗革命领袖，作为伊朗什叶派阿亚图拉的赛义德·霍梅尼提供了避难。尤其是继 1975 年希拉克的正式访问后，法国就向伊拉克提供了战斗机与飞鱼反舰导弹，甚至还有伊拉克的奥西拉克核反应堆。在这个核反应堆能投入使用前，以色列在 1981 年就把它炸掉了。当时法国也正在与其他西方国家争取国防市场与中东石油供给，而美国自己在两伊战争中也支持了萨达姆·侯赛因。然而，希拉克准备与美国进行情报上的合作。在他看来，新保守主义者与布什总统那救世主似的语气让他感到惊恐不安。他觉得，这些人并不真正明白这样一场入侵将造成怎样的骚乱。因此，他宣布，他没有看到具有说服力的证据，表明伊拉克持有大规模杀伤性武器。他争辩道，在那种情况下，继续战争将会损害联合国。

即使接下来发生的事让他觉得，自己是正确的。希拉克没能成功用他的"多极世界"理念取代由唯一一个超级大国主宰世界的局面。像欧洲大部分地区一样，他也将惊诧于法国在 2005 年 5 月全民公投中拒斥了欧盟新宪法，毕竟，法国是欧盟的 6 个创始国之一，还是其中最大的国家。即便没能强制推行法国社会模式的欧洲版，法国也基本成功地在外交上主宰着欧盟。而且，欧盟的制宪委员会由法国前总统吉斯卡尔·德斯坦名正言顺地主持着。此外，法国社会党内部此前的一次象征性表决显示，大多数人都赞同新宪法。同时，人们以为戴高乐党与中间党派也抱有支持的态度。那么，为什么全民公投结果是新宪法遭到了 55% 的人反对，而支持者只有 45% 呢？

在左派方面，社会党内 2007 年总统选举潜在候选人之间的权力斗争不断发酵。这些候选人包括洛朗·法比尤斯、多米尼克·斯特劳斯·卡恩与塞格琳·罗雅尔。前右翼分子法比尤斯支持名义上的备选方案，如今他出人意料地分离出去，领导一支左翼派系与法共、托洛茨基派一起，投下了反对票。因为，他们觉得欧盟就是新自由主义的资本主义计划。在右派一方，反对不仅来自国民阵线党与民族主义团体，还来自戴高乐党自身的一部分。因此，左派对业务外包的恐惧混合着右派对移民的害怕，造就了具有象征性的"波兰管子工"形象。这个外国人被视为抢夺法国工作岗位的一大威胁。诚然，大多数选民并没看懂内容庞杂的宪法提案，他们只是采取了自己的惯常操作——投政府的反对票。在这背后是人们对持续的失业、全球化的影响、认同感与工作机会可能消失等问题的担忧，因为拟定的欧洲扩充会将土耳其包含在内。让人们感到不安的还有，由于德国重新统一、日益独立，现在法国在欧洲的影响力明显变小了。事实上，这种汇聚了极左与极右的民族主义有少许绝望的色彩。它反映出人们在快速变化的世界中的被贬低感与迷茫感。

被削弱的希拉克任命维尔潘为总理，并给了萨科齐二把手、内政部长的特别地位。这个平衡各方的做法是为了巩固维尔潘的地位，以对抗他那日益强大的劲敌萨科齐。后者已经明确表示，他有意参加 2007 年总统选举的角逐。这两个同样野心勃勃的人是很有趣的研究案例。富有魅力且有教养的维尔潘之前是名外交家，并且长期担任希拉克的亲密顾问。他不是一名由选举产生的政客，而且他相当鄙视这样的人。因此，有些人形容他是一只"孔雀，一个时刻准备为主人拔刀出鞘的王室保镖"，是"戴高乐主义的堂吉诃德"。另外，传统戴高乐党的菲利普·塞甘将萨科齐描述为"一位自发的新自由主义者，没有理论、先入之见与禁忌的实用主义者"。萨科齐不是天赋异禀的业余者，而是进取心十足的专业人士。他历经艰难困苦才爬上高位，而且已经通过让自己当选为戴高乐党的主席而忤逆希拉克了。如今，他把这个党重新命名为"人民运动联盟"（UMP）。但是，维尔潘暂时是受人瞩目的焦点。维尔潘重复了他心目中的英雄拿破仑的做法，公开立下100天恢复民众对政府公信力的军令状。在某种程度上，通过改革税收的提案与降低青年失业率的措施，他确实做到了。因此，到秋季时，他在民意调查中领先于萨科齐——之后就诸事不顺了。

2005年10月，郊区或曰外城住宅区的移民暴乱突然让大众再次普遍感到安全感缺失。围绕巴黎城而建的郊区遍布着实用的苏联式大楼，它们距离城市中心地区如此之远，以至于那里的居民只有通过电视才了解到这些骚乱。骚乱导火索是克利希苏布瓦镇两名青少年的死亡。他们为躲避警察的身份检查而爬进了变电站，结果触电身亡。暴力抗议开始了，而警察又反应过激。不久它就在市郊周围蔓延开来，尤其是在塞纳河畔埃皮奈镇。在那里，暴徒当着一位巡查工程师妻女的面，把他打死了。接着，骚乱又延伸至马赛、里昂、图卢兹与其他城市。在3周内，成千上万的车辆被烧毁，许多公共与商业大楼被人纵火，数以百计的暴乱者被拘捕。他们往往是年轻人，通常是有着北非血统的第二、第三代移民后裔中的未成年人——他们被称为"第二代马格里布裔年轻人"——重要的是，他们中的大多数都有法国国籍。

一开始，公众的反应是把最初事件当作出了差错的入室小偷小摸，但是暴力升级了。内政部长萨科齐煽风点火地说，暴乱者是社会渣滓，要用高压水管把他们清除干净。而且，他还把骚乱说成有预谋、协调好的。事实上，正如安全部门的一份官方报告得出的结论一样，当地的移民群体并未参与其中，而且骚乱也是自发形成的。如此一来，它就更令人担忧了，尽管人们并不应该为此感到如此震惊，毕竟数年间偶有焚车事件发生。但是，这对法国来说仍然是件惊人的事。当希拉克提及"认同感危机"、削除歧视、创造均等就业机会时，他承认这起骚乱确实令人震惊。电视上，暴徒火烧那些为服务他们而建的学校、青年中心、体育馆，甚至是小企业，此般景象让人们能够估测出他们与社会疏离的程度 —— 他们毁掉了自己的生存环境，因为它象征着那个他们觉得不把自己当成完完全全的公民的法国。事实上，他们提出的问题是，如果共和国宣称的平等与团结不适用于他们的话，那这样的平等与团结是否还是真的？

如果说，萨科齐已经成了选民憎恨的对象的话，右派则日益视其为铁腕人物。如今，在维尔潘绝望地寻找对策，解决由骚乱引发的问题时，他可以作壁上观。维尔潘提议进一步推进私有化，对服务性行业征税以减少国债。与此同时，他还迫使苏伊士集团与法国燃气合并以阻止意大利国家电力公司的收购，实行"经济爱国主义"政策。最重要的是，他试图解决青年失业问题。具体做法是实行两年制的"应届毕业生合同"，旨在鼓励企业雇用不到 26 岁的人。然而，公司聘用职场新手，也许是因为可以在觉得雇员不合适时，不出具任何书面说明也不提供补偿金就把他们辞退，这将导致工会与学生在 2006 年春发动一场大规模抗议性罢工。维尔潘通过应急程序使自己提出的措施得以通过，也未与工会接触，从而犯下错误，结果希拉克最终被迫要求维尔潘撤回他的措施。此举使二人均名誉受损，维尔潘感到自己被萨科齐暗算，受了奇耻大辱。它也给外界留下了法国陷入瘫痪的印象，因为法国人似乎给自己来了一场小革命，而他们革命的目的不是为了改变，反倒是为了坚守饱受诟病的现状。

恰逢此时，戴高乐党高层之间的权力斗争随着十分混浊不清的"清泉丑闻"的爆发，在 2006 年 5 月登上了报纸头条。这个迅速被喻为"法国水门案"的事件要追溯至始于 2001 年的一项司法调查。该调查针对的是法国向中国台湾售出的 6 艘护卫舰所涉及的贿赂问题。但是，2004 年，承担这项调查任务的两名法官收到了匿名举报人提供的可疑账户名单。这些账户是在卢森堡清泉金融公司的清算银行开设的。据推测，收取了回扣的政治家与实业家的名单中就有萨科齐的名字，而且，多米尼克·斯特劳斯·卡恩确实榜上有名。虽然这完全超出了当时身为外交部部长的维尔潘的职责范围，但他一得知这个消息，就命令顶级情报高官菲利普·龙多将军秘密打探此事。据说，他还吩咐龙多将军特别留意萨科齐。

这份名单后来被证明是子虚乌有的，而且，也许在某种程度上，这反映了有人企图通过编造政治丑闻以混淆贿赂问题。但是，据说维尔潘在得知这是假消息后，还将情报压了 15 个月。结果证实，匿名告密者是欧洲宇航防务集团的让 - 路易·热尔戈兰，这位航空公司副总裁曾与维尔潘共事多年。萨科齐在盛怒下起诉了主导骗局的"个人或群体"。由于他在 2007 年总统选举中没有遇到竞争对手，萨科齐作为右翼候选人不战而胜。

2007 年选举对于法国政治而言可谓象征着一种彻底的改变，因为一个看似枯竭的体制试图自我更新。最明显的变化也许发生在法国社会党内，人们认为社会党也许会清理门户，并组织起来，让自己的候选人轻易获胜。毕竟，在 2004 年时，左派在地区选举中轻而易举地拿下了 26 个地区中的 20 个地区，而社会党在欧洲选举中赢得了 31 个席位，成为欧洲社会党群体中最大的全国代表团。

尽管如此，针对欧洲宪法全民公决的内部分歧 —— 这一分歧导致洛朗·法比尤斯被排除在行政领导层之外 —— 使人们蒙受了创伤。它不仅再度提出了社会党对全球化所持态度这一基本问题，还引发了人们的担忧。人们担心，社会党无法说服自己的欧洲伙伴支持自己在宏观经济规划与创造就业机会上所持的统制经济观点。同时，社会党基本上是一个中产阶级政党。它有七八个可辨认的左派、温和派、右派或是绿色意识形态的部分。因此，担任社会党第一书记的弗朗索瓦·奥朗德想让它们团结一心，并非易事。但是，他改革了政党机器，并通过招聘活动吸纳了近 10 万名新成员。因为这些人绝大多数都是受过良好教育的年轻人，所以事实上社会党的中产阶级倾向就更明显了。加之人们对老牌领导岗位竞争者 —— 或者说是"大象们"，这是人们对这类人的有趣叫法 —— 在某种程度上的不满，一个惊人的结果产生了，即奥朗德的女友塞格琳·罗雅尔轻松地在党内投票中赢得了 60% 的选票，而社会民主党的多米尼克·斯特劳斯·卡恩只获得了 21% 的选票，左翼民主社会党的洛朗·法比尤斯只有 19% 的选票。

女总统候选人这一新奇现象只是 2002 年起发生的诸多变化之一。在第一轮选举中，参与投票的人数占到了 85%，为 30 年来的最高值。由于这次的重点是"有效投票"，所以较小的党派遭到严重挤压。在左派方面，3 个托洛茨基政党、曾经强大的法共、法国绿党与有趣的反转基因农作物的候选人若泽·博韦，全部加起来所得选票不足 10%。令人吃惊的是，相当平淡无奇的中间派让-弗朗索瓦·贝鲁居然获得了 18.57% 的选票，毕竟他的党群只占国民议会 577 个席位中的 27 个。这说明，有些选民正在左派与右派之间寻找出路。不太令人吃惊的是，国民阵线党得票率下滑到了 10.44%，因为萨科齐通过许诺成立"移民与国家认同部"，并在犯罪预防与不愿工作的"行乞者"问题上走强硬路线，而吸走了许多勒庞的选票。

但是，令人相当难以置信的是，处于知天命年纪的罗雅尔、萨科齐与贝鲁不仅将自己打造成新生代，还把自己描绘成是与党派彻底决裂的候选人，甚至是局外人。因为，萨科齐前不久还是财政部部长与内政部部长，而且这两个职务他做得都不是特别好。罗雅尔毕业于享有盛誉的法国国立行政学院，她与维尔潘是同时代的人。她曾任环境部长、教育部次长，以及家族、儿童事务部次长。贝鲁曾任教育部部长一职，并担任了他所属的中间党派的主席达 9 年之久。这些人几乎不是什么政治新手。那么，他们为什么要坚称与自己的政党一刀两断，就此"决裂"呢？为什么萨科齐与罗雅尔都暗示说，他们都反对自己的政党呢？

他们是在回应人们的普遍意识，即政治环境已经发生了变化。人们觉得，不管是右派还是左派政府，都不能在充斥着合并与外包的全球化新时代里，完全控制国民经济。与之相关的一种认知是，如果说法国从身为欧盟成员国的身份中受益的话，它也受到了这种身份带来的重重制约。塞格琳·罗雅尔的权力基础是她作为普瓦图－夏朗德大区议会主席的身份。这个新奇之处预示着，分权已经开始让权力从中央政府流失走了。在这种情况下，左派与右派间的历史性差异看似不那么重要了，尤其在双方相当绝望地尝试解决相同的基本问题时，彼此间的距离已经拉近了。萨科齐的非意识形态站位，以及罗雅尔强调参与式民主而非议会制民主的新论调，均证明了上述论断。此外，新宪法规定总统与议会任期均为 5 年，这确保了权力在总统手中的个人化。所有这一切带来的新局面是，选民更愿意将选票投给个人，而非政党。萨科齐与罗雅尔都深谙此道，他们都有自己的专业公关团队。

尽管法国人此前对政治的个人化，还对诸如克林顿、布莱尔与西尔维奥·贝卢斯科尼这些人的个人魅力形象包装嗤之以鼻，但是他们如今发现自己受到了一批用亮光纸印刷的、所谓的"人民"杂志之攻击——

"人民"成了名流所拥趸的新名词——这些杂志都起着诱人的名字，例如，《靠近》《盛会》《公众》与《真相》。由此而来的政治个人化把选举变成了类似娱乐界肥皂剧般的东西。在这场肥皂剧中，没有多少关于"塞格"或是"萨科"私生活方面的事是我们所不了解的。我们知道，罗雅尔的女性主义是由她那疏远且专制的父亲造成的，她还起诉过她的父亲。我们知道，她与弗朗索瓦·奥朗德之间关系紧张，而且他的出轨还导致二人分居。我们知道，她感觉自己的社会党同事对她的反对带有性别歧视的意味。但是，我们也知道，她看起来有多么迷人、上相，不论她穿着的是那标志性的白西装还是青绿色的比基尼。身着白西装的她在一些人眼中宛如圣母马利亚，比基尼照则是被偷拍到的，不过她最终同意让照片公之于众。当然，所有这些与24小时的多频道世界是同步的。她看起来既是这种曝光的受害者，也是受益人。

对萨科齐来说更是如此。人们发现，他和妻子西莉亚在一起时容光焕发，当她离开时他就愁容满面；她回来后他又容光焕发，她再次离开时他又愁容满面。萨科齐在与卡拉·布鲁尼在一起时，也是容光焕发的。我们对萨科齐的一切了如指掌。剧作家雅丝曼娜·雷莎（Yasmina Reza）曾与萨科齐一起参加竞选活动。我们从她那里得知，他对自己身材矮小的事感到很苦恼。萨科齐慢跑、骑车，从不喝酒，但会抽雪茄。他喜欢吃甜食和巧克力，自视为右翼分子却不是保守主义者。他品位粗俗，觉得爱情大过天。我们从另一段描述中得知，他认为是"他童年遭受的种种羞辱"塑造了自己。因为，他那轻浮的匈牙利贵族父亲在萨科齐年仅4岁时抛妻弃子，由此降低了萨科齐至爱的母亲的社会地位。而且，我们在另一段描述中了解到，他对希拉克与戴高乐主义的达官显贵们有着强烈的憎恨：

……他们从未认可我的候选人身份。我的相貌、教育背景与风格都不符合他们的要求。我就是一个局外人。他们永远都不会接受我。但是，我应该感谢他们的帮助：正因为我是一个局外人，我才能摧毁他们。①

　　然而，这个局外人是戴高乐党的主席，而且他第一场婚礼的见证人是法国最富有的两个实业家族的成员。对私生活的强调处处都模糊了政治问题。

　　萨科齐与罗雅尔都不完全是令人信服的候选人。罗雅尔直接通过她的网站向大量会员与普罗大众发出呼吁。她提倡直接民主，还提出了诸如母性、家庭与民族这些宽泛的概念。这使她看似是个具有吸引力的、与众不同的政治家。但是，传统的左派往往觉得她的竞选活动是平民主义的，甚至是一场基于民意调查的市场营销活动——埃马纽埃尔·陶德冷冷地说，她真正的"一刀两断"切断的是"就意识形态进行讨论的社会党传统"。但是，公平地说，四分五裂的政党本身的路线就没有清晰到可以助她一臂之力。对于经济问题，她从不曾强硬。她赞成建设更好社会的想法，却提不出切实可行的实施方案。她也误判了一场重要的电视辩论。当时，她试图令萨科齐感到不安，然而到头来却显得自己喋喋不休、专横跋扈。

　　诚然，萨科齐与作为政府一员的自己"一刀两断"是有困难的。而且，身为人民运动联盟的主席，他试着让自己看起来凌驾于政治之上，这一尝试也有难度。还有其他矛盾之处。例如，当他自称是经济自由主

---

① 参见：Michaël Darmon, *La Vraie nature de Nicolas Sarkozy* (Paris: Éditions du Seuil, 2007), pp. 230-231。——作者

义者，仰慕美国及布莱尔领导下的英国时，他又在工业与农业问题上发表了贸易保护主义的论调。虽然萨科齐有喜好卖弄、过分虚饰与爱唱独角戏的问题，但他表现出自己是名相当聪明、有经验且善意十足的政治家。基于这些直截了当的原因，他轻松地以53%比47%的得票率获胜。他是准备更充分、更精明的策略家。而且，他看似更清楚地意识到了民族危机的紧迫性。最重要的是，他似乎懂得权力运作——而且会无所畏惧地行使权力。

萨科齐适时地任命忠诚的弗朗索瓦·菲永（François Fillon）担任权力受到极大缩减的总理一职，随后迅速给自己的总统职务烙上了个人印记。他组建了一个五彩缤纷的内阁，让各式各样的人聚集在自己周围。他们包括非戴高乐党的中间派、有着北非血统的女司法部部长拉希姐·达狄，还有几位社会党人，其中有无国界医生的创始人贝尔纳·库什内，他后来成了外交部部长。社会党人并不高兴。而且，当萨科齐一意孤行地在2009年任命前总统的作家侄子弗雷德里克·密特朗出任文化部部长时，社会党人就更不高兴了。这一举动给主要的反对党去了势，而且显然在策略上是有效的，尽管这位奉行波拿巴主义的新总统并不真正相信党派。

"如果我不存在的话，他们就得把我造出来"，萨科齐曾对雅丝曼娜·雷莎如是说。确实，萨科齐通过把自己塑造成高效干练、不为意识形态所累，并准备好阻止形势恶化的务实主义者，完美而巧妙地融入了国家局势之中。其中，人们对左派与右派都充满了困惑不解与灰心失望。但是，那些表面上没有意识形态的人有着隐性的意识形态。而且，有趣的是，希拉克批评萨科齐不仅"太过新自由主义、太亲美"，而且还"太过多元文化主义"。

萨科齐早期针对移民做出的严厉评论，或是他在 2009 年针对佩戴尼卡布面纱行为发起的相当著名的攻击都无法使他成为一名热忱的共和党世俗论者。相反，他在《共和国、宗教与希望》一书中提及后宗教启蒙运动思想的不足之处。而且，他仿佛不知道共和社会模式般，问道："如果法国教会不关心穷人的话，谁会呢？"2007 年 12 月，萨科齐在罗马发表了一篇演讲，其中援引法国的"基督教根基"，呼吁人们追求"积极的世俗主义"而不是"疲惫、狂热的世俗主义"。而几周后，在沙特阿拉伯，他赞美伊斯兰教并提到"超然的上帝存在于所有人的脑中与心中。上帝是抵御人类愚行的堡垒"。虽然萨科齐本人没有宗教信仰，但他好像把宗教视为一种文化事实。他觉得任意一种宗教都和其他宗教一样好。而且，在尊重本土习俗的前提下，他还准备让法国接纳伊斯兰教。

正如著名学者萨米·泰尔（Sami Naïr）所言，所有这一切代表了"与整个法国共和文化以及民族观的决裂"。这确实是与戴高乐主义的一刀两断。不再有戴高乐主义伟大的雄心壮志，不再像左派一样乐观地觉得自己是身处一项正在建设的历史工程之中。但是，具有讽刺意味的是，萨科齐紧张忙乱的行动主义不仅出于"向曾经诋毁他的人证明自己"这一个人需要，还与常常和激进右派联系在一起的哲学上的悲观主义有关。正如希拉克所认为的那样，新自由主义、亲美的萨科齐为寻求经济方案转向了"盎格鲁－撒克逊"模式。而且，他像新上任的公司总裁一样，丝毫不顾及政治标签地采纳左派与右派的建议。他在 35 小时工作周的基础上附加了加班奖励，给工人税收减免，也为富人大幅下调了继承税。接着，为帮助低收入者，他用股息税略微抵消了继承税下调的影响。萨科齐试图在教育、法庭与军队中实行裁员计划来削减赤字。他继续推进方案，让运输工人享有特权的特别退休金计划与私人领域的退休金计划保持一致。而且，他引入了一项新规定，要求罢工期间，运输领域与学校应达到最低服务标准。工会表示抗议，但萨科齐用加薪收买了它们，而且工会也没有得到多少公众支持，这显示出萨科齐事实上在政策实施方面相当灵活，尽管他在宣称改革时十分大胆。

但是，这只是一整套革新中的一部分而已。这些革新是以惊人的速度，有时甚至是以过快的速度引进的。他厘清了宪法，授予国民议会更多正式权力，限制总统任期最长为两个 5 年，并对总统传统的官方职位任命与赋予特赦的权力加以限制——事实上，萨科齐这么做的目的是使自己作为总统的行事方式合理化、稳定化。他引入了移民选择标准，只允许有助于经济发展的工种进入法国，而且每年要驱逐 25000 名非法移民。他组织召开了一次煞费苦心的会议，由此产生了一项雄心勃勃的环境行动方案。他的司法部长拉希妲·达狄使他之前许诺的司法改革获得了通过，即关闭许多被认为是供过于求的法院，以及引入惯犯的最低刑期制。但不幸的是——考虑到达狄作为一名少数族裔部长的象征性与重要性——她的专制作风得罪了一众顾问与治安法官。结果，2009 年，萨科齐不得不把她调到欧盟议会以缓和局势。

可以预见的是，教育改革方案的通过也非易事。教育部长格扎维埃·达尔科不得不应对反对派对他在小学优先培养读写与计算能力之计划的攻击。同样地，他们也反对达尔科在高中围绕基础科目进行的课程重组。高等教育部长瓦莱丽·佩克雷斯的主要职责是使大学独立。她创建了特别的精英中心，调整了讲师研究员的状况，由此展开了与学生及一些讲师间长期的斗争，因为他们觉得佩克雷斯这是在推行资本主义竞争。应该说，萨科齐的一些轻蔑言论并没让她的工作变得轻松。萨科齐的品位没有达到熟知古典文学的程度，他对法国第一部心理小说《克莱芙王妃》（*La Princesse de Clèves*）大加挞伐。毫无疑问，这增加了该小说的销量，导致公众在巴黎先贤祠外公开朗读这本小说。而且，当学生们在 2009 年年初开始了长达 5 个月的罢工时，他们来回奔走时也佩戴着宣示自己忠于贞洁的克莱芙王妃的徽章。萨科齐不善交际，其直截了当的风格，对一些人来说令人惊诧，但是对另一些人来说又是令人耳目一新的。不过，这种风格确实时不时地让他的部长们感到尴尬。

在国际方面，他同样有招人烦、惹人厌的本事——德国、中国、英国，凡是你能说得出的，都厌烦他——但是，他的进取心与取得的效果是毫无疑问的。他一走马上任就开始与哥伦比亚叛军就释放政治家英格丽特·贝当古展开协商，或是与利比亚针对保加利亚护士的引渡，以及利比亚购买法国核电站事宜达成协议。他还访问了英国与美国，强调戴高乐主义与"盎格鲁－撒克逊"以往的争端已经结束了。2008 年下半年，作为欧盟轮值主席，萨科齐精力充沛地展现出他将法国与欧洲坚定地摆在事务中心位置的立场。当时，欧盟不得不应对各种接踵而至的危机，包括：爱尔兰拒绝接受《里斯本条约》、俄罗斯派军格鲁吉亚，还有最重要的全球银行业与经济危机。在俄罗斯与格鲁吉亚冲突中，萨科齐亲自干预，使双方达成停火协议；他施展巧计获得了来自爱尔兰的第二次投票，目的是捍卫《里斯本条约》；尽管他与英国首相戈登·布朗在经济管理问题上存在根本性分歧，但两人一道成功说服欧盟成员国团结一致，再度让它们的银行运转起来。

正如萨科齐所言，他喜欢这份工作，觉得它给人以启示。尽管他视欧洲为民族国家的联合，而不是某种联邦制，但他也看到了把欧洲打造成一支更加强大的世界政治力量的可能性。但是，他还有另一个令人愧疚的发现，即全球金融体系令人震惊的内爆削弱了他最初新自由主义的设想。而且，经济危机给欧洲与全世界的社会和政治都带来了破坏性影响。在某种程度上，法国是幸运的，因为它的经济不像德国那样以出口为导向，也不像美国与英国那么依赖复杂的财政规划。但是，通过热罗姆·凯维埃尔事件，法国迅速拥有了在如今看来堪称全球赌场运作的法国实例。这位年轻商人为了磨炼自己的技艺而不是图谋私利，让法国兴业银行损失了 50 亿欧元。据说，凯维埃尔以超过该银行的全部市场价值为赌注。2009 年 6 月，在凡尔赛，面对着议会与参议院，萨科齐严肃地宣布，他之前欣赏的英美金融体系是个"死胡同"，而且"危机让法国模式再度流行"。他不加掩饰地告诉他们："没有什么还像以前一样。"

对萨科齐来说，这个转折点完全改变了政治局面，因为他激进的改革主义方案看似被许多事件宣告无效了。随着银行业危机恶化成世界范围内经济衰退背景下的欧元区危机，他发现自己被迫要解决他的前任们，不管是戴高乐主义者还是社会党人，数十年间苦苦挣扎着要解决的根本问题——在保持法国共和模式的同时，调整经济使其应对全球化世界的种种挑战。他不仅要在条件不那么有利的情况下这么做，还得面对与时俱进的全国人民的幻灭感与左派及右派的怀疑。因此，在 2010 年新年贺词中，当他重提标准的共和辞令时，他听起来也许更像希拉克而不是萨科齐。他不仅赞扬了社会模式，还使人想起了"法国例外"。他宣布："法国提出的理念将标志着人们对新世界秩序的追寻：更多平衡、管制、正义与和平。这些理念将树立榜样的重担压在了我们肩上。"

萨科齐以自己一贯的惊人方式，实实在在地尝试着在改革体制时打下法国的烙印，尤其是在随后 3 月召开的关于欧元区主权债务危机的欧盟峰会上，他猛烈攻击信用评级机构、资金与对冲基金所起的作用。他强烈支持一个新的泛欧洲管理体制。他如今清醒地意识到与德国达成重要关系的必要性，尤其是在欧元区出现根本性疑虑的情况下。人们怀疑，在没有经济与政治联盟的前提下，货币联盟是否可行？欧盟之前是建立在法国与德国合作的基础上的。但是，随着更多国家加入这个体系，英国依旧保持着半独立状态，德国开始转向俄罗斯，寻求能源供给与市场，欧盟内的纽带关系可能会变弱。之前在希腊债务问题上，萨科齐觉得默克尔的态度过于严厉。因此，鉴于萨科齐之前曾就此吵吵嚷嚷地批评了默克尔，他如今决定与这个不浮夸、慎重的前学术科学家保持行动一致。默克尔不仅与萨科齐境遇相反，是个众生仰慕的对象，还与他性格迥异，以至到了近乎可笑的程度——二人如此不同，以至于他们私下还会相互打趣。

萨科齐确实意识到德国经济更加强大。而且，当他与自己的财政部长克里斯蒂娜·拉加德一道，着手解决法国自己的问题时，也偏向于使用德国的财政紧缩政策。因此，法国宣布，2013年时，要将占国民生产总值8%的预算赤字降至3%——这只是达到法国之前极少关注的标准欧元区规定而已。人们并不清楚法国将如何做到这一点。6月，由于人们较长的寿命当时正在对养老金成本造成压力，政府提出了一项计划来消除差额。一部分措施是渐渐将法定退休年龄从60岁提高到62岁，另一部分措施是增税。尽管这遭到了社会党与工会的强烈反对，但是法国的预算削减依然没有德国、英国与其他欧盟国家的那么明显。一个原因是，法国人担心（这种担心并非毫无道理），突然采取过于严厉的紧缩措施也许只会延长经济衰退期。显然，鉴于这些计划将不可避免地遭到反对，另一个原因是政治上做了权宜之计。

萨科齐在放弃了自己的新自由主义立场后，考虑到即将到来的2012年总统选举，他在向左向右改弦易辙时比以往更小心了。虽然他之前曾成功地在国家层面上将右派团结在一起，但是，当人民运动联盟政党在2010年3月地区议会选举中遭遇了令人痛心疾首的失败后，该党内部已开始出现低声抱怨了。不仅中间派与左派的联盟"左翼联盟"拿下了除阿尔萨斯外的全部22个本土选区，而且国民阵线党也以7%的得票率卷土重来。一项民意调查显示，社会党主席玛蒂娜·奥布里——欧盟执委会前主席雅克·德洛尔之女——将会在总统选举中击败萨科齐。甚至更加不吉利的是，多米尼克·斯特劳斯·卡恩极有可能从华盛顿回国，成为社会党候选人。之前，萨科齐成功让他当上了享有盛誉的国际货币基金组织常务董事。此举既能保住法国威望，又轻易地让一个强大的对手离开竞技舞台。然后，还有维尔潘。萨科齐在"清泉事件"中亲自以原告身份出现，结果表明并无助益，因为这使他的总统任期在4个月的审讯之外还卷入了法律纠纷——在审讯中，虽然次要人物被判有罪，但维尔潘被无罪释放了。

所有这些都没能阻止萨科齐以自己强劲的作风在国际舞台上精力充沛地追逐法国的目标。2009年，他把法国重新带回到北约组织之中，从而与戴高乐主义的独立立场决裂。他的理由是，在当今世界，单靠国防根本就算不上是防卫。他继续与英国就快速部署联合部队与核弹头试验达成军事协议。在哲学家与媒体名人伯纳德·亨利·列维的督促下，萨科齐也在争取建立由联合国支持的利比亚禁飞区上，起到了带头作用。建立这个禁飞区是为了使奥马尔·卡扎菲上校不能对自己的人民狂轰滥炸。而且，在2011年担任二十国集团轮值主席时，他极力确保其影响力得到彰显，不管是呼吁更多的市场规范、支持国际货币制度的全面改革、攻击避税天堂，还是就欧洲问题谴责英国首相戴维·卡梅伦的思想偏狭。

但是，经济问题依然持续存在。8月，萨科齐为降低赤字，实行了一揽子财政紧缩措施。但是，当信用评级公司穆迪基于法国两家最大的银行深受希腊债务危机影响的事实，对它们进行了降级评价时，萨科齐不得不在11月时宣布再推进一轮削减。由于这也未能阻止法国在1月失去标准普尔公司的AAA顶级信用评级，而这又刚好发生在2012年大选前的几个月，因此对他来说前景惨淡。社会不公加剧，收入占全国前

10% 的人的生活标准上升，而收入排在全国垫底的 30% 的人的生活标准则下降了，以至于达到穷人标准的人数如今已升至 100 万。具有讽刺意味的是，虽然法国 1/3 的债务是由全球危机造成的，但其余债务则在很大程度上是因萨科齐在总统任期伊始所推行的遗产税削减与其他减免所导致的。

至少多米尼克·斯特劳斯·卡恩已不再是威胁了，因为他让自己卷进了相当俗艳的纽约性丑闻之中，从而在选举中被除名。但是，针对移民问题的紧张局势一直在持续。这助长了极右的国民阵线党的气焰，让该党获得了更多支持。国民阵线党如今在玛丽娜·勒庞的领导下，与在她那奉行新法西斯主义的父亲带领时相比，显得更加通情达理。萨科齐与他的内政部长克洛德·盖昂因为发起了关于法国身份的"大辩论"，已经捅了马蜂窝。大选前几周的图卢兹暴行也对他不利。

回顾过去，萨科齐可以说是一个非同寻常的人物。他在特别艰难的时期，在处理一些法国特有问题时，展现出了充沛的精力与实实在在的勇气。但是，由于他和其他领导人一样，已经被这场规模浩大的全球危机削弱了，他那极度活跃的方式也变得没那么可靠了。而且，他也不具有能让人安心的父亲角色所拥有的那种庄严，他不能用命令式的口吻劝告全国人民：他们有必要采取令人痛苦的措施。总统体制本身往往会让政治个人化，对于一个正逐渐具有名人意识的社会而言，情况尤甚。但是，萨科齐通过把这么多东西统揽一身，还有他那因为举止奢侈而得来的"亮闪闪总统"的绰号，把政治个人化，甚至达到了在传统观点看来，是在用娱乐业的气息亵渎总统公职之神圣的地步。而且，萨科齐也犯了一些政治错误。当他试图推举自己的儿子让·萨科奇获得竞选管理拉德芳斯区公共机构主席的候选人资格时，人们指责他任人唯亲。他的儿子是地方议员，但当时只是一名年仅 23 岁的法学院二年级学生，而拉德芳斯区是法国主要的商业中心，同时也是欧洲最大的商业中心之一。在以独立著称的《世界报》的出售事件中，萨科齐为了自己的政治利益从中干预，结果招致公愤。

然而，导致他在 2012 年 5 月的总统选举中失利的主要原因是经济危机，没有哪个总统能轻易解决这个问题。毫无疑问，人们长期以来投票反对在任者的倾向也促成了这一局面。在第一轮选举中萨科齐获得的 27.18% 的得票率低于社会党候选人弗朗索瓦·奥朗德的 28.63%——后者在党内初选中打败了更具左翼倾向的玛蒂娜·奥布里。玛丽娜·勒庞的国民阵线党获得了 17.9% 的选票，这种成绩在第一轮总统选举中，对极右候选人来说是创纪录的高票。奥朗德在决胜选举中以 51.64% 比 48.36% 的得票率赢得了选举。因此，总统职位及与其挑战被传到了一个自称是"普通人"的总统手中，他与派头十足的萨科齐形成了鲜明对比。

第十五章

为什么法国人自认为是"例外"

法国想要成为文明最崇高的一种形式，

这种雄心也被视为法国的民族使命。

"法国例外"不是一种幻象，但它也不是一种已实现的现实。

那么，法国人的独特之处在哪里呢？所谓的"法国例外"又是怎样的呢？面对民族身份的泛化，我们宜小心谨慎。法国幅员辽阔，气候、文化多种多样。布列塔尼不同于阿尔萨斯，皮卡第异于普罗旺斯，而巴黎又与所有的外省迥然不同。事实上，伟大的历史学家费尔南·布劳岱尔在他最近的鸿篇巨制《法兰西的特性》（*L'Identité de la France*）结尾处得出的结论是，法国不仅多种多样，而且"它的多样性是显而易见、持久且结构性的"。另外，一些早期的法国历史学家提出了诸如"法国的灵魂""永远的法国"与"法国特质"这些表达，就好像先前存在着一种典型法国性，可决定社会发展一样，而非与之相反，由社会发展塑造出法国性。这些观点怂恿人们用本质主义的视角看待法国历史，这并无助益。然而，如果说典型的民族精神是依次通过抵御罗马人、圣路易对教会的忠诚、启蒙运动对基督教社会的暗中破坏、试图强行建立新世界的拿破仑征服这些事情表现出来的话，那民族精神肯定有些乱七八糟。

提及"语言的特质"也是无益的，它看似决定了所表达思想的质量。事实上，法语是一种有魅力、古怪且特殊的语言。因为法语包含盎格鲁-撒克逊与诺曼语的双重词汇，所以它比英语有着更受限的主体风格。"吹管"（chalumeau）这样一个词，有"吸管"与"喷灯"两层意思，而语境往往能帮人们避免张冠李戴。法语的"逻辑"与"清晰"是某种特别的教育体系培养出来的思维方式所造就的逻辑与清晰。正如法式时尚的历史起源是皇家赞助，而非时髦女郎或是设计师们与生俱来天赋的自然迸发。简言之，民族身份并不是被赋予之物，而是历史概念。同样没有助益的还有这样一种情况："法国例外"已变成如此流行的一个术语，以至于它被用于表明法国在各个领域内的不同之处或曰优越性，关于"道路安全、妇科医学、银行系统、宪法、文化、艾滋病治疗、高等专业学院、射杀候鸟，以及密码学"——更不要说在一项大有裨益的研究中，一位投稿人所列举出的"法国例外"的一些应用了。①

然而，关于"法国例外"，存在一个极大的讽刺："法国例外"是在被宣告灭亡后，才变成人们时常讨论的话题的，尤其是弗朗索瓦·傅勒（François Furet）在与人合著的《居中的共和国：法国例外的终结》（*La République du centre: la fin de l'exception française*）中宣告了"法国例外"结束之后。这本书出版于柏林墙倒塌的前一年——1988 年，刚好在弗朗西斯·福山（Francis Fukuyama）所著的《历史的终结》（*The End of History*）第一版面世前。该书的观点是，在法共衰弱、传统主义右派接受了共和国，以及法国最近加入统一欧洲后，随着激烈的国内政治冲突渐渐缓和，法国如今能放下自己"夸张的"地缘政治姿态，不再自视与众不同，表现出了其应有的中等国家的面貌。

诚然，正如"同居"新模式一样，这与向沙邦－戴尔马、吉斯卡尔·德斯坦以及其他人的中央集权主义政治靠拢的尝试是一致的，但并不意在取悦所有人。几乎 20 年后，希拉克在 2007 年最后一次总统演讲中重申了他对法国例外的信仰。他宣布："法国不同于其他国家。它有自己特别的担当，这是法国历史以及由法国协助打造的普世价值观的遗赠。"他最后致敬道："相信我的话，这样的一个法国还将继续使世界惊羡。"

那么，以前是否有过"法国例外"？如果有的话，它依然存在吗？

法国是"例外的"，并不仅仅因为它有一段充斥着暴力的国内

---

① 参见：Sue Collard, "The Elusive French Exception", Emmanuel Godin 和 Tony Chafer 编，*The French Exception* (New York and Oxford: Berghahn), p. 31。——作者

史——德国、俄国与西班牙几乎也难逃政治暴力。更休戚相关的是，法国是欧盟中唯一一个仍保有代价高昂的海外省与领土的国家，为的是与其世界强国的自我形象保持一致。法兰西的大政方针以多种多样的形式，展现了它自17世纪以来始终如一的雄心壮志——17世纪的法国毕竟是欧洲最富庶、人口最多、最强大的国家。"法国例外"是一种悖论，因为法国自身不仅是例外的，还是典范的。法国的例外不仅体现在它在一般意义上不同于其他国家，更由于法国坚持遵循普适的价值观，成了其他国家的典范。这个概念的核心是一种雄心壮志——法国想要成为文明最崇高的一种形式，这种雄心也被视为法国的民族使命。

在"伟大世纪"里，当法国开始自诩为古罗马的现代版时，这个典范社会的模板已被确立。路易十四的宣言"国家就是我"是双向的，因为君权神授的概念不仅确立了国王的地位，还确立了政府的地位，而政府是国王必须与上帝订立契约的地方。而且，专制统治意味着绝对责任，中央政府须挑起重担，控制并协调商业、文化、建筑，以及社会的方方面面，直至语言本身。科尔伯特的统制经济政策、法国试图将艺术创作进行系统编纂的尝试，以及法兰西学术院对语言精确性的追求，都以不同形式暗暗表现出法国想要将文明提升到秩序井然、和谐融洽之境地的意愿。简言之，"法国例外"意味着由中央集权制的国家所实行的普救论。

诚然，在接下来的一个世纪，启蒙运动通过暗中破坏宗教、削弱教会权威，抛出了一个与上述理论相竞争的普救论。在大发现的时代，当欧洲人开始了解散落在地球各处的其他文化时，这种普救论超越了国家本身，而且明显威胁到了宣称君权神授的天主教君主专制政体。在美国，独立战争也在激发人们的激进政治思想，百科全书派当时正为1789年法国大革命与它那众所周知的《人权和公民权宣言》建立理论基础。宣言声明，世界各地的所有人都享有自由、平等的权利。显然，所有这一切似乎与路易十四的君主国所宣扬的普救论完全相反。但是，具有讽刺意味的是，法国大革命迫于形势压力及自身内在动力影响，在罗伯斯庇尔的领导下变成了专制政体。这正是它当初所要取代的君主国的镜像。因此，专制国家与普救论的融合再度出现。在这个扩张主义的法国，它认为自己的使命是在全欧洲乃至更远的地方传播自由、平等、博爱思想。

从广义上讲，法国在过去 200 年间的历史就是这两种普救论的冲突史。在像英国这样后来改信新教，而且更早实现工业化的国家里，政治上的分裂因素一直以来基本上都来自社会等级。如果说法国的情况让人困惑不解的话，那是因为阶级差异之上叠加着两股无法调和的力量——右边是信奉天主教的保守主义者与君主主义者，左边是共和党人与革命主义者。1848 年革命与 1871 年巴黎公社运动中爆发出来的暴力，就像由德雷福斯事件或是人民阵线所释放出的非同寻常的仇恨一样，是普救论这种冲突的附带结果。双方的极端主义者在描述这种冲突时，都对其进行了神话化。冲突更进一步的附带后果是，法国政治中存在部分波拿巴主义。它借助专制平民主义的手段不断出现，试图弥合舆论的历史性鸿沟：作为皇帝的拿破仑安卧于法国大革命基本成就之上；追随空想社会主义者圣西蒙的拿破仑三世玩起了独裁政治的游戏；传统主义军人戴高乐对抗前任导师贝当，并光复了共和国。在危机时刻，所有这些超越了保守派、社会党等的"常规"党派政治。

事实上，第二次世界大战在很大程度上解决了国家的这两种极端观点之间的冲突。正如一位评论家提醒我们的，法国是这样一个国家：自 1789 年起，"每一个政治政体均以政变、革命或战争告终。而且，法国有 15 部不同的宪法"。但是，贝当与希特勒狼狈为奸，建立起了类似于佛朗哥统治下的西班牙的法西斯主义政权，他还将法国公民赶到异国他乡去送死。这些做法让天主教保守主义传统名声扫地。自法国解放起，尽管在冷战期间存在着重重压力，存在对宪法运作一直以来的种种疑虑，但人们仍普遍认为法国是一个共和国。而且，在希拉克与戴高乐眼中，这个共和国依然保有着"法国例外"，它有着全球性使命，以及对强国领导地位的信仰。

　　当我们在国家发挥着作用的背景下，来看待这些通常令门外汉感到困惑不解的法国生活的方方面面时，事情就会变得清楚得多。因为，"法兰西国家"是一个有着自己的理论逻辑与内在连贯性的概念。正如第五共和国的宪法序言所定义的那样，"法兰西为一不可分的、世俗的、民主的、社会的共和国"。这个宣言中的术语及它们的排列顺序都意义重大。因为，它们定义了现代法国的具体特征。首先，"共和国"这个概念明显意味着，它不认可君主制与贵族统治的国家中内生的世袭特权与阶级体制。人们应该铭记，《人权宣言》是"人权和公民权"的宣言。例如，与1948 年之前的英国人不同，法国人不是臣民，而是公民。他们有着同等的权利与责任。这意味着，无论他们的社会地位如何，他们不仅有权被称为"先生"或"女士" —— 尽管那在当时是一个重大进步 —— 而且他们被定义为一个集体主义社会中的成员。

　　宪法序言中的第一个术语立马就强化了这种思想："不可分的"意味着一个中央集权制、非联邦制的国家。在这个国家里，个体不是由地区来加以区分的，也不是由奉行的少数族裔文化，或是族群来定义的。个体只是共和国公民而已。这就是为什么政府迟迟不愿放松控制权的原因。政府的控制是通过将单独的地方权力授予地方行政官，由他们来实现的。直到法国为了使经济发展更均衡，通过了 1982 年 3 月的立法，才建立起由选举产生的地区议会。2006 年 7 月的立法又对其进行了补充，赋予地区议会以财政自主权。

相似地，诸如布列塔尼语或欧西坦语（Occitan）这样的地区性或少数民族语言无法获得官方地位。直到 2008 年 7 月，它们才最终被认可为"民族遗产的一部分"。尽管法国最近开始以赞许的口吻提及语言的多样性，但那不过是它长期以来与英语争夺世界统治地位的一种战术而已。此外，2009 年 3 月法国成立委员会，考虑如何确定法国民族构成，因为官方人口普查表并未要求人们表明自己的种族与宗教信仰。因此，政府并不真正知道，法国有多少印度教徒或其他宗教信徒。抛开维希政权的人口普查不谈 —— 这种普查把如此多犹太人送进毒气室，给人留下了糟糕回忆 —— 这反映出法国对多元文化主义的拒斥，以及对同化政策的支持。这种观念认为，公民应直接与国家有关，而不是让一些自选的种族、宗教组织或游说团体来代表公民的利益。

这显然直接导向了序言中的第二个术语："世俗的"。这一点标志着法国与英国、美国间重要的不同。在后两个国家中，宗教也许正在衰退，但是世俗主义从未被奉为宪法中的一条原则。显然，造成这种"例外"的原因是，在政府摆脱天主教会对自己在政治与社会上的控制之前，二者间存在不同寻常的漫长斗争。但是，这并不意味着世俗主义只是一个形式化的概念 —— 恰恰相反，它影响深远。

虽然政府认可公民的宗教信仰自由，也并不反对宗教，但是它认为，宗教在根本上是件私事。公共领域被视为中立的共和空间，人们在这里作为平等的公民进行着互动。因此，提供宗教教育或是允许人们展示引起分裂的宗教标志就不合时宜了。值得注意的是，英国已经与其之前的多元文化主义立场保持了一定距离。因此，序言中"世俗的"一词出现在"民主的"之前并非偶然。深层次的信念是，唯有在世俗共和国所提供的中立的公共空间内，人所共有的公民身份才能捍卫民主的自由、平等与博爱。

最后，不可避免的是，一个旨在融合自由、平等、博爱的共和国会将自己描述成"社会的"。这正是宪法序言中定义里的最后一个术语。有充分证据表明，对于那些在 19 世纪德国的独裁主义与英国的小政府自由主义之间寻找中间道路的早期法国共和党人来说，在此起到衔接作用的概念是团结。法国正是以这个共和价值观之名，实现了自由与公正之间的和解，它在公民福祉方面往往比其他国家承担了更多责任。希拉克在美国时总会品鉴好吃的汉堡，但他惊奇地发现，在如此富裕的社会里，居然有将近 4700 万人没有像样的医疗保障。团结是让社会形成合力的纽带 —— 这就是为什么与其他人相比，法国人往往对引起不便的运输工人罢工更加包容的原因。而且，团结并不只是众所周知的"法国社会模式"或曰"福利国家"之基础而已，它也是良善社会宏伟蓝图的一部分，而这张宏伟蓝图还包含了国家经济规划或者是国家对文化的发展，因为它们与"法国例外"相关。"法国例外"认为，共和国在全世界面前有着特殊使命，它要完成法国启蒙运动与法国大革命所界定的普遍人类权利之事业。

当然，这只是理论。就自身而言，这种理论是令人钦佩的。但是，在千变万化的世界中，理论往往会被现实超越。马克思主义社会学家赛义德·布阿马马（Saïd Bouamama）在他的"民族神话解剖"中，轻松地指出了法国立场内在的诸多悖论。一个明显的例子就是殖民地的"文明使命"。它基于那个时代的欧洲中心论假设，即法国有责任将先进的西方标准加诸非洲或亚洲的"落后"国家身上。就意识形态的正当性来看，这种使命称不上卑劣至极，但它并不符合相关的经济动机或是法国人在殖民地的活动。维持海外帝国也被视为是保持法国世界强国地位之必须。即使是今天，法国付出巨大成本保有 4 个海外省（马提尼克、瓜德罗普、法属圭亚那、留尼汪）的一个重要原因就是它们的潜在战略价值。最重要的是，法国从印度支那半岛与阿尔及利亚的血腥撤退丝毫没有证实"文明使命"的观点。不过，随着法兰西共同体的发展，更欢乐的时光到来了。对于法兰西共同体成员国及法国而言，在这个"六边形"国家之外说法语的人超过了国内说法语的人，这是有价值的。诚然，殖民主义是一个双向的过程。一场具有破坏性的殖民危机将在 2005 年出现 —— 如果连工作都找不到的话，那么被正式赋予平等权利也无法带来任何好处。

共和普救论那似是而非的排外主义色彩，在另一个领域同样存在，这便是性别差异领域。正如女权主义批评家义正词严地提出的："法国将不同性别、不同种族群体与不同性取向折叠为白种男性异性恋的自我同一性。"因为法国大革命未能通过一项宣示性别平等的宣言，而拿破仑又将女性驱逐至家庭之内，所以直到1881 年，法国才建立了第一所女子高中，这一做法甚至遭到了教会的反对。而直到最近的 50 年内，女性与家族相关的权利才渐渐得到认可。直到 1967 年，国家想要增加人口时，才废除了禁止避孕的法律，而流产在 1975 年才合法化。

法国有着强大的女权主义运动，代表作家有茱莉亚·克里斯蒂娃、埃莱娜·西苏与莫尼克·威蒂格。她们效仿着西蒙娜·德·波伏娃的开创性著作《第二性》。考虑到法国知识界的氛围，这种方式与其说是实用主义的，不如说是哲学式与文学式的 —— 或者就像吕西·依利加雷（Luce Irigaray）对母女关系的研究那样，是心理分析式的。但是，一直以来，法国的极右势力都极力反对法律中的变化。国民阵线党为了让女性回归家族，发起了给母亲发工资的运动。更别说针对堕胎诊所的突袭，以及对女用口服避孕丸制药公司的联合抵制了。这是一场旷日持久的斗争。

在这个传统的天主教国家里，对女生的教育在德国占领期间受到了严重阻碍，妇女直到 1944 年才获得选举权。直到最近几年，实现性别平等的进展依然缓慢。尽管女性往往比男性更能胜任工作，更适应工作场所不断变化的技能需求，但她们往往从事着诸如社会服务或是秘书这些薪水不高的工作。她们的工资通常比男人低，在升职方面还面对着"玻璃天花板"。就国民议会而言，她们几乎完全被排除在会议室之外。1995 年，国民议会中仅有 6% 的议员是女性。1999 年，在经过了激烈的辩论之后，国民议会通过了代表权均等原则。可是，由于参议院的阻挠，它到 10 年后才得以实施。好在自 2012 年内阁实行性别均等，并新任命了一位负责女性权利的部长以来，法国已经在不断尝试将性别平等融入公共政策之中。男女收入差距依然有 14.8%，不过明显好于英国的 19.1% 与德国的 22.4%。此外，法国将性别平等的目标写进了宪法，而且规定未能采取正当配额的公司将被罚款。这些配额的实施导致公司董事会中女性人数上升到了 40%，而女性在地方议会中的人数则上升到了 48%。社会变化也许并不全面，而且抵制依然存在，但是，前进的方向是明确的。诚然，因为自 1998 年起，称呼"部长"（la ministre）或"警察"（la gendarme）而不是阳性的"部长"（le ministre）已成为正式且正确的说法，所以"法官夫人"（Madame la Juge）与"女队长"（la Capitaine）就不再觉得语言本身将她们视为无物了。

除了这些近来发生的变化，人们也许看不到法国对性别差异的历史态度有多少"法国例外"的成分，正如在法国的帝国主义历史中也鲜有例外之处一样。"文明使命"让法国以所有人的身份自居，从而导致它紧紧抓住殖民地不放，以至最终酿成苦果；与此类似，权利的男性化话语使法国难以意识到明显的不同等之处。不过，由于法国与帝国主义的英国一样在竞争激烈的同一个世界中运作，由于法国的妇女权利故事大体与那些同法国旗鼓相当的国家一样，所以人们想在法国看到不一样情形的期待就颇有些天真了。"法国例外"是一种观点。在现实世界中，人们最好将它当作一种志向。但是，这种志向在法国政治与社会中留下了独特的印记。

从本质上讲，法国创造典范社会的志向寓于经济统制的计划性协调、公立教育与社会福利之中。法国宣称自己不同寻常，最终依赖这三个领域的彼此作用，以及国家能在多大程度上成功践行它的共和价值观。

诚然，法国的统制经济既不新颖，也不具有特别的社会主义特色。国家宏观经济规划出现在科尔伯特与拿破仑时期，而在19世纪时，公共资本促进了采矿与重工业的发展。20世纪30年代，人民阵线政府将铁路与军工业收归国有，这为第二次世界大战后法国亟须进行的大规模重建开创了一个先例。莫内的方案虽然只涉及少数行业的国有化，但它通过诸如奖励、有条件贷款、商品价格与外汇管制等手段，带来了经济的理性重组。尤其重要的是，由于战前经济相对落后且分散，为了能获得规模经济、创造出能抵御国际竞争的集团，法国重组并合并了公司。政府在具有战略意义的基础设施、交通运输与国防领域进行了更直接的干预。铁路、法国电力公司（EDF）与法国燃气（GDF）被收归国有，而且法国在国防领域也成了领军人物。

虽然这种纯粹的统制经济政策在"黄金三十年"的扩张主义时期取得了引人注目的成就，但在1975年石油危机之后，它不得不适应变化了的国际局势。20世纪80年代初，密特朗"一国建成社会主义"的尝试遭遇了不留情面的失败，人们清醒地认识到了统制经济政策非变不可的急迫性。当时，法国人发现，他们的经济如今已与世界新经济如此紧密地融合在了一起，以至于不可能施行完全独立的政策。显然，强有力的统制经济方式得依靠经济增长，没有经济增长，政府就不得不撑起失败企业。而且，随着日益壮大的跨国公司及国际信贷的开放，民族国家不再具备相同的控制力。

我们并不能简单地以一种新自由主义正统学说 —— 它决定了20世纪80年代、90年代希拉克与巴拉迪尔分别实施的私有化 —— 来阐释以上局面的出现，因为除这种学说外，来自欧盟成员国身份所施加的种种限制也促成了这种局面。法国非但没能让它的欧洲同伴对法式的刺激就业措施发生兴趣，而且委员会的竞争主管机构还取缔了政府发放给企业的补助金（雷诺汽车公司就是个恰当的例子），还取消了政府承包合同中国有企业享受的优惠待遇。然而，狡猾的法国人敏锐地洞悉了这场游戏。正如一位观察家指出的，结果是"私有化进程以统制经济方式展开。国家行为体利用精英网络，确保持有股份最终落入安全之处"。事实上，以"经济爱国主义"之名，国家继续在关键领域掌握核心持股。例如，银行业、能源、交通运输、电信与汽车生产。这与低统制经济相似。

虽然法国经济在许多领域都十分强势，但造福于国家独立的战略性部门实行了计划性融合，并取得了特别好的成效，这点具体体现在世界领先的法国航空领域。法国航空工业不仅将民用、军用相融合，还与核领域结合在一起，并从那里进入太空研究的范畴。其中的技术颇为复杂，需要在这个领域内，由法国的几个世界领先企业展开协同合作 —— 这种协调效果如此强大，以至于人们惊奇地发现，居然还存在着像达索系统（Dassault Systèmes）这样的独立私营集团。这位重要玩家的业务范围覆盖了 70 多个国家，以幻影、阵风等战斗机而驰名。与此相关，有些集团也强有力地走入了国际领域，包括斯奈克玛公司（SNECMA）、赛峰集团（Safran）与泰雷兹集团（Thales）。斯奈克玛专营飞机发动机、火箭推进与卫星；赛峰以火箭技术与电信闻名；泰雷兹是航空航天信息系统、国防与证券市场领域的领跑者。

法国航空工业无所不包，从运输机、直升机到无人机与军事卫星。欧洲导弹集团是全球第二大导弹生产商，阿莱尼亚宇航公司（Alcatel Alenia Space）、亚利安太空公司（Arianespace）将卫星卖到了国外。至于政府推动的核工业，如今已经部分私有化的法国电力公司是全世界最大的核设施经营者，除了在英国建造核反应堆外，它还与核工业公司阿海珐（Areva）合作，建造核反应堆，开采铀，在 40 个国家建立了生产中心，在中国、美国都有合伙企业。尽管法国当初发展核能是为了弥补他们在化石燃料方面的匮乏，但是，他们现在很高兴地将它作为清洁能源加以推广，以应对全球变暖的危机，并确保在一个充满不确定性的世界中保证能源供给安全。

更不用说空中客车或是其他成功的活动领域了。它们集中在一起，缔造了法国在世界发达经济体中的高排名 —— 第 5 名，刚好在英国前面。法国经济有自身问题，尤其是给少数族裔带来了很大压力以及居高不下的失业率，但是，它的优势远不止出色的基础设施以及旅游业的世界领先地位。近年来，欧洲中央银行、世界贸易组织与国际货币基金组织居然由法国人坐上了第一把交椅，这很能说明问题。

那么，公立教育是如何效力于堪称典范的社会的呢？答案并不那么直截了当，因为法国的革命史导致这个国家的高等教育体制特别分裂。在该体制下，高等专业学院虽小却享有盛誉，培养出了精英领导的中坚分子来管理国家，而占主体部分的大学则满足了一般大众的需要。从历史上来说，这样的体制一直以来都是大一统式的，第三共和国教育部长那传奇般的故事便可作为说明：教育部长可以看着自己的手表，说出全法国每所学校同龄法国学童在一个具体时间点正在解读西塞罗文章中的哪段话。课程由中央制定，即使是大学也没有自主权。1968年学生起义后，僵化的等级制度在某种程度上有所松动。但是，萨科齐总统提议赋予大学独立地位的议案在2010年时仍遭遇了普遍的反对。

法国出色的幼儿园系统无疑体现了共和价值观。上幼儿园的小孩很多，因为有近1/3的法国儿童自2岁起就开始接受幼儿园教育了。而且，到3岁时，法国将近4/5的儿童已经上了幼儿园。此后，学校就没那么有趣了。教育重点被严格放在了学习，而非体育、人格塑造或是将学校视为一个共同体上。除了近13%的天主教学校或曰"免费学校"外，中学是公办的。政府向非公立学校提供补助，但前提是它们要遵循全国课程大纲。同时，平等性决定了学校应该有复合能力型教学。在幼儿园阶段之后，学生的小学阶段在11岁时结束，并进入中级课程学习。此后是4年初中，课程结束时发放初中毕业文凭。这确保学生可以进入高中。3年高中课程学习后学生可以参加中学毕业会考，简称"会考"，参加考试的年龄通常是18岁。法国高中特别强调数学教育，且最后一年教习哲学的教学方式颇为出名。法国的高中分为三种类型。普通高中的学生是那些打算上大学的人，他们的专业可以分为三个支流：文学、社会经济、科学；技术高中的学生此后会在大学技术学院中修2年课程；而职业高中学生毕业之后则会进行学徒训练。

乍看起来，这个体制是成功的。因为，大多数同年生的人最终都能拿到某种形式的中学文凭。但是，正是在此时，体制失衡、职业指导不足开始造成许多严重问题。由于超过1/4的学生经常会考不及格，结果法国教育体制中堆满了想要重考的学生。大学阶段职业指导的缺乏也进一步加重了这个缺陷造成的问题。由于公立教育实际上是免费的，所有通过会考的人都能自动升入大学，由于标准大学课程比更短期的技术或职业课程更引人尊重，所以没有职业建议作为指导的学生往往会选择相当不适合自己的课程。结果，接近50%的学生在第一学年结束时会挂科；包括重修生在内，仍然学习该课程的学生中，约有40%的人无法在第二学年结束时获得毕业文凭。因此，整体而言，法国的高等教育辍学率奇高。讽刺的是，这个体制将学生挂科作为一种筛选机制，表面上打着共和制下入学机会平等的旗号，拒绝选拔，实际上用不正当手段进行选拔。这只是大学与高等专业学院之间巨大鸿沟的一个方面而已。

这个独特的两层结构是由法国历史直接造成的。法国大革命前的大学基本上是由教会神职人员主持的，他们不愿意探索现代学科。于是，高等专业学院被建立了起来，以培养全新的行政管理层——巴黎综合理工学院与巴黎高等师范学院均可追溯至1794年。后者目前主要培养学者，它的校友中有许多共和国的伟大人物，从路易斯·巴斯德这样的科学家到亨利·柏格森与让-保罗·萨特这样的哲学家。综合理工学院的科学与工程学专业学生是最优秀的一批人，因为在这里，学生要通过全国竞争，在中学毕业会考后接受至少2年的特殊训练以争取严格受限的入学名额。这些课程对学生来说相当具有挑战性，学生勤奋好学的程度令人敬畏。事实上，这些学生在入学时已达到研究生水平，而且将会作为实习公务员获得薪酬。

截至目前，法国共有200多所专门的高等专业学院。它们虽然只招收全国5%的学生，经费却占高等教育预算的30%。尽管这个体制确实培养出了训练有素的人才，但它也有自己的缺陷。它不仅榨取了许多大学的资金与最好的生源，还抢夺了它们的研究项目。法国的研究主要是在高等专业学院或是一些独立的国家研究机构中进行的。这意味着，在学术资源互换的时代，该体制并不符合正常的大学模式。这种体制在很大程度上是不公平的，和其他国家相比较，表现不佳。

居于整个法国高等专业学院结构之冠的是极其挑剔的法国国立行政学院（ENA）。这所只有 500 多名学生的大学是由戴高乐在 1945 年创办的，旨在培养共和国顶级决策者。在统制经济时代，学生要接受在当时看来可互换的领域的教育，即政治、外交、国有化的工业与银行业 —— 毕业生被称作"国立行政学院毕业生"，其中不仅包括吉斯卡尔·德斯坦、希拉克、巴拉迪尔、若斯潘，以及更近期的政治家，如弗朗索瓦·奥朗德与塞格琳·罗雅尔，还有欧洲中央银行的让-克罗德·特里谢与世界贸易组织的帕斯卡尔·拉米。但是，国立行政学院也受到了指责。人们批评它在现代全球化的经济形势下还不切实际地要培养全能型政界要员，让这些人在没有相关经历的情况下，轻松地从一个部门调到另一个部门。政府对这些批评已有所察觉。尽管政府极不情愿削弱法国高等专业学院的实力，但是它也在渐渐让法国大学向一般的世界模式看齐 —— 只要它试图纠正反常情况就好了，因为集权式精英主义在某种程度上与更普适的法国共和平等价值观背道而驰了。

那么"法国例外"中被人讨论得最多的要素，即"社会模式"又如何呢？根据希拉克在 2005 年法国国庆日采访中的说法，这种模式"有着伟大的雄心，那就是要永远不断地升级"，而且"在某种程度上，它是我们的民族天赋与必须。我们必须要保有它"。这听起来也许是种奇怪的说法，因为其他西欧国家也有合理的福利体系。而且更奇怪的是，第二次世界大战后出现的这种社会模式根本不是法国的独创。它明显是种混合模式。虽然它采纳了德国俾斯麦式社会保险模式的基本元素，例如，与收入相关的福利及通过雇主募集的保险金分担额，但是它也加入了一些从英国的贝弗里奇计划中借鉴来的特征。例如，在某些情况下发放的标准津贴，以及通过国家税收进行的财务混合。简言之，社会模式是复杂的混合物，它根本就没什么独特之处。正如我们看到的那样，真正的独特之处是法国的社会、道德观，以及这个社会模式运作时所处的共和背景。

然而，如果说法国福利体系复杂的话，不仅因为它首先是一个复合的系统，还因为随着时间流逝，体系规模在不断累加。尤其是在过去的 30 年间，法国为了像其他欧洲福利体系一样应对新挑战——更高的失业率、延长的寿命、更难取悦的大众，以及更加复杂的治疗代价——已经采取了各种形式的改革。结果，社会模式已完全不像人们通常认为的那种大一统的国家组织，而是由系统与子系统组成的集合体。这个集合体是通过成群股东之间的协议与国家统筹来维系的。简言之，它是一个服务项目的拼凑物，而不像那些对法国人头脑清晰、逻辑性强的名声佩服得五体投地的人期望看到的那样，是一种完全统一的系统。

法国福利体系的主要分支叫作"普通体制"（Régime Général）。它满足了占据人口 80% 的有薪工人的需要。但是，也有针对其他工人的小分支。此外，法国一直都有着体量大得惊人的"特殊体制"（Régimes Spéciaux）。直到最近为止，特殊群体计划覆盖了 500 万人，从公务员到波尔多港口的雇员。由于这些人通常在退休金安排上享有特权，最近几年政府一直都费力地想要把这些群体融入主流福利体系之中。2004年，法国邮政与电信工人被纳入其中；2005 年所有公务员的退休金安排被整合到一起；最终，2007 年年末，萨科齐总统面对此起彼伏的罢工，将诸如公共交通与能源部门等领域中剩余的 50 万人也归到了一处。

普通体制由各种专项资金组成，分别针对健康、家庭与退休问题。因为资金来源于雇主与雇员双方，所以款项由雇主组织与工会组成的联合代表委员会来运作。雇主的贡献包括一大堆额外条目。例如，伤亡事故保险、公共住房、教育、补充性养老计划与个人社会保障附加计划。这显然使雇员的贡献相形见绌。因此，雇员发现，自己在联合委员会中的地位格外强大，与自己的贡献不相称。事实上，工会只代表约 8% 的劳动力，却主要集中在公共领域。而且，工会牢牢嵌于社会保障体制之中，以至于享受着近乎否决权般的权利。所有雇员人数超过 50 人的公司都必须组建由工会控制的"公司委员会"，组织诸如体育赛事或是儿童夏令营之类的活动，很显然这种社会模式将雇员放在了体制的中心位置。

这是法国社会模式非凡特质的基础。世界卫生组织经常把法国的医疗体系评为全世界最优。法国有 16 周孕妇津贴、2 周亲子津贴、公共日托机构、家庭津贴，而且少女怀孕比例也非常低，这些都对女性与家庭特别友好。法国有基本国家退休金与"补充养老保险"，在"补充养老保险"之上可叠加公司或个人退休金。在法国，法定退休年龄是 62 岁，法定工作年限为 40 年。法国人拥有最好的医疗保健与更长的退休生活，更别说那 5 周的带薪休假以及保留至今的法定 35 小时工作周了，法国建立的这种共和社会模式在政治圈各界获得了一致支持。然而，显而易见的是，这种体制虽然令人钦佩，但也代价高昂。

那么，"法国例外"就不是一种幻象，但它也不是一种已实现的现实。而且，近几年，人们明显可以感到，法国公众的不安情绪背后潜伏着一个明显的问题，那就是，如果不能巩固"法国例外"的话，能否至少保住它？在全球化新经济中，法国对自身统制经济的控制会消失吗？法国能改革大学体制而不丢掉高等专业学院本身的高标准吗？鉴于法国自视社会保障是其文明的共和模式之必须，它的经济能强大到足以撑起它的社会保障吗？这些问题是法国领导人在21世纪要面对的。